Муся Гланц

ЛОСКУТНОЕ ОДЕЯЛО,
сшитое памятью

Муся Гланц *Лоскутное одеяло, сшитое памятью*
Musya Glants *Patchwork Stitched by Memory*
(Loskutnoye odeyalo sshitoye pamatyu)

Copyright © 2021 by Musya Glants

All rights reserved. No part of this book may be reproduced or utilized in any form or by any means, electronic or mechanical, including photocopying, recording, or by any information storage and retrieval system, without the written permission of the copyright holder.

ISBN 978-1950319398
Library of Congress Control Number: 2021930754

Published by M·Graphics | Boston, MA
  www.mgraphics-books.com
  mgraphics.books@gmail.com

Book Design by M·Graphics © 2021

На обложке: рисунок Евгения Золотарева

При подготовке издания использован модуль расстановки переносов русского языка **batov's hyphenator**™ (www.batov.ru)

Отпечатано в США

Памяти моих родителей

Моему мужу, детям, внукам, правнукам

СОДЕРЖАНИЕ

Несколько слов 11

Пришла война 13
Рига после войны 103
Моя Сибирь 205
Мой Ленинград 262

НЕСКОЛЬКО СЛОВ

Но в памяти такая скрыта мощь,
Что возвращает образы и множит.

Давид Самойлов

В один из дней я нашла в почтовом ящике открытку от моего внука, посланную после того, как он побывал в Музее Рембрандта в Амстердаме. Он писал: «Я думал о тебе, глядя на картины, и о том, что ты рассказывала мне, когда мы вместе гуляли — о художниках, да и вообще о многом, что было в твоей жизни».

Я поставила открытку перед собой и долго смотрела на изрытое морщинами лицо рембрандтовского старого еврея на портрете и думала, какими неведомыми путями тянутся к нам ниточки прошлого, вплетаясь в нашу сегодняшнюю жизнь и по-особому окрашивал её, думала, как эти ниточки соединяют то, что ушло, с тем, что есть и будет. Вот тогда-то я и решила написать, как всё было вокруг меня и со мной, сначала семилетней девочкой из благополучной буржуазной семьи в довоенной Латвии, в одну ночь превращённую вместе с тысячами таких же других в беженку, очутившуюся на другом конце света в среднеазиатском кишлаке, испытывающую постоянный физический голод, сменившийся потом моральным голодом взрослого человека, не отступавшим годами. Такой очень личный рассказ о, казалось бы, известном, создаёт глубину и колорит особой достоверности. Сердце другого человека с готовностью откликается на живые впечатления, вызывая ассоциации и большее понимание.

Мои воспоминания, как и любые другие, могут быть в чём-то слишком субъективными и неточными, но это искупается их искренностью. Я была частью того беспощадного мира, который в короткие мгновения лишал людей надежд, обрекал их на жестокие страдания и горе, когда детей вырывали у родителей, оставляя их сиротами, и любящих разлучали навсегда. Я чувствую, что должна рассказать не только о себе, о прожитом и пережитом, о тех, кто был опорой в моей жизни, но и о тех, менее счастливых, погибших в этом водовороте событий — о друзьях моего детства и молодости, о родных и близких, кого я любила и чью горькую судьбу я чудом избежала.

Эти записки могли появиться только благодаря дорогим мне людям, и в первую очередь моему самому близкому другу, моему мужу Алексу, его беззаветной поддержке всегда и во всём. Я не смогла бы довести работу до конца без постоянного поощрения и веры в меня таких моих друзей, как Мэри Тоул и Дженет Валиент, Венди Салмонд и Джон Боулт, и моего давнего товарища, художника Евгения Золотарёва. Я также благодарю коллектив журнала *Experiment* (Эксперимент), и отдельно ещё раз проф. Д. Боулта, и издательство *Brill Leiden* (Boston), опубликовавших мои воспоминания «As Life Flows on» (на англ. языке, № 24, 2018) и любезно согласившихся на их русскую публикацию.

ПРИШЛА ВОЙНА

Нормальная жизнь кончилась раньше, чем началась война. В один из июльских вечеров папа приехал на дачу позже обычного, очень возбуждённый, и сразу же начал рассказывать, что происходило в городе в этот странный день. Обычно я мало прислушивалась к подобным разговорам взрослых, но на этот раз папа говорил о чём-то ни на что не похожем. Он рассказывал, что на улицах Риги были толпы народу, что многие люди радостно кричали и бросали цветы в солдат, стоящих на танках, что какое это счастье, что город заняли не немцы, а советские, и что сейчас начнётся у нас новая и счастливая жизнь, основанная на свободе, равенстве и братстве. Я не знала, что такое «танки» и не очень понимала, в чём теперь наше счастье. Только много лет спустя, во взрослой жизни я поняла, как наивен и доверчив был мой папа. А в тот вечер, пока родители без конца обсуждали события, я думала о своём любимом мячике, который в этот именно день как-то мистически и неожиданно пропал. Я бежала за ним по двору нашей дачи, по солнечной дорожке, которая вела к большим ёлкам, и уже приготовилась нырнуть за ним в полутьму под густыми ветвями, когда вдруг поняла, что его там нет. Это было настолько невероятно, что мне стало страшно. Сколько я его ни искала, его там не было, хотя укатиться мячу было невозможно — он неминуемо упёрся бы в забор. Этот день, 17 июня 1940-го года, в который Советские войска оккупировали Ригу и навсегда переломил наши жизни, хотя мы этого тогда ещё не понимали, так и остался в моей памяти, как день, когда куда-то укатился и исчез мой любимый яркий мяч.

Та часть жизни, которую всегда потом называли «прошлая» или «до войны», и сейчас живёт в моей душе и памяти яркими картинами, голосами далёких или давно умерших людей, ощущением иного, и потому более прекрасного мира, того мира, в котором реальность и мечта рядом, и их тяжело отделить друг от друга.

После нашего «освобождения» Советской Армией (так большевики называли свой сговор с Германией) папа не сразу осознал суть происходящего и поначалу не унывал. Даже разговоры о предстоящей национализации нашего магазина и конторы не слишком пугали его. Я помню его, стоящего в светлом костюме-«тройка» у книжного шкафа, где поблёскивали корешками книги его любимых советских писателей, и с энтузиазмом убеждающего маму, как хороша будет жизнь при новой власти, когда можно будет просто честно трудиться, и все будут равны. При этом он плохо, видимо, представлял себе, где и как он будет трудиться, потому что на конкретные вопросы моей практичной мамы ответить не мог. Избавление от иллюзий давалось моему папе с большим трудом. Даже когда война уже началась, и мы во время бомбёжки бежали на эвакуационный поезд, и оказалось, что наша бабушка ушла из дому в домашних тапочках, то на все её сетования мой папа с уверенностью говорил: «Мама, успокойтесь! Что, я Вам в Советском Союзе на туфли не заработаю?» Эти его слова долгие годы были горькой семейной шуткой, когда речь заходила о возможностях, которые Советская власть давала человеку.

Но постепенно настроение в нашем доме менялось. В нём воцарялось уныние. Папа постепенно становился задумчивей, меньше улыбался, и его планы становились всё менее грандиозными. Его голос стал звучать приглушённо, и он совсем перестал шутить. Это было плохим признаком, потому что без шуток и анекдотов папа не мог жить. Разговоры мамы с бабушкой были смесью вздохов, воспоминаний и страхов за будущее. Впереди им виделась тревожная неизвестность, а прошлое становилось в этих воспоминаниях всё прекраснее. Всё чаще разглядывали они альбом с фотографиями, как бы пытаясь эту ускользающую жизнь удержать.

В той, довоенной жизни, которая застыла в мамином альбоме, мы гуляем по рассыпчатому золотистому песку Рижского Взморья. Вокруг нас — дамы в расклёшенных брюках по моде тех лет и весёлые самоуверенные господа… Мы гуляем и по центру нашего элегантного города, который рижане любят называть «маленький Париж». О существовании его, правда, в «большом Париже» даже и не подозревают. Мы снимаемся на фоне знаменитых городских часов «Лайма», что значит «счастье» и жуём шоколад с тем же названием. На снимках мы заслоняем своими фигурами голую нимфу — фонтан перед Оперным театром, и на карточке видны только мы и нимфина голова, на которой покоится огромная чаша, полная воды. Струи стекают по нимфе, и она блестит, и это видно даже на фотографии. Лица моих родителей беззаботны, они ещё не прислушиваются к раскатам голосов Гитлеровских митингов. Их ещё не тревожит, что мудрый владелец шоколадной фабрики «Лайма», забрав всех желающих работников с собой, переехал в Палестину. Мама на этих фотографиях молодая, симпатичная и чаще всего в очень причудливой модной шляпе. Я помню одну из этих шляп, ржаво-коричневую, или как мама любила говорить, «кирпичного» цвета. Вместе с этой шляпой надевались такого же цвета крокодиловые туфли. Однажды, много лет спустя, когда я как-то купила себе новые туфли, что само по себе было огромным событием жизни, мама сказала: «У меня были очень похожие до войны». — «Да, действительно похожи», — подтвердила я. Мама посмотрела на меня удивлённо и в своём обычном категорическом тоне с раздражением возразила: «Ты не можешь их помнить, ты была ещё слишком маленькая. Не выдумывай, пожалуйста!» А я и не думала выдумывать. Просто я их помнила, узкие, изящные, из ярко-коричневой кожи, блестящие, со шнуровкой впереди и тонюсенькими прожилочками между чешуйками змеиной шкурки.

* * *

Из той, довоенной, жизни запомнилось очень многое. Конечно, это отдельные куски, картины и сцены, но яркие и сочные. Удивительно, что с годами краски не меркнут в моей памяти. Я хорошо помню, как папа водил меня в свой магазин. Папа вместе с маминым братом, моим любимым дядей Кубой, были владельцами большого магазина готового платья на центральной улице Риги — улице Бривибас (улица Свободы). Магазин был просторный, и ряды тяжёлых и тёмных пальто и костюмов на вешалках заполняли всё помещение, вызывая ощущение беспросветной скуки. Было трудно поверить, что кто-то всё это покупает. Тем не менее дела шли совсем неплохо, если судить по нашей жизни. После войны папа показывал мне блеклые следы от вывески на брандмауэре, где с трудом, но можно было прочитать фамилии владельцев. Это его всерьёз беспокоило, потому что в советских анкетах он, естественно, о своём «буржуйстве» не упоминал во избежание серьёзных неприятностей. И мне было строго-настрого приказано об этом помалкивать.

Обязанности в магазине делились между его двумя владельцами так, что папа имел дело с заказчиками и покупателями-оптовиками в провинции и разъезжал по всей Латвии, а дядя занимался делами в магазине. Это как нельзя лучше соответствовало их характерам. Спокойный, уравновешенный и немногословный дядя не мог заменить моего отца в его поездках, а папа страдал бы от скуки, сидя на месте. Однообразие раздражало и утомляло его, а в разъездах была постоянная смена мест и впечатлений. В каждом городе и городочке у него были давние, хорошо налаженные связи и знакомства. Его, как желанного гостя, встречали не только хозяева его любимых пансионов и ресторанов, но и партнёры по делам, потому что он был порядочным в сделках и весёлым, лёгким человеком. Вместе с товаром он привозил новые анекдоты, охотно рассказывал их, и первым же и смеялся. Он вкусно ел, много шутил и болтал, а по вечерам перекидывался в картишки. Эти поездки были для него не только работой, но и своеобразным удовольствием. Они вносили в его жизнь ту атмосферу свежести, которая имитировала настоящие путешествия, к которым он так стремился.

По-настоящему папа путешествовал только однажды. Это было в его ранней молодости, совпавшей с депрессией конца 20-х годов. Работы в Риге не было, жизнь была бедной, непростой и, как казалось, бесперспективной. Вот тогда-то мой папа и его друг Филипп решили попытать счастья в чужих краях. Фантазёры и мечтатели, они выбрали Бразилию. Рио-де-Жанейро звучало заманчиво и экзотично. Пляжи Капакабана, смуглые красавицы, сказочная жизнь в апельсиновых рощах... Так как денег не было, то двигались медленно, стараясь в каждом месте немного заработать. Так они повидали Прагу, Берлин, Париж и Лиссабон. Отовсюду папа привёз довольно приличное знание языков, и потом всю жизнь мог легко на этих языках читать и поддерживать весьма сносно лёгкий разговор. Эта его способность к языкам была просто удивительной, равно как и его великолепное знание географии, любовь к которой он передал и мне. И всё это при том, что фактически он почти нигде, кроме начальной школы не учился.

Действительность в Рио оказалась другой, чем молодые люди предполагали. Они были там никому не нужны. Работа была только подённая, тяжёлая. Папа и Филипп слонялись по пляжу, где, правда, было множество красавиц, но те не замечали новых искателей приключений. Они подставляли солнцу свои бледные тела бедных городских юношей, часами смотрели на переливчатую синь океана, на бронзовую массу крикливой толпы и ждали. Они ждали чуда. С каждым днём ждать становилось всё труднее. Огненные апельсины и пышная неестественно белая булка всё больше приедались, и всё чаще хотелось мяса и маминого супа. В то же время письма из дома становились всё более настойчивыми. Моя бабушка, которая тогда ещё ничейной бабушкой не была, звала домой. Она писала, что дела пошли лучше, и люди стали больше зарабатывать, а уж ему, её красавцу и умнице, и вовсе не о чём беспокоиться. После недолгих колебаний папа не устоял и вернулся, а Филипп остался. Ему некуда было ехать, никто его не звал и не ждал. Как папа узнал много позже, не сразу, через годы, что Филипп стал владельцем сначала книжного магазина, а потом и собственного издательства.

Своему решению вернуться папа сам в душе удивлялся, потому что жизнь дома тяготила его. Их большая семья жила в Риге в тесной квартире. Дедушка и папа были единственными мужчинами, а пять сестёр постоянно галдели и ссорились по всякому поводу. Папа был старшим. Сестёр своих он слегка презирал, посмеивался над ними и, в сущности, плохо их знал и ни к кому из них не был всерьёз привязан. Я опять смотрю на фотографию, и со старой пожелтевшей бумаги, чудом уцелевшей, они все смотрят на меня — все члены папиной семьи. Дед — нарядный, в костюме и галстуке. Рядом с ним — бабушка и папа, бабушкин любимец. В папином лице столько живости, такая готовность жить, и не верится, что именно долголетия ему и не было отпущено судьбой. Вокруг этой группы расположились сёстры, молодые и тоже нарядные. Никто из них не знает ещё своей судьбы.

Дедушка умер в лагере в Германии. Говорят, что последние несколько суток он лежал на нарах, не в силах двинуться, изнурённый и предельно ослабевший от голода. До освобождения оставались считаные дни, но он его не дождался. Страшно представить себе, что он видел за прошедшие с начала войны годы. Старик, он мог уцелеть и пройти путь от Рижского гетто до Германии только потому, наверно, что был хорошим жестянщиком. Зачем-то немцам были нужны такие специалисты. Я плохо помню его, и мои воспоминания лишены чувственных впечатлений. Я всегда видела его только на расстоянии. Он, кажется, никогда меня не ласкал, не пытался приблизиться. Я не помню ни его рук, ни остроты его колена, на котором могла бы сидеть, но никогда не сидела. Я не могла бы сказать, чем от него пахло. Вряд ли он любил меня. Его сын с его стремлением уйти от своей среды и стать «буржуем» был ему чужд, и я, эта пухлая холёная девочка, его внучка, не вызывала в нём особых чувств. Правда, когда я родилась, он сам сделал для меня жестяную ванночку для купания.

Был дед молчуном. Сухое лицо, изрезанное морщинами, никогда не становилось весёлым. Смотрел он исподлобья. Своими чёрными, небольшими и глубоко посаженными глазами сверлил собеседника. Говорят, он не был добродушным человеком. Говорят, бабушке, весёлой, общительной, жизнерадостной, на которую я, по общему мнению, похожа, было с ним нелегко. О нём рассказывали, что, едва придя в гости, посидев полчаса, он решительно говорил бабушке: «Сонэ, кум ахейм!», что значило «Соня, идём домой!». Бабушкино имя он произносил на собственный манер, поставив в конце твёрдое «э». В честь бабушки названа моя старшая дочь, но ничто в ней бабушку не напоминает и зовут её мягко и нежно «Софочка».

Девочки, как ни странно, росли в этой рабочей и очень небогатой семье избалованными и капризными. Дед особенно любил старшую дочь, Броху, глуховатую от рождения и не очень счастливую. Но особенно любил он Шуленьку, Брохину девочку, мою ровесницу. Она была его настоящей внучкой. Броха была замужем за смазливым и весёлым парнем по имени Мотке. Он, как считали в семье, был непутёвым, и после многочисленных скандалов они развелись. Но вскоре они снова сошлись и даже устроили настоящую хупу. Шуленька поддерживала длинную фату матери. Когда началась война, Броха снова ждала ребёнка. Бабушка, Броха, Шуленька и неродившийся ребёнок погибли в гетто.

После Брохи шла Гута. Её судьба характерна для небогатой части еврейской молодёжи в досоветской Латвии, которая, несмотря на сравнительно невысокий уровень образования, была очень активна политически. Это в большой степени объяснялось положением евреев в стране после Ульманисовского переворота в мае 1934 года, приведшего к установлению автократической диктатуры. Господин Карлис Ульманис провозгласил Латвию для латышей. Поскольку права меньшинств при этом не гарантировались Конституцией, то по отношению к ним в стране царил произвол. Эти нововведения особенно ущемляли евреев. Власти смотрели сквозь пальцы на всплеск антисемитизма. Евреи оказались фактически дискриминированными. Они практически не допускались к занятию должностей в местных органах управления и на государственной службе. Во всей Латвии было 25 евреев-чиновников, хотя 90 процентов евреев были грамотными людьми. Еврейские врачи практически не принимались на работу в государственные и христианские госпитали. Они работали или в еврейском госпитале (Бикер Хейлом) или имели частную практику. То же самое было и с юристами, которые работали только в частных фирмах. После переворота можно было в публичной жизни употреблять только латышский язык, в остальных случаях требовалось разрешение министра внутренних дел или назначенного им инспектора. За нарушения грозил штраф в 1000 латов или арест на шесть месяцев. По закону о народном образовании от 12 июля 1934 г. школьники, принадлежавшие к нацменьшинствам, обязаны были ходить в свою национальную, либо в латышскую школу. Конечно, пострадали опять же еврейские дети, ходившие в немецкие и русские школы… Для поступления в Латвийский Университет существовала процентная норма. Ульманис запретил деятельность партий и политических организаций, и под запрет попали и еврейские организации отнюдь не политического характера, например, еврейское молодёжное общество Хисахдутх Бней Хоол, юридическое общество Латвийского университета, Талсинский еврейский народный клуб, сионистская организация школьной молодёжи Геховер и др. Формулировка для закрытия — наносит вред интересам государства и общества. Молодёжь видела два пути выхода из этого положения. Одна часть молодых людей была увлечена идеями сионизма. Эти девушки и юноши готовили себя к поездке в Палестину, где они собирались сначала бороться за независимое еврейское государство, а потом строить его. Они были объединены в молодёжной сионистской партии имени Иосифа Трумпельдорфа, организованной в Риге в 1923-м году. Другая часть молодёжи смотрела на Восток. Советский Союз с его громко звучащими лозунгами о свободе и равенстве представлялся им местом, где уже на деле осуществились человеческие мечты. Они активно работали в подпольных партийных и комсомольских организациях, искренне веря в правоту своего дела. Что ж, они были не первыми и не последними среди тех, кто обманулся большевистской пропагандой. Некоторые тайно бежали через границу в Советский Союз, где в большинстве своём были арестованы как шпионы и отосланы в сталинские лагеря, откуда мало кто вернулся. Те, кто оставались в Латвии и дождались «освобождения», особенно остро страдали после смерти Сталина, когда пришло отрезвление от большевистского блефа. Некоторые прозревали уже во время войны, когда столкнулись с реальной советской действительностью. Из их рядов в послевоенной Риге формировались ряды самых циничных деятелей так называемой «подпольной экономики».

Тётя Гута и её сёстры были среди коммунистов. Вера в социализм, равно как и красивые голоса и любовь к пению, были отличительными особенностями этой семьи. Тётя Гута была среди них самой активной. Она была поймана с поличным, когда расклеивала листовки и получила по приговору суда четыре года каторжных работ. Как она рассказывала мне, их заставляли работать каждый день, и чаще всего они очищали куриц от перьев. Моя тётка, которая прошла фронт и потеряла на войне мужа, очень тяжело перенесла своё разочарование в коммунизме. Вопреки очевидному, вопреки изменившимся взглядам многих своих бывших соратников и друзей, она старалась держаться до последнего и всерьёз страдала.

Долгие годы, обманывая себя, она гордилась своими заслугами перед партией и званием персонального пенсионера. В центре города, на улице Кирова (теперь опять, как и до войны, эта улица называется Елизаветинская), был специальный магазин продажи продуктов персональным пенсионерам, закрытый для широкой публики и скрытый от её глаз. Снаружи никакой вывески не было, и никто не мог заподозрить существование магазина, но все о нём всё равно знали, несмотря на ухищрения властей. Так называемое «спецснабжение» было одной из льгот-подачек, которые «верные сыны и дочери партии» получали наряду с дешёвым проездом в транспорте, скидкой в квартплате, почти бесплатными дачами и путёвками в санатории и дома отдыха, правда, чаще всего в «несезонное» время. В «спецмагазине» пенсионерам раз в месяц выдавали определённый набор продуктов, «всесильный дефицит», куда чаще всего, с небольшими вариациями, входили палка сухой колбасы (салями), апельсины, гречневая крупа, венгерский суп-концентрат в пакетах с петушком, сухая смесь для кекса и многое другое, не менее интересное. Но венчал весь набор вожделенный растворимый кофе, который практически никто из пенсионеров не пил по состоянию здоровья. Кофе служил обменной валютой и ценился очень высоко. Наравне с коньяком и шоколадными наборами, кофе открывал двери врачебных кабинетов, театральных касс, дорогих ателье и других магазинов, где был другой «дефицит» — мебель, одежда и... книги, предмет особого престижа. Пайки персонального пенсионера поднимали его авторитет среди родственников, приносили ему особое уважение. Персональный пенсионер в семье — это была роскошь. Это значило, что в доме будет вкусная еда в ярких упаковках. Так как персональные пенсии были разными, по степени заслуг перед родиной, то и пайки выдавались разные. Поэтому легко себе представить, сколько среди бывших борцов было склок, интриг и сплетен. Со всей «честностью и преданностью истинного партийца» они строчили друг на друга доносы в высокие инстанции, называя их разоблачениями, подсказанными совестью. Моя тётка всё это болезненно переживала, но всегда защищала своих бывших соратников, находя им всяческие оправдания — возраст, склероз, плохих детей. Когда отрицать правду было уже глупо и бессмысленно, а смотреть ей в глаза не было сил, её жизнь стала ещё тяжелее. Она сидела в тюрьме, была на фронте, потеряла мужа и осталась одинокой, без детей, но, наверно, по-настоящему несчастной почувствовала себя в первые годы начавшейся эмиграции в Израиль, когда уезжали вчерашние друзья и товарищи по подполью.

Переломана войной была судьба и другой сестры, Леи. У неё было сильное и красивое сопрано, и ей пророчили большую карьеру концертной певицы. Я помню её с её мужем Бениоменом в форме латышского солдата-срочника. Красивая пара, светлое будущее... Бог знает, на каком из фронтов войны сложил голову Бениомен. А я, глядя на мою тётку, с годами ставшую похожей на сытую жабу, ворчливую и мелочную, любившую повторять, как я на неё похожа, бежала к зеркалу, боясь увидеть тёткины черты в своём лице.

Самая младшая, «ди мезинке» (идиш), была неказистая, лицом вылитый дед. «На всех красоты не хватило», — шутили в семье. Когда ей было шестнадцать, её тоже арестовали, долго били по голове в полицейском участке. Было ли это так или бабушка придумала эту историю, жалея её и оправдывая её дурость, никто уж теперь не скажет. Она каким-то чудом оказалась совершенно одна в эвакуации и, чтобы не погибнуть с голоду, поступила учиться в ФЗУ. Как и многие, она стала через разные инстанции разыскивать родственников, а когда отыскала папу, то отправила ему на фронт письмо, в котором писала, что ей стыдно, что других людей убивают, а он всё ещё жив. Такое же письмо она прислала и нам в эвакуацию, чего мама не смогла ей никогда простить. Мы никогда не переставали удивляться после войны, как в безалаберной бюрократической советской машине эта служба поиска родных даже в самые страшные годы работала вполне исправно.

После войны папа подобрал свою несчастную, голодную, совсем одичавшую сестру и предложил ей приходить к нам каждый день обедать. Она пришла, и в первый же день швырнула на пол тарелку с супом, крича, что ей не нужны буржуйские объедки. Шёл 1945 год. Мы были нищими, вернувшимися после освобождения города к разорённым местам. Нашим единственным богатством было то, что папа остался жив. Такая она была моя тётка, которую звали Ета. Она много пила, курила, много болела, где-то работала. Однажды меня пригласили малознакомые люди в первый раз к себе домой. Когда я вошла, ко мне навстречу с радостным криком бросилась их домработница — моя тётка Ета. После обеда гости попросили её петь. Она согласилась и пела легко и красиво. Жизнь её кончилась, когда она выбросилась из окна шестого этажа.

На истёртой семейной фотографии они все в преддверии этих испытаний. О чём думал мой дед, лёжа на заплёванных нарах барака? О бабушке, Брохе и её детях? Об их гибели? Он, который жил рядом со смертью более четырёх лет, знал, что она была страшной. Папа долго надеялся, что дед жив. Возвращающиеся в один голос утверждали, что видели его то там, то тут, но сведения были очень противоречивыми. Постепенно надежды угасли, и мой дед, по которому никому в семье не дали имени, ушёл в небытие. Его звали Давид. Мой рассказ о нём — его надгробие, последняя и единственная память.

* * *

Мой папа всеми силами стремился вырваться из своей среды. Ему не нравилась судьба честного и бедного труженика, каким он мог стать, а учиться не было возможности без какой-то опоры. Надо сказать, что при всём уме и обаянии, у моего любимого папы не было сильной воли, и, хотя он мечтал стать врачом, не был готов стать на этот тернистый путь нищего студента. Он тянулся к жизни, в которой были красота и комфорт, как он их понимал. И так получилось, что вскоре после возвращения из Бразилии он познакомился с моей хорошенькой мамой, на которой и женился очень быстро. Мама была не только привлекательной внешне, но и, по понятиям её круга, неплохо образованной. Она окончила интересную школу — еврейскую гимназию с русским языком преподавания. Оказывается, были и такие в 20-е и 30-е годы в Риге. И хотя моя мама никакого особого рвения к наукам не проявляла, она любила читать и неплохо играла на пианино. Но, видимо, в этой гимназии учили неплохо, потому что когда мы, незнающие языка, приехали в Америку и смотрели телевизор, то именно моя, старенькая уже тогда мама, понимала, о чём говорят, и любопытным отвечала, что учила английский в школе.

На деньги маминого приданого папа открыл вместе с дядей, маминым братом, тот самый магазин готового платья, следы которого так надолго остались на стене дома. Женитьба сразу перенесла папу на другую социальную ступень и сделала респектабельным буржуа, чем он, сибарит и эпикуреец, невероятно наслаждался. Могло показаться, что это был брак по расчёту, но на самом деле оказалось, что мои родители прожили душа в душу, как голубки, всю жизнь, нежно любя и оберегая друг друга. Именно их отношения создали у меня глупую иллюзию, что все женатые пары заведомо счастливы. Понадобился мой собственный непростой опыт, чтобы от этой иллюзии избавиться. Но, как это ни странно, моя практичная и очень земная мама от этого представления избавиться так и не смогла. Когда ей рассказывали о чьих-то семейных неурядицах, о семейной паре, которая на грани развода или живёт в постоянной вражде, она, уже в солидном возрасте и имея внуков, с неподдельным недоумением восклицала: «Как же так! Я их на днях видела, они шли, держась за руки!».

Мама была из состоятельной семьи. Её отец, этот мой дедушка, по совпадению, был когда-то тоже бедным жестянщиком и к «состоятельности» семьи прямого отношения не имел. Это произошло как-то без него, усилиями бабушки. Она умерла старой, за девяносто лет, но я помню её, когда она ещё кипела молодой энергией. Была она человеком, как я понимаю, железной воли, незаурядных способностей и такого же незаурядного эгоизма. Одно из самых сильных впечатлений, лучше всего характеризующих бабушку, было связано с одним послевоенным моментом. Мы тогда только что вернулись из эвакуации. Война ещё не кончилась, и, жизнь ещё только налаживалась. Все раны были свежими и болели. Бабушка не нашла в живых ни своего сына, которого, по словам всех, очень любила, ни его семьи. Сама она, потерявшая всё, чем владела, привыкшая быть всегда независимой и приказывать, оказалась теперь полностью зависимой от детей. Казалось бы, она должна была пригнуться и сникнуть. Тем удивительнее была сцена, которую я однажды застала. Бабушка стояла перед зеркалом, примеряя шляпу. Бог знает, откуда взялась эта шляпа, но надо было видеть бабушкино лицо и то, как она эту шляпу прилаживала к себе. Стоя за ней, я могла наблюдать за её отражением в зеркале. Она была полностью поглощена тем, насколько шляпа ей к лицу и достаточно ли хорошо она при этом выглядит. Ничто другое не интересовало её в этот момент.

Эта бабушкина способность всегда и прежде всего думать о себе была поразительной. Она определяла все её поступки и отношения с людьми, чужими и своими. Детей своих она вымуштровала так, что и взрослыми они не решались ей открыто возражать. Под её железной пятой был и дедушка. Под её влиянием он занялся коммерцией, но революция помешала ему по-настоящему развернуться. Они с бабушкой убежали от большевиков из Москвы в Ригу, но и тут дела шли неважно, и дедушка, как это делали и до него, и после, поехал искать счастья в чужих странах. Видимо и на это была бабушкина воля. Он предполагал поехать в Палестину и в Буэнос-Айрес, но до Южной Америки так и не доехал. Где именно у него украли всё ценное, что бабушка дала ему с собой, аккуратно уложенное в заветный ящичек, я уже не помню. В Палестине он видел много страшного. Дома не раз повторялся его рассказ о раввине, которого арабы сожгли на медленном огне, начав с бороды. Письма домой он писал печальные и безнадёжные. Бабушка же в это время одна с тремя детьми на руках делала всё, чтобы выжить. Дело было после Первой Мировой войны. Кругом были бедность и разруха, но люди хотели жить, одеваться. Бабушка стала скупать, где придётся, старое солдатское и офицерское обмундирование, по ночам стирала его, гладила и перешивала в дефицитную цивильную одежду, а днём выносила её на рынок продавать и стояла там в жару и в холод. Постепенно дела её пошли так хорошо, что она смогла уже нанять себе помощников и открыть там же на рынке маленькую лавчонку готового платья. И тогда она велела дедушке вернуться. Он приехал, испуганный, несчастный, и с тех пор, наверно, у бабушки появилось это сложное отношение к нему. Она его, видимо, никогда особенно не любила и даже слегка презирала за мягкость и скромность, которые принимала за слабость. Но зато его всегда к кому-то ревновала, кажется даже, не без оснований. После его возвращения все эти чувства как-то оформились и открыто проявлялись.

Этот дедушка был «мой», «настоящий» дедушка. Ниточки нашей душевной связи не порвались ещё сегодня, хотя дедушка лежит в земле с весны сорок первого года. После войны мы не нашли его могилы на еврейском кладбище «Шмерли» в Риге. Когда я вспоминаю его, я вижу опять его улыбку и глаза, в которых столько любви ко мне. Они уводят меня назад, в моё детство, в мир далёких и забытых ощущений, в мир, где всё вокруг по-иному распределено, а я его центр, желанный и дорогой.

Вот мы идём по улице вместе, дедушка и я. Он крепко держит меня за руку, и рука у него тёплая и сухая. На нём чёрное дорогое пальто и элегантная шляпа. Мой дедушка — франт и модник. Мы идём с ним по улице, и нам хорошо и весело, потому что мы вместе. Я читаю вывески. Мне всего пять лет, но я читаю легко и быстро, а дедушка страшно гордится мной и победоносно оглядывает прохожих. Они тоже смотрят на нас, не знаю почему. Он ещё очень любил кормить меня грейпфрутами. Мы садились за круглый стол в столовой. Дедушка — в коричневой домашней куртке с «гусарскими» застёжками из шёлкового шнура. Я — на стуле рядом, и начиналось священнодействие. Оранжевый грейпфрут дедушка держал бережно обеими руками. Медленно клал его на блюдце. Серебряным ножичком для фруктов разрезал поперёк. Каждая половинка теперь нежно сияла розово-жёлтой мякотью. Дедушка посыпал их сахаром, осторожно мял, пока не появлялся тягучий сиропообразный сок, и тогда мы принимались за это лакомство. Много-много лет мне казалось, что в мире нет более вкусного и более желанного фрукта, чем грейпфрут, и что только я знаю секрет, как его есть.

На диване в той же столовой мы читали и разговаривали. Диван стоял у стены, противоположной окну, и буфет закрывал одну его сторону своим пузатым боком. Я любила этот полутёмный уголок. Потом, когда дедушка заболел, он всё старался примоститься там, чтобы не видно было, как он плохо выглядит. У дедушки оказался рак поджелудочной железы. Когда его увозили на операцию, со мной случилась первая в жизни истерика. Вернувшись, он стал ещё тише, и с каждым днём становился вся меньше и меньше. Только его живот, наполнявшийся жидкостью, всё раздувался, мучая его, не давая дышать. Приходила сестра и большой иглой её отцеживала. Но всего этого я совсем не боялась, и всё равно хотела быть к дедушке как можно ближе. Он очень страдал, стеснялся своей немощи и был в те тяжёлые дни особенно тихим. Я любила и жалела его. Когда потом, в школе, нас учили, что жалость — недостойное чувство, что оно унижает человека, я не могла в это поверить. Мне всегда казалось, что это одно из самых человеческих чувств. Как много могут дать сострадание и жалость, я поняла ещё в те дни, когда смотрела в глаза своего умирающего дедушки.

Помню день, когда он позвал всех проститься. Чувствую и сейчас его лёгонькую, горячую руку, гладящую меня по волосам. Когда он умер, со мной опять было плохо. Взрослые не взяли меня на его похороны. Как будто можно оградить душу человека, даже ребёнка, от потерь и горя. Прошло несколько дней. Я играла во дворе. Мы бегали, было очень жарко. И вдруг я увидела, что дверь подъезда, где жили в том же доме с нами бабушка и дедушка, открылась, и дедушка появился на пороге. Он стоял, не двигаясь и улыбаясь, держа за руку мою двоюродную сестричку Шуламеньку, дочку моего дяди Кубы. Я тоже остановилась, совершенно оцепенев. Потом дедушка поманил меня пальцем. Он сделал это несколько раз. Я рванулась к нему, но в ту же секунду остановилась. Не знаю, что удерживало меня. Ещё через мгновение всё исчезло. А через несколько месяцев началась война. Шуленька вместе со своими родителями погибла в гетто.

Что было бы со мной, если бы я побежала к дедушке? Зачем он звал меня? Может быть, это было предостережение, особый знак, который он мне подавал. Я не погибла, выросла, прожила большую часть своей жизни. Чем я заслужила это? Ведь те, кто лежат на дне огромных чёрных ям, мои двоюродные сестрички, Шуленька и Шуламенька, были не хуже меня и имели то же право на жизнь. С годами, думая о той последней встрече с дедушкой, я всё больше верю, что он охранил меня тогда и, наверно, хранит и по сей день.

Думаю я иногда и о том, что стало бы со мной, если бы не война, если бы я выросла в той жизни и в той среде, как сложилась бы моя жизнь? Иногда я вижу себя среди тех, кто строил Израиль. Иногда среди студентов Сорбонны. Но всегда это какое-то дело, профессия, карьера. От этого не уйти. Но это отступление, а жизнь до войны шла своим, приятным чередом.

* * *

В моём раннем детстве у меня была няня, большая, грузная русская красавица, которая называла мою маму «барыня». Она жила у нас сравнительно недолго. Дома, в деревне, у неё была большая родня, которая постоянно требовала, чтобы она возвращалась, и грозила в случае неповиновения всякими неприятностями. Няне ехать не хотелось. Ей нравилось у нас. Она любила жизнь большого города и меня. Придя с прогулки, она долго рассказывала маме, какая я красавица и как все на улице на меня оглядывались. Но, в конце концов родственники всё же доконали няню, и ей пришлось возвратиться домой. Прощаясь с нами, она сильно плакала. От неё у меня осталась любовь к гречневой каше, которую она варила удивительно вкусно. Бывало, рано утром, когда все ещё спали, я приходила к ней в её маленькую комнатку за кухней, которая называлась почему-то в нашем обиходе не комнатой для прислуги, что было бы понятно, а «девичьей». Мы шли на кухню, и няня кормила меня. Каша у неё была очень крутая, она нарезала её толстыми ломтями и наливала мне в кружку молока.

Вскоре после того, как няня от нас уехала, я с другими девочками нашего дома, Мирой, Фрумой и Рутой, стала ходить в детский сад к мадам Шнеур, женщине с тонким и интеллигентным лицом и добрым нравом. Интересное начиналось уже по дороге в садик. Надо было пройти по улице мимо православной церкви, небольшой, но какой-то уютной. Сама церковь стояла за оградой, где рядом с воротами в небольшом застеклённом строении стояла необыкновенно красивая икона Божьей Матери. Мне нравилось остановиться перед ней на несколько минут и любоваться на нежные лица матери и младенца, окружённые золотым ореолом. В садике нам было интересно и весело. Нас, всех, кроме Миры, забирали домой мамы, а её забирала няня Марта. В отличие от моей няни, Мирина Марта жила с ними всегда. Сначала она вырастила Селю, Мирину сестру, которая была старше на десять лет, а потом растила Миру, в большой степени заменяя родителей, которым было не до детей. Папа её был художником. Помню его пышную шевелюру и горделиво поднятую голову в шляпе с необычно большими полями. Его все звали не по фамилии Иоффе, а по псевдониму — Михаил Ио. Его картины кем-то ценились и где-то продавались. Такова была, по крайней мере, молва. У него было белое, как напудренное, бабье лицо. Большое и белое лицо было и у его жены, Мириной матери. Внешне похожие друг на друга, супруги жили не очень счастливо, и мы, дети, почему-то знали об этом. Мирина мама была зубным врачом и, как тогда говорили, имела свой кабинет. Я так подробно рассказываю об этих людях, потому что их история Марты и Миры, которые так любили друг друга, оказалась трагичной. Когда началась война и родители решили эвакуироваться, Марта уговорила их не брать девочку с собой в неизвестную жизнь. Они легко согласились, потому что доверяли няне, как себе. Когда немцы вошли в Ригу, Марта уехала с Мирой в свою деревню, где все, естественно, знали, что она служила у евреев. Очень скоро к ней нагрянули местные айсарги (это были члены военизированной националистической организации, помогавшей полиции и армии, активно помогавшие в истреблении евреев в годы войны), жители этих мест, и потребовали еврейского ребёнка. Марта не спорила, не сопротивлялась. Она дошла с ними до ближайшего лесочка, поцеловала Миру и велела ей идти с «дядями» дальше. И девочка пошла. Через несколько минут Марта услышала выстрел. Всё было кончено. Когда родители вернулись в Ригу, Марта рассказа им всё это, не утаив подробностей и не пытаясь оправдаться. Отец, Михаил Ио, уехал в Москву, где какое-то время работал в еврейском театре у Михоэлса, а мать повредилась в уме и прожила недолго. Я встречала её иногда на улице и пыталась поздороваться, но она никогда мне не отвечала, а только смотрела на меня долгим и тяжёлым взглядом, от которого мурашки бежали по коже. Я даже не уверена, что она меня узнавала. За годы войны она стала ещё крупнее и ещё гуще пудрила лицо, на белой маске которого выделялись очень ярко накрашенные губы. Когда же у старшей сестры Сели родился ребёнок, они пригласили Марту в няни.

Мира была мне ближе других девочек. Она была тоже большая, как и её родители, но весёлая и открытая в отличие от них. С ней было намного интересней, чем с вечно кислой Фрумой. Мне было хорошо с ней дружить, играть во дворе вместе, ходить к ней домой или приглашать её к себе. С Мирой мы не ссорились. Я даже помню, как я рассказала ей об истории с «Мишкой». «Мишка» был моей любимой игрушкой. Он был сделан из какой-то мягкой коричневой ткани и весь был такой близкий и родной, как живой человек. Я его вечно таскала за собой, и постепенно он начал стареть и разваливаться, из него начала лезть труха. Я очень огорчилась и жалела его и себя. Однажды мама с папой во время гулянья подвели меня к огромной витрине главного универмага в центре города и сказали, что я могу выбрать себе любого мишку, который мне понравится. Я начала так плакать, что больше мои родители к этой теме никогда не возвращались, но мой Мишка всё продолжал хиреть. Вот об этом я и рассказала Мире, и она меня понимала. О «Мишке» я долго тосковала в эвакуации и не могла простить себе, что в суматохе забыла о нём, оставила. Следующий «Мишка» появился в нашем доме только после рождения моей дочери.

* * *

Папы не бывало дома целую неделю. Когда он возвращался в пятницу к вечеру из своих поездок, в доме воцарялась праздничная обстановка. Дни, которые он проводил дома, состояли из ритуалов. Их, как я подозреваю, ввела мама. Она всегда обожала порядок и строгий распорядок. Видимо, сам факт повторяемости событий, их регулярность давали ей — и это свойственно многим людям — ощущение стабильности и уверенности в жизни, а она свою жизнь с папой любила и гордилась тем, как она её замечательно построила. Удивительно другое. Когда вся эта налаженная жизнь рухнула во время войны, это не заставило мою маму изменить свои представления. Она с ещё большим рвением продолжала поклоняться порядку и распорядку, своим неизменным богам, не желая замечать, что держится за пустую форму. Папа любил развлекаться. От этого он не отказывался и по выходным дням. Суббота была днём его неизменных еженедельных встреч с друзьями. Они ходили вместе в баню, а потом играли в карты в игру, которая называлась «кункен» и известна в Америке как джин.

Кригеровская баня в центре Риги, куда они ходили по субботам, была не только местом для мытья. Она была своеобразным клубом, где люди определённых кругов встречались и болтали, крепко парились и основательно ели и выпивали.

Это были сугубо мужские радости жизни. Что делалось тогда на женской половине бани и существовала ли она вообще, я не знаю. Построенная с большой роскошью, Кригеровская баня претендовала на сходство с банями Древнего Рима, по крайней мере, с теми, которые я видела на картинках. Когда после войны она превратилась на какое-то время в общедоступное место, и мы с мамой туда ходили, я получала большое удовольствие от вида мраморных лестниц и бассейна, от разнообразия всех видов мытья. Простая процедура легко превращалась в игру. Можно было мыться в тазике или под душем; можно было париться, как все, с веником на горячей полке, но можно было забраться в деревянный ящик, из которого торчала в прохладе только голова, а тело обжигал сухой пар, а потом отправиться в отдельную кабинку, где каждому подавались чистые простыни и при желании можно было выпить лимонад. Но главное, что и в послевоенном дефиците и бедности, у Кригера не было очередей, что достигалось за небольшую дополнительную плату. По сравнению с обычными банями, это был просто рай. Папа был завсегдатаем у Кригера и до, и после войны. Когда баню, в конце концов, закрыли для публики, предоставив её комфорт номенклатуре, папа очень тосковал по своему «клубу» и ещё более честил советскую власть.

Воскресенье было семейным днём, и мы проводили его втроём — папа, мама и я. В моей памяти эти дни живут в разнообразных, никак не связанных между собой кусках. Утро обычно начиналось с того, что я приходила к родителям в спальню, садилась на их большую и мягкую кровать, и мы подолгу болтали обо всём. Папа тогда был ещё не рассеянный, и разговаривать со мной ему было интересно. Перед самой войной он стал водить меня по воскресеньям в кино. Позже, в эвакуации я особенно часто вспоминала два фильма — один с Микки-Маусом и другой — с Ширли Темпл. Из первого всегда возникал один и тот же кадр, наверно потому, что я была вечно голодна. Это была сцена, где Микки-Маус стоит под деревом, на котором висят всевозможные вкусные вещи — булки, кренделя и конфеты. История с Ширли Темпл была некой вариацией Золушки, где бедная девочка вынуждена была незаслуженно страдать. Она была одета в очень живописные лохмотья и почему-то всё время дрожала от холода, но чудо помогло правде восторжествовать, и героиня была осыпана всеми возможными милостями. Особенно поразила моё воображение синяя бархатная шубка, отороченная белым мехом, над которым эффектно возвышалась золотоволосая головка маленькой Ширли. Эта синяя бархатная шубка на многие годы оставалась для меня идеалом красивой одежды. Совсем недавно, нажимая бездумно на кнопки «remote-контроля», я случайно наткнулась на этот старый сентиментальный и неприхотливый фильм, и уже не могла оторваться от него до конца. Один из серьёзных фильмов, который я видела до войны с папой, был польско-еврейский фильм на сюжет известной песни «Beltz, my shtettale Beltz...» — «Белз, мой городок Белз...». И песня, и фильм говорили об одном и том же — о грусти взрослого и преуспевшего в жизни человека по своему детству и его простым радостям в бедном еврейском местечке. Но если фильм был довольно ординарным и просто сентиментальным, то песня — одна из самых красивых и искренних среди тех, которые я слышала. Это песня — воспоминание, песня — тоска по невозвратности, необратимости времени и жизни. Папа любил её петь, и делал это так душевно, с таким искренним теплом и болью, что после его смерти мне не хочется слушать эту песню в чьём-то другом исполнении.

Одним из ритуалов наших воскресений был поход в кафе к *five o'clock tea*, пятичасовому традиционному чаю. В городе было несколько таких кафе. Лучшими считались «Шварц» и «Рококо». Мои родители предпочитали последнее. Наверно, время, проведённое там, на всю жизнь сделало из меня самого преданного любителя кафе. Там меня научили, что кафе — это не только место, где можно выпить кофе и съесть пирожное. Кафе навсегда стало для меня местом, где можно было подолгу сидеть с друзьями и вести бесконечные разговоры за одной чашкой кофе. Кафе моих родителей было, конечно, совсем другим, чопорным по духу, но в иные времена и при иных обстоятельствах оно тоже было прежде всего местом общения. Нарядные дамы и господа чинно сидели здесь часами и вели негромкие разговоры. Воскресный выход в кафе был запланированным развлечением после недельной рутины, возможностью показать себя и посмотреть других, узнать новости и сплетни. Я любила мягкий свет в помещении, где преобладали кремовые и шоколадно-коричневые тона; тихий перезвон посуды и особенный запах сдобы и кофе. И это приглушённое освещение, и эти запахи и вся атмосфера покоя и уюта дольше всего сохранялись при Советах в Таллине. Поездки туда стали частью нашего взрослого искусственно построенного, иллюзорного мира, по которому томились и тосковали, стараясь изо всех сил удержать и сохранить его частицы.

Воскресные вечера мои родители чаще всего проводили дома. Мама садилась за пианино, а папа пел. Мне сегодня трудно поверить, что так было на самом деле. Это, наверно потому, что послевоенная жизнь была совершенно другая, и родители мои превратились в совсем других людей. Я не знаю, какими они стали бы с годами, не будь войны, но я видела, что сделали с ними война и советизация. Но тогда, в эти мирные вечера, я любила сидеть на мягком стуле из столового гарнитура и смотреть на них и слушать музыку и папин небольшой, но красивый голос. Он обычно стоял за маминой спиной, слегка наклонившись над ней, а за ним оранжеватый свет низко висевшей над столом лампы высвечивал нашу красиво убранную столовую, где удобные кресла как бы стремились укрыться по углам и матово поблёскивало пианино с пристроившейся на его краю застывшей мейсенской балериной. Она была довольно большая, с высоко поднятой головой на длинной шее, кажущаяся от этого ещё выше. Краски фарфора были нежными и тонкими. Но особенно хороши были юбочки. Их было бесконечно много, и было трудно поверить, что их многослойная тюлевая роскошь ненастоящая.

Тогда, в этом розовом детстве, я тоже любила петь. Особое удовольствие я получала, когда пела перед сном, громко и с упоением. От усталости, наслаждения и перевозбуждения я, наконец, засыпала и сквозь сон слышала, как папа и мама говорили друг другу: «Уснула!». Я помню, как при этом звучали их голоса — было в них что-то от голубиного воркования, гортанное и мягкое в то же время. Теперь я знаю, что это были голоса родительской нежности и любви.

Я старалась в своём пении во всём подражать папе. Его чистый тенор, его умение долго держать ноту казались мне необыкновенно красивыми. Я пыталась делать то же самое и чаще всего оставалась очень довольна собой. Если что-то и казалось мне несовершенным, то я компенсировала эти пробелы силой чувства. Я пела, что называется с «душой». Только значительно позже я поняла, что делала я то, что присуще всем, у кого нет ни голоса, ни слуха.

Страсть к пению довольно скоро прошла без рецидивов, если не считать ещё одного вокального взрыва в моей жизни, но это было уже значительно позже, в 60-е годы, когда мы стали слушать и петь нашего любимого барда Булата Окуджаву, и это совсем другая история.

Хоть петь я и перестала, но песни, их слова и музыка, продолжали и продолжают жить внутри. Можно ведь петь по-разному. Можно и вслух, а можно и «про себя». И когда песни поются «про себя», то проплывают видения, как бы написанные акварелью. Чуть-чуть неясные, нежные и безвозвратные. Наверно, это мы их зовём воспоминаниями.

* * *

Часто в этих воспоминаниях появляется наша довоенная квартира, просторная, удобная квартира средних буржуа, где на всём печать маминой любви к своему дому и её понимание уюта... Всплывает вдруг угол коридора, через дверной проём освещённый солнцем из кухонного окна, и тёмно-серая глубина помещения, посеребрённая солнечным лучом, существует только вместе с перезвоном, доносящимся из кухни. Там мама гремит чем-то, нет, не кастрюлями, а нежно так, наверно, фарфоровыми чашками. И из ванной доносится: «Вдоль по улице метелица метёт. За-а-а метелицей мой миленький идёт. Ты постой, посто-о-о-й, красавица моя! Дай мне наглядеться, радость, на тебя!». Это поёт папа. «За-аа-аа» он произносит, как-то по-особому красиво заикаясь. Звук как бы прерывает слог, но в то же время сохраняет главное течение целого. Всё предложение подрагивает, как шаги по мостовой, когда ноги ступают с камня на камень, а камни все разные, неровные. И вдруг — голос вздымается, взлетает ввысь. В нём — простор, сила, повеление. И неожиданно — падение чуть ли не до шёпота и мольба, как о великой милости, как о возможном счастье — «дай мне наглядеться, радость, на тебя!». Дальше уже всё проще, ускоряется темп, меняется интонация, перечисляются все прелести желанной — «на твою ли на прелестну красоту, на-а-аа твоё ли как на белое лицо...». А сердце моё в это время ходит ходуном, взлетает вверх, замирает, сжимается. Слёзы готовы появиться на глазах и перехватывает дыхание. Мне становилось по-настоящему больно, когда папа пел другую песню, в которой были такие слова: «Скажите, как это обидно, ты будешь два сердца носить, а я, так безумно влюблённый, без сердца совсем буду жить». Я долго воспринимала эти слова буквально и не могла поверить в такую жестокость...

Вспоминая нашу квартиру, я как бы опять рассматриваю переливы линий и пятен на поверхности изящного орехового гарнитура в бежевой прихожей. Слово «ореховый», как и тогда, в детстве, так и сейчас вызывает у меня во рту вкус ореха. Все комнаты были покрашены в разные цвета. Моя была голубая. Повсюду удобная мебель, тёмная и мягкая. В книжном шкафу много книг. Это — от папы. Он выписывал всё, что можно было из Советского Союза. Сибарит и эпикуреец, с удовольствием вырвавшийся из своей рабочей среды и ставший респектабельным буржуа, он в то же время свято верил, что есть страна СССР, где установлено равенство и братство. Эти противоречия органически уживались в папином характере. Книги он приносил домой чуть ли не каждый день, новые, вкусно пахнущие, нарядные. Я тогда видела впервые журнал «Красная новь», томики Корнея Чуковского, Самуила Маршака, Маяковского.

Я любила рассматривать голубые васильки и ярко-алые маки на шёлковой светлой скатерти круглого стола, которые потом повторялись на абажуре и на занавесках. Эти тонкие вышивки гладью, сделанные с большим мастерством, были особым предметом маминой гордости. Все они были сделаны по специальному заказу у большой умелицы мадам Ошрин. Я помню её подтянутую фигуру, строгое некрасивое лицо и очень аккуратную причёску. Когда я узнала её, она уже была совершенно седая, и поэтому, когда я увидела её во время войны, голодную и несчастную, то впечатление старости связывалось не с её сединой, а с согнутостью фигуры. Глядя на её мастерские вышивки, я в моих детских мечтах о муже и красивом доме представляла себе, как повторю эти голубые и алые цветы на желтоватом фоне тонкого, шероховатого шёлка. Мама и мадам Ошрин называли этот цвет «кремовым». Слова «кремовый» и «бордовый» так и не вошли в мой словарь. Мы ходили к мадам Ошрин в мастерскую, и мама подолгу разглядывала альбомы с узорами вышивок. Мастерская была маленькая, узкая и темноватая, и казалось странным, что те прекрасные вещи, которые мадам приносила к нам домой в больших коробках, создавались здесь. Ещё мы с мамой ходили к мадам Палей. Её я совсем не помню, но знаю, что мадам Палей была фирмой, именем. Она делала шляпы и шила для детей. С фотографии смотрит на меня исподлобья толстоватая и сумрачная девочка в замысловатой остроконечной шляпе, из-под которой на пальто выложены аккуратно, как по линеечке, две тоненькие косички. Это я, во что не могу поверить, потому что девочка мне совсем не нравится, и у меня нет с ней ничего общего. Но я хорошо помню, что эта шляпа была розовой, сочетаясь с черно-розовой клеточкой пальто и что обе вещи были от мадам Палей, и верю маме, когда она говорит, что одевала меня, как куклу.

Ходили мы и к маминой портнихе. Её не называли «мадам». Она была просто «Бандиха» и была сестрой нашей соседки по этажу «Кравечихи», с дочкой которой, Фрумой, мы дружили. «Бандихин» силуэт, плавно движущийся по комнате, приседающий на корточки перед зеркалом, отмеряя длину юбки, и общее ощущение приятности, соединяются в моей памяти с запахом новой, ещё не ношенной ткани и чувством праздничности, потому что новые платья шились не чаще двух раз в год — посезонно, осенью и весной. «Бандиха» умерла очень молодой в эвакуации от тифа, когда её девочке Тайбе было всего три года. Когда Тайба, которая теперь живёт в Чикаго и которую я хорошо знаю, спрашивает, что я помню о её матери, то мне, к стыду моему, нечего сказать.

Я не помню, чтобы до войны справлялся мой день рождения. По крайней мере, в моей памяти ничего не осталось, кроме одного эпизода в тот год, когда мне исполнилось пять. К вечеру пришёл дядя Куба, почему-то без своей жены, красавицы тёти Иды, и без Шуламеньки, моей сестрички. Я огорчилась, не увидя её, потому что любила с ней играть, несмотря на разницу в четыре года. Она была весёлая и кокетливая девочка. Нашим любимым занятием было примерять взрослые платья и шляпы. Особенно интересно было делать это у бабушки в доме, потому что она позволяла нам намного больше, чем наши мамы. Шуламенька была от природы грациозная и женственная. Мне никогда не удавалось так ловко и изящно, как настоящая дама, приспособить шляпку на голове, как это делала она. Её блестящие чёрные глаза на подвижном личике и её маленькая фигурка трёхлетней кокетки, вертящейся перед бабушкиным трюмо, как живые, передо мной. Но в этот вечер дядя был один и сразу подошёл ко мне. Он поздравил меня, поцеловал и достал из кармана маленькую бархатистую коробочку. Потом он опустился передо мной на одно колено, взял мою руку и, достав его из коробочки, надел мне на палец золотое колечко. Колечко было тоненькое и нежное с крохотным красным камешком, не то гранатом, не то рубином. Вдруг я оказалась выше дяди, и мне были хорошо видны и его поднятое улыбающееся лицо, и ласковый взгляд снизу вверх его чуть прищуренных глаз, и отблески света, играющие на его серо-стальном костюме и гладких чёрных волосах. С той минуты, как дядя надел мне колечко на палец, я снимала его два раза — один, когда оно стало мало, и папа отнёс его увеличить, и второй, о котором надо рассказать отдельно, потому что это связано с одним из самых тяжёлых моих переживаний.

Но что бы ни виделось мне из той жизни, навсегда уплывшей в небытие, над всем этим, как мягкий шёлковый колпак, витает обволакивающее ощущение уюта, тепла и надёжности.

Этот уютный и тёплый мир был унесён сначала вторжением советских войск, а потом войной.

* * *

Родители ждали расправы за своё «буржуйство». С точки зрения властей мы были самыми настоящими буржуями. Стоит и сейчас посмотреть на довоенные фотографии, чтобы в это поверить. Холёные, одетые с иголочки, с безмятежным выражением лица, мы смотрим в объектив фотокамеры, являя собой образец того «буржуина», которого Советская власть так ненавидела и стремилась истребить. Нас ждало то же, что и всех других — знакомых и родственников, таких же, как и мои родители, людей, которые жили по законам капиталистического мира. Вина их была только в том, что они тяжело работали, создавали свой бизнес и стремились к успеху. Но всё то, что было нормальным во всём мире, превратилось Советами в личное преступление, за которое каждый должен был платить своей судьбой. В разговорах всё чаще слышались слова «комиссар», «национализация» и «сволочи». Особенно расстраивало папу поведение комиссара — национализатора нашей собственности. Как будто сошедший с советского плаката, в кожаной тужурке, которая со времён Гражданской войны стала большевистской униформой, он являлся каждый день и проводил тщательную инспекцию в магазине, готовя его к передаче государству. Он откровенно упивался своей властью и тем чувством скованности, которое возникало у людей в его присутствии. Разговаривал он хозяйским и хамским тоном и отличался полным безразличием к делу. Комиссар приходил то один, то с помощниками, и все они, вместе или по очереди нагнетали обстановку так, что папа и дядя Куба не знали, чего ждать после завершения всех формальностей — бесправия и бедности или ареста. И то, и другое теперь уже казалось вполне реальным. Время тянулось очень медленно в этом томительном ожидании, и каждый день приближал нас всё ближе к войне.

Проснувшись однажды утром, я сразу же собралась во двор играть с детьми, но мама, отводя глаза, сказала, что там нет никого из моих подруг. К тому же, добавила мама, их не будет ни сегодня и ни завтра. Сначала я просто удивилась маминым словам, а потом почему-то испугалась. Я долго молча смотрела на неё, ожидая объяснений, но она тоже долго молчала, а потом в несвойственной ей манере, очень неуверенно, сказала, что мои друзья уехали надолго, может быть, даже навсегда. Я молча жевала свой завтрак и думала, как это вдруг и почему они все решили уехать и да ещё и «навсегда». Слово было непонятным и расплывчатым, но от него веяло чем-то тревожным. «Навсегда» — звучало у меня в ушах, сказанное маминым голосом... «Навсегда»... Звуки этого слова как бы прыгали, рассыпались и исчезали далеко-далеко.

В этот день не игралось. Мы, уцелевшие дети, уныло бродили по двору-колодцу нашего большого многоэтажного дома, почти не разговаривая друг с другом. Время от времени мне казалось, что тени моих подружек мелькают то за поленницей дров, где мы любили прятаться, то в сумерках подъездов или в арке огромной подворотни. Мне казалось, что они нарочно прячутся от меня, играя в какую-то непонятную мне и недобрую игру. Потом я узнала, что они были в эту ночь высланы в Сибирь. Это произошло в ночь с 13-го на 14-е июня 1941-го года, за неделю до начала войны между Германией и Советским Союзом. Много написано специалистами, историками и советологами, о депортации Сталиным мирных людей, даже целых народов. В течение 1940–1941 года только из Латвии были депортированы 14,693 человек. Высылались учёные, деятели культуры, учителя, журналисты, юристы, врачи, активисты общественных организаций и люди, владевшие хоть чем-либо — владельцы предприятий, контор, магазинов и лавочек, ремонтных мастерских и других бизнесов всякого рода. В процентном отношении эта депортация коснулась евреев в большей степени, чем других народов, живущих там. Евреи, составлявшие в 1935 г. 4.79 процентов населения Латвии, были широко представлены в торговле — 48.8 процента евреев республики, в промышленности и в ремесленничестве — 27.7 процента общего числа евреев. Евреям принадлежал 41 процент всех хозяйственных предприятий Латвии. Только 14 июня

1941 года было выслано пять тысяч евреев, т. е. пять процентов общего их числа в Латвии. Официальным обвинением против всех этих людей была их политическая нелояльность и эксплуатация чужого труда. Но в число высланных наряду с действительно богатыми людьми, попали и те, кто никогда не имели возможности нанимать посторонних, а потому никого, кроме себя и членов своей семьи не эксплуатировавшие.

* * *

Высланным была уготовлена трагическая судьба. На вокзале, куда их привезли ночью, мужчин тут же отделили от женщин и детей. Под душераздирающие крики и плач всех погрузили в товарные вагоны. Большинство из них никогда не увидели своих близких вновь. Мужчин отправили в концентрационные лагеря, а женщин на поселение. Рижане были сконцентрированы в колхозах где-то в районе Канска. Можно вообразить себе, что переживали и через что проходили женщины из буржуазной Латвии с её очень европейским укладом жизни, попав в условия советской Сибирской деревни. В большинстве своём это были женщины, никогда не знавшие, что такое физическая работа. Их разместили по избам, где не было самых элементарных удобств. Они, не знавшие, что такое коммунальная квартира, ютились, по крайней мере на первых порах, по углам чужих комнат с их непривычной обстановкой, запахами и нравами. В их нынешнем жилье не было ни электричества, ни ватерклозета. Помещение освещалось керосиновой лампой, а уборная была чаще всего во дворе. Их прежние кухни были вполне современно оборудованы газом и водопроводом, и теперь они с ужасом смотрели на громаду русской печи, о которой до того никогда и слыхом не слыхали и которую надо было топить дровами. Воду надо было приносить в ведре из колодца на улице. Она при этом расплёскивалась и мгновенно застывала на Сибирском холоде, превращаясь в ледяную корку, на которой ноги расползались в разные стороны. Ходить нормально можно было только в валенках. Никогда в жизни не видевшие валенки, эти женщины, наверно и не понимали, как можно в них передвигаться. Я думаю, что их реакция на валенки была похожа на реакцию моей внучки Даши, которая родилась в Америке. Случайно найдя детские валеночки в кабинете пособий для учителей русской истории, я выпросила их, чтобы показать Даше. Радостно мурлыча нечто очень сентиментальное, вроде того что «смотри, в чём твоя мама ходила в детстве», я извлекла их из своей сумки и протянула их девочке. Но моя вытянутая рука повисла в воздухе, потому что Даша не тронулась с места, спрятав свои руки за спину. «Даша, хочешь их примерить?» — всё ещё не теряя энтузиазма спросила я. «No, thank you!» — ответила она и продолжала молча на меня смотреть. И я, увидев смешанное выражение недоумения и отвращения в её глазах, вдруг представила себе, как должны со стороны восприниматься эти тёмно-серые, почти чёрные, похожие на мышей, негнущиеся обуви. Я подумала, что, наверно, именно так и воспринимали их те ссыльные женщины, ещё не зная, как эти несуразные на вид валенки способны согревать и хранить тепло в ногах в самый лютый мороз. Они и не знали, что есть такие места на белом свете, где мороз обжигает, а воздух кажется звенящим, где снегу бывает так много, что он выше уровня окон первого этажа и не тает до самой весны.

Долгими месяцами, с начала октября и до конца апреля, за окном был всё тот же пейзаж — снег, снег и снег, на мили растянувшийся в пространстве. Они не знали во что одеть детей и себя, чтобы тут же не закоченеть от холода, и не понимали, как и чем кормить своих детей, если нельзя выйти в лавочку на углу и купить всё, что нужно. В первые дни эти женщины, вырванные из тепла и уюта своих комфортабельных квартир, приятных обязанностей и привычного образа жизни, думали, что они попали в ад. Им было невдомёк, что так жила, а подчас живёт и по сей день, большая часть России. Теперь они узнавали это не по книгам или кино, а на собственном страшном опыте. Местные люди, добровольно или по приказу приютившие их, относились к ним по-разному. Чаще с симпатией и стремлением помочь, чем можно — с этой вечной жалостью к убогому, так распространённой на Руси испокон века. Реже — со злорадным равнодушием. Но всегда с добродушной, но вполне унизительной снисходительностью к этим городским неумёхам, к этим «буржуйкам», которых они искренне считали существами низшего порядка за то, что они не умели делать самые, казалось бы, простые и естественные вещи.

После смерти Сталина, когда, как и другие жертвы сталинизма, уцелевшие стали возвращаться домой, в нашей семье рассказывалось много разных историй, страшных и печальных, которые, к счастью, от меня никогда не скрывались. Но ещё до того был Боря Словин, мальчик, который появился в классе моих друзей. Он был высокий, худой, с густыми, стоящими торчком жёсткими чёрными волосами. Весёлый и смешливый по натуре, он в то же время казался очень нервным и каким-то затравленным, готовым в любую минуту к отпору. Я перестала этому удивляться, когда узнала его судьбу. Он был из сосланной семьи. В послевоенные годы, когда надзор над ссыльными немного ослаб, Боря несколько раз пытался бежать, но каждый раз был пойман и возвращён обратно. Бежал он из села, которое было в нескольких сотнях километрах от железной дороги, бежал в трескучий мороз, надеясь, что это ослабит погоню. Плохо одетый, почти без запасов пищи, он надеялся добраться до города, раствориться в толпе и поступить учиться, что ему и удалось, в конце концов. В последний из его побегов он добрался до Риги, поступил учиться в школу, где я и увидела его впервые. Здесь его всё же опять изловили и вернули, куда положено. Вернуться окончательно Боре удалось только после всеобщей реабилитации.

Однажды мама сказала: «Сегодня мы пойдём к Зоне. Вернулась из ссылки его мама, тётя Ета». Зоня был маминым двоюродным братом. Я помнила тётю Ету с довоенного времени. Мы, приходя к ним в гости, чаще всего заставали её сидящей в своей просторной гостиной на огромной тахте карельской берёзы, обитой тёмно-голубым бархатом. Сочетание глубокой желтизны дерева с матовой синевой ткани казалось мне необыкновенно красивым. Тётя Ета, небольшая изящная женщина, любила сидеть, положив нога на ногу и раскладывая карты на маленьком столике перед собой. В руках у неё всегда была сигарета. Старушка, которую я увидела в тот вечер, ничем не напоминала ту довоенную мою родственницу. Меня поразило не то, как она усохла и уменьшилась, а её погасшее лицо, выражение которого не менялось во всё время нашего визита. Глаза отрешённо и равнодушно смотрели в одну точку, даже когда она разговаривала. Но чаще всего она молчала. Довольно скоро тётя Ета умерла, как-то тихо угасла. Из её нехотя обронённых слов, из рассказов моих дальних родственников Яши Вайнера и тёти Маши Левенсон можно было хоть как-то представлять себе, что этим людям пришлось пережить. Но одну из самых страшных историй высылки рассказал Боря. Однажды, очень скоро после их приезда в назначенную им деревню, когда ещё было тепло, их всех собрали неподалёку в поле. Перед «новенькими» с речью выступил председатель колхоза, а вокруг стояли деревенские бабы и мужики, не без любопытства разглядывая «дамочек». Председатель сказал, что женщины должны выкопать ямы, побольше, если получится, а дети-подростки должны им помогать. Его в ответ с недоумением спросили — «а зачем?», и он ответил: «Понимаете, товарищи женщины, скоро придёт зима, и вы, такие неприспособленные к нашей жизни, начнёте умирать, мы не сможем вас хоронить, потому что копать эту промёрзшую землю зимой будет невозможно. Это могилы для будущего».

* * *

Тётя Маша появилась у нас неожиданно. Большая, неуклюжая, с синими от болезни сердца губами, она поражала предельной бедностью и одинокостью. Мне сказали, что она только что вернулась из Канска. Её из милости приютили родственники и разрешили жить в маленькой комнатке для прислуги за кухней. В этой клетушке не было ни одной мелочи, которая принадлежала бы ей лично. Там не было вообще ничего, не считая лежанки, покрытой грубым солдатским одеялом, маленькой тумбочки и кружки на ней. Я сомневаюсь, что у тёти Маши были смена белья или второе платье. Я, сколько помню её, всегда видела её в одном и том же, зимой и летом. Её мизерная пенсия в 25 рублей позволяла ей покупать только самую скудную пищу. По сути, она просто голодала. По воскресеньям она ходила обедать к другому своему родственнику, известному в городе врачу Абрамовичу. Надо отдать должное ему и его семье — в эти короткие часы обедов они вели себя так, что иллюзорно и ненадолго, но тётя Маша как бы возвращалась к прежним временам. Об этих обедах, о докторе и его жене она всегда говорила с большим теплом и благодарностью. Громко стуча палкой по тротуару, с трудом переставляя огромные опухшие ноги, она доходила до нашего двора и часами сидела на скамейке в своём драном коричневом мужском пальто и свалявшемся шерстяном платке. Мама приглашала её в дом поесть и выпить чаю, и тогда можно было услышать её печальные рассказы. Трудно было себе представить, что эта дряхлая старуха была до войны светской дамой, женой крупного промышленника, что у неё были красивый дом и прекрасные дети, дочь и сын. Во время высылки она потеряла всех: муж её, как и другие, сгинул в лагерях, а дети, не выдержав Сибири, умерли от болезней.

История дяди Зони, тёти Етиного сына, была другая, но не менее тяжёлая. До прихода Советов дядя Зоня принадлежал к так называемой «золотой молодёжи». Неплохо образованный, он не хотел помогать своему отцу в его «деле»-бизнесе, а хотел жить приятно и весело, ничем себя не утруждая. Совсем незадолго до высылки он женился. Я совсем не помню его жены, но знаю, что она была очень молодая. Её депортировали вместе со всеми, хотя она была в семье всего несколько месяцев. Когда дяде удалось вырваться из лагеря и разыскать своих, он узнал, что его жена, оказавшись в глухой деревне, так растерялась и испугалась, что приняла заботы о себе кого-то из деревенских мужиков, не попавших на фронт, и сошлась с ним. Дядя Зоня никогда не смог ей этого простить. Годы подряд она присылала ему письма и молила о помощи, писала, что у неё умер ребёнок, а муж её постоянно пьянствует и бьёт её. Она просила прислать ей вызов, чтобы она смогла прописаться в Риге, но дядя Зоня оставался неумолим, и она из Сибири так никогда и не вернулась. Он женился на очень некрасивой, но умной вдове, которая властно им управляла. Дядя души не чаял в ней, в её дочери от первого брака и в их собаке-овчарке. Среди своих дядя слыл добряком и тряпкой. Но часто, когда я видела дядю Зоню с его новой женой, перед моими глазами почему-то возникала одна и та же картина — далёкая зимняя деревня, и где-то в избе увядшая и запуганная женщина, так и не ставшая похожей ни на кого вокруг. Я уже тогда понимала, что надо быть милосердным, чтобы найти в себе силы к прощению. Быть просто добрым, каким был дядя Зоня, явно недостаточно. Доброта не давала ему сил подняться над ущемлённым самолюбием и пересудами родственников и всё же спасти женщину, спасти человека, которого он когда-то любил.

Наша семья избежала высылки чудом. По логике властей это было неизбежно. Видимо, война помешала большевикам довести репрессии до конца, что дало нашей жизни другой, более счастливый поворот.

* * *

Обычно принято считать, что для жителей Советского Союза война началась внезапно и неожиданно. Советская власть любила говорить о вероломном нападении. На самом деле война подкрадывалась постепенно. Опасность много раз посылала свои сигналы после прихода Гитлера к власти, но люди, мягко укутанные в уют и тепло своих гнёзд, не хотели ничего замечать. Ещё до вторжения Советских войск в Прибалтику происходили странные вещи. Однажды мы с мамой отправились, как обычно, на центральный рынок. Я любила туда ходить, потому что в его знаменитых огромных павильонах текла своя особая жизнь. Я любила смотреть, переходя из одного павильона в другой, как горы овощей и фруктов, самых причудливых цветов и форм, сменялись беловато-желтоватыми кубами масла и творога, среди которых, как бы оттеняя их, янтарно поблёскивали медовые соты. Отсюда мы с мамой шли обычно к мясу всевозможных видов и поражающего обилия красновато-бурых тонов, от нежно-розового чуть ли не до тёмно-коричневого. Они особенно выигрышно сочетались с безупречной белизной прилавков, фартуков и нарукавников продавцов. В рыбном павильоне бывало обычно тише, чем в других. В больших аквариумах искрились спинки карпов, мрачно змеились ловкие, бурые угри и меланхолично-загадочно плавали плоские туловища камбалы. Обычно мы шли сразу к милой фрау Шнитке, немке, многие поколения предков которой жили в Прибалтике. Мама покупала у неё копчёную лососину. Было большим удовольствием смотреть, как она артистично брала в руки оранжевую тушку и, любовно поглаживая её, клала перед собой. Потом они с мамой долго совещались и примеривались. Фрау Шнитке многократно приставляла нож к тельцу лососины, отмечая, где ей резать. Наконец её пухлые пальцы напрягались, сжимая ручку ножа, становились похожими на крючки, и она наносила решающий удар, отсекавший от рыбного туловища нужную часть. С отрезанного кусочка стекало несколько капель густого прозрачного жира, и он исчезал в поворотах глянцевой бумаги. В тот день, о котором я вспоминаю, мы застали фрау Шнитке в совершенно необычном для неё состоянии. Всегда приветливая, улыбающаяся, вежливая до слащавости, она смотрела в этот раз на нас опухшими от слёз глазами и кусала губы. Когда мама спросила у неё, в чём дело, по её большим щекам потекли слёзы, и, едва удерживая всхлипывания она поведала нам свою историю. От неё мы услышали, что Гитлер потребовал, чтобы все немцы, живущие в Прибалтике, немедленно возвращались на свою родину, в Германию. Это было не высказанным им пожеланием — это был строгий приказ. Шёл 1939 год, и война в мире длилась уже несколько недель. Возвращение немцев в гитлеровскую Германию было одним из первых знаков надвигающихся событий.

Ещё раньше, к концу 30-х годов, кроме газетных и радиосообщений, стали появляться живые свидетели того, что происходило в Германии. Это были немецкие беженцы-евреи, чудом спасшиеся, потерявшие всё, что имели. Раздавался звонок в дверь, и на пороге наших квартир появлялись напуганные и совершенно потерянные люди, чаще всего интеллигентного вида, в силу обстоятельств вынужденные просить о помощи, но не умевшие этого делать. Чтобы не выглядеть нищими, просящими милостыню, они обходили дома с лотками, на которых лежал нехитрый их товар — расчёски, брошки, замысловатые ножички и прочая безделицы, которые они предлагали купить. Это были чаще всего их собственные, чудом сохранившиеся мелочи. Несколько раз эти люди появлялись и у нас.

Особенно запомнился мне один. Он робко постучал в дверь, а когда мама открыла, долго не мог объяснить ей, зачем он здесь. У него было очень бледное и какое-то застывшее лицо, и меня поразили его глаза. Тогда я не могла бы сказать, чем именно, но теперь я понимаю, что это было выражение застывшей тоски. Мама пригласила его войти и предложила ему поесть. Судя по его манере вести себя и говорить, этот человек знал и видел лучшие времена и видел лучшие места, чем наша кухня. Он рассказывал, сколько пришлось пережить его семье страхов и унижений и как они бесконечно счастливы от того, что им удалось выехать. В его рассказах были все ужасы, которые стали потом общеизвестными. Он говорил о том, как их семью и семьи других евреев выгоняли с работы, принуждали ходить не по тротуарам, а только по мостовой; носить жёлтую звезду; как евреев избивали на улице. Но истинный смысл его слов и таких, как он, никто тогда не осознавал и не принимал всерьёз эти предвестия беды. От этих рассказов отмахивались и не доверяли им. Даже когда уж началась война немцев с Россией и разумные люди спешили эвакуироваться, многие не могли поверить в опасность. Мамин брат, мой любимый дядя Куба, убеждал моего папу не паниковать и вспомнить о каком высококультурном народе идёт речь. Ему вторили мои дедушка с бабушкой, папины родители. Они вспоминали Первую мировую войну, дни красного террора и, как спасение, приход немцев в Ригу. С особым умилением говорилось о супе, который немцы раздавали жителям на улицах города.

***

Сам день объявления войны и связанные с этим переживания не остались в моей памяти, но я хорошо помню, как с каждым днём войны жизнь становилась всё более напряжённой, странной и страшной. Начались бомбёжки и объявлялись военные тревоги. Несколько раз в день мы спускались в подвал, который именовался внушительно «бомбоубежище». К нам несколько раз приходил дядя Куба, жаловался, что его жена, тётя Ида, и слышать не хочет об отъезде. Она была из бедной семьи. Замужество принесло ей блага, о которых она и мечтать раньше не могла, и ей было нестерпимо жаль с ними расставаться, как ей казалось, из-за глупости. В первые дни люди ещё ходили друг к другу, но ходить становилось всё опасней, и общение стало телефонным, а потом прекратилось и оно. Очень быстро перестал ходить городской транспорт и опустели улицы. В городе воцарилась необычная тишина. Редкие прохожие жались по стенам. Сначала просто от неуютности, а потом от начавшейся стрельбы. Выстрелы звучали в тишине, как сухие щелчки. Стрелявших не было видно, но можно было понять, что стреляют с чердаков. Говорили, что это айсарги. Основной их мишенью были советские военные.

В один из этих дней папа сказал, что пора уезжать. Мы приоделись, выбрав, что получше, и отправились на вокзал. Но как только мы к нему подошли, начался сильный обстрел. Люди стали метаться, кто куда. Папа схватил меня за руку и потащил к перевёрнутой тачке, на которой в обычное время носильщики развозили багаж, и стал нас с мамой и бабушкой под неё заталкивать. Там, под этой тачкой мы и пересидели налёт. Мне было очень страшно, но не только от бомбёжки, а ещё и потому, что было нечто жуткое и неестественное в контрасте яркого солнечного дня и того ужаса, которым были охвачены люди, в этом сидении под тачкой, где мы с трудом все разместились. Реакция на происшедшее была у моих родителей довольно странной. Вместо того, чтобы всё же пытаться уехать, они решили вернуться домой. И тут же к нам пришла наш управдом. Её визит тоже был странным. «Ну что, товарищ Вайс»,— сказала она —«у вас в квартире есть место, где можно очень хорошо спрятаться, если кто-нибудь придёт вас убивать». С этими словами она прошлась по комнатам, заглянула во все шкафы и кладовки и осталась чем-то очень довольна. Она была не только спокойна, но даже весела, и её шутки, от которых она получала, видимо, большое удовольствие, носили какой-то зловещий характер. Ходила она и по другим квартирам и говорила то же самое. Даже мой доверчивый и добродушный папа почувствовал в её поведении что-то неладное. Как оказалось его предчувствия его не обманули. После войны мы узнали, что в дни междувластья, когда советские войска уже покинули город, а немцы ещё не вошли в него, группа латышей из соседних домов во главе с нашей управдомшей вывели на улицу не успевших уехать жильцов-евреев и тут же, перед домом, их расстреляли. Встревоженные, мы вместе с соседями в тот же вечер отправились ночевать к знакомым в дом рядом, и никогда уже больше не возвратились к себе. Там, в большой квартире собралось много народу, взрослых и детей. Была ночь, но было очень светло, как днём. По-прежнему звучали щелчки выстрелов, и небо было красно-оранжевого цвета от пожаров. Это горели совсем рядом склады Центрального рынка. Нас, детей поместили на невероятно большую кровать в спальне. Сначала от всей этой необычности было весело, но очень скоро мы примолкли, и с каждой минутой становилось всё страшней. Я не помню, сколько прошло времени, но вдруг раздался сильный стук в дверь. За нею слышались громкие и грубые голоса. Они то замолкали, то усиливались, выкрикивались угрозы. Наши матери тоже пришли к нам, и нам запретили вставать с кровати. Через открытую дверь я видела мужчин, наших пап, и у каждого в руках был большой нож. Все молчали, и только изредка мужчины обменивались шёпотом какими-то короткими замечаниями. Папа потом говорил, что если бы бандиты ворвались в квартиру, то мы бы живыми им не дались. Постепенно всё затихло за дверью, но никто из нас так и не сомкнул глаз в эту ночь, кроме самых маленьких, которые просто не понимали, что происходит.

Когда, наконец, рассвело, папа предложил всем отправляться на вокзал и во что бы то ни стало пытаться уехать. Мало кто с ним согласился, и мы ушли одни. Никого, кроме нас четверых, папы, мамы, бабушки и меня, не было на совершенно пустых и тихих улицах. С одной стороны поднималось солнце, а навстречу ему вставало огромное зарево пожара. Всё ещё догорали склады в соседнем квартале. Мы дошли до вокзала, который тоже казался вымершим, не встретив ни единой души по пути. На перроне стоял один-единственный поезд без всяких признаков жизни. Только, кода мы подошли близко к вагонам, мы поняли, что они до отказа набиты людьми. За закрытыми стёклами окон были лица, которые смотрели на нас с безразличием. На папины просьбы открыть двери никто не реагировал. Наконец, открылось одно окно и высунулась голова военного, советского командира. Я не помню ничего, кроме его формы с красными командирскими нашивками и светлых волос. И ещё я запомнила его голос, голос доброго, не озлобившегося человека, мягкий и спокойный. Он сказал: «Дверь открыть нельзя, потому что поезд переполнен до отказа. Её нельзя открыть просто физически. Людям некуда сесть. Забиты все проходы и тамбур. Я могу забрать через окно вашу девочку. Я обещаю, что позабочусь о ней и сделаю всё, что в моих силах». Мама с папой стали совещаться, и мама заплакала. Военный стал нас торопить, говоря, что поезд может тронуться в любую минуту и что, как говорят, это если не последний, то один из последних поездов. Мама заплакала ещё сильней, и тогда он сказал: «Ладно, возьмём как-нибудь и маму, и бабушку». Папа стал уговаривать маму, убеждая её, что она должна ехать из-за меня, а он нас потом догонит, и мы, плачущие и потерянные, стали забираться через окно.

Я первая оказалась в неподвижной духоте купе, где народу было не сосчитать. Когда мы, женщины, оказались в вагоне, поезд всё ещё не двигался. Мы стояли перед окном и смотрели на папу на перроне. Он стоял там, совершенно один на всём белом свете, очень бледный, и пытался улыбаться, но вместо улыбки была какая-то жалкая гримаса, а из вагона на него смотрела мама, и у неё было не лицо, а маска. И мне опять стало очень страшно и холодно внутри при мысли, что папа отделён от нас. Я заплакала и стала звать папу. В сущности, ведь я была ещё маленькая, хотя и собиралась пойти в школу. И вдруг наш благодетель сказал папе: «Ну, быстро, быстро забирайтесь!» То, что я почувствовала в тот момент, нельзя назвать чувством облегчения — это было ощущение счастья. Поезд тронулся почти сразу после того, как папа пролез в окно. Некуда было не только сесть, но даже встать. Папа стоял поочерёдно на одной ноге около суток, а на вторые буквально упал под скамейку, выбросив чьи-то узлы. Когда, уже переехав Российскую границу, мы смогли выйти из поезда на какой-то из остановок, я увидела, что папины ноги были, как колоды — до того они распухли.

Я не помню, сколько мы ехали, что мы ели и ели ли вообще. Ещё до границы нас несколько раз бомбили. Одна из бомбёжек была особенно тягостной. Самолёты летали низко, и их рёв менялся от густого рыка до тонкого жужжанья, когда они поднимались и снова опускались. Поезд остановился в поле. Был жаркий полдень. Очень ярко светило солнце. Люди выбежали из вагонов и легли, вжимаясь в землю всем телом. Особенно хотелось почему-то спрятать голову. Немецкие лётчики могли при желании превратить нас, совершенно беззащитных на открытом пространстве поля, в ничто в считанные минуты. Почему-то они этого не сделали, и этому нет никаких рациональных объяснений. Когда налёт кончился, люди возвращались в вагоны молча и быстро. Я была под таким прямым и открытым обстрелом только раз, но этого было достаточно, чтобы навсегда чувствовать в своей крови страх и ненависть к стрельбе.

А потом была та страшная ночь… Поезд долго стоял на какой-то станции, с двух сторон стиснутый составами с горючим. Под вой сирен началась очередная бомбёжка. Спрятаться было некуда. Время растянулось в бесконечность. Внутри вагона была полная темнота, и только отсветы пожаров время от времени освещали чьи-то застывшие лица и напряжённые фигуры. Никто не разговаривал. Было очень тихо… И вдруг в этой тишине раздался душераздирающий крик. Кричал хозяин бакалейной лавочки, что была в нашем квартале. Я хорошо его знала, потому что мама часто посылала меня к нему за всякими мелочами. Он был всегда доброжелательным и спокойным. Сейчас он кричал, как только может кричать человек, у которого не осталось никаких ощущений, кроме страха. Он выкрикивал слова на ломанном русском языке, перемешивая их с еврейскими. Сквозь крики, причитания и пророчества пробивался вполне здравый смысл сумасшедшего. Он говорил, что все мы обречены, что через несколько секунд в нас попадёт бомба, и мы вместе с цистернами с бензином взлетим на воздух. И хотя по-прежнему стояла тишина, но можно было почувствовать, как она нагнетается и электризуется, готовая взорваться истерическими воплями десятков отчаявшихся людей. Как-то незаметно и очень быстро кричавший оказался окружённым военными из нашего вагона. Они вывели его наружу, и через секунду раздался выстрел. Тишина мгновенно стала такой, что можно было слышать чужое дыхание, а потом раздались крики и плач, но это уже плакали жена и дети расстрелянного лавочника.

Ужасы кончились сразу, как только мы пересекли границу, и началась другая, пока ещё мирная по форме, советская жизнь, для нас полная на каждом шагу открытий и неожиданностей. Первое, что я увидела, была огромная бочка, возле которой стояла очередь. Продавщица, баба ядрёная и крикливая, наливала в стаканы неведомый мне напиток невероятно яркого малинового цвета. Это был квас. Не тот, который и сейчас ещё привлекает любителей и называется «хлебным», а тот, который исчез вместе с войной из советского обихода. После дороги он показался мне замечательным. Неподалёку от бочки с квасом расположилась пара нестарых людей, мужчина и женщина, которые занимались чем-то для меня совершенно непонятным. Женщина сидела на земле, голова мужчины лежала у неё на коленях, и она, низко наклонившись над ним, что-то искала у него в волосах, а найдя, делала странное движение, сбивая вместе ногти больших пальцев обеих рук. При этом на лице её при каждом новом щелчке появлялось выражение победителя. Очень скоро и эта поза, и эти забавные щелчки стали печальной рутиной нашей жизни на несколько военных лет. Вши и искание в головах друг у друга были неотъемлемым и неизбежным элементом войны.

Их появление не было связано с тем, как часто люди мылись и насколько аккуратно соблюдали правила гигиены. Они были знаком войны, её приметой. Они въедались в кожу и одежду не только ослабших физически, но в равной степени и ослабевших духом. Мои мама и бабушка вели с ними жестокую, беспощадную борьбу, на любые появляющиеся гроши доставая дефицитное и вожделенное мыло, но избавиться от них удалось только с наступлением нормальной жизни. Вечерний ритуал выискивания вшей в головах и одежде был повседневной рутинной обязанностью, схожей с мытьём рук и уборкой постели.

* * *

Нашей первой остановкой в России было село Иваньково, куда нас, эвакуированных, распределили на специальном эвакуационном пункте. Во время войны такие пункты были организованны в каждом более или менее крупном городе. Цвета российской деревни — это все оттенки серовато-коричневого, перекликающиеся с золотисто-жёлтым и разбавленные белым. Лучше всех это почувствовал советский соцреалист Андрей Пластов, так на всю жизнь и оставшийся мужиком, несмотря на академические чины и награды. У признанных знатоков, у таких передвижников, как Шишкин, или у раннего Нестерова краски идеализированы, слишком насыщены и ярки, слишком праздничны и в то же время менее чарующи, чем неброские оттенки русской природы. Вот такой неброской была и наша Иваньково с её бесхитростными и добрыми жителями.

Нас обогрели и обласкали, как могли; папу и других мужчин учили крестьянскому ремеслу и радовались, когда у них получалось. Мы уж как-то начали успокаиваться, решив, что тут войну и переждём, когда вдруг в один прекрасный день прибежал взволнованный председатель и сказал, что немцы близко, и нам как евреям лучше поскорее уезжать. Он выделил нам подводу и, не мешкая, отправил нас на ближайшую станцию, где мы сели в один из эшелонов, отправлявшихся вглубь страны. Мы успели вовремя — через день немцы, как мы узнали, заняли Иваньково. Председатель дал нам на дорогу продуктов — два мешка пшена и два гороха, каждый размером в большую наволочку. Мы долго вспоминали добрым словом этого человека: горох и пшено не раз спасали нас от голода. Но была у них ещё одна роль, не совсем обычная. Дело в том, что мы бежали из Риги вообще без вещей в буквальном смысле слова. У нас не было с собой ни смены белья или одежды, ни подушек, ни одеял. Только то, в чём мы вышли из дома. К счастью, было лето, и выстиранная одежда быстро высыхала на солнце, мешки с горохом и пшеном были ночью нашими подушками. Поэтому, когда мы устраивались на ночь на нарах очередного товарного вагона, перевозившего беженцев, вставал один и тот же сакраментальный вопрос — кто будет спать на пшене, а кто на горохе. Разница была огромная, потому что при сравнении с горохом, пшено оценивалось на уровне пуховой подушки. Исключение делалось только для бабушки: она всегда получала пшено. Горох, естественно, чаще всего доставался папе, и полдня с его лица не сходили красные вмятины.

Дорога была бесконечной и бесцельной. Никто толком не мог сказать, куда мы едем. Нас просто переправляли с одного пересыльного пункта на другой. Поезда без всякого видимого повода меняли часто направление, и нас выбрасывали на середине пути. Самые страшные ночи мы провели на вокзалах Кинели, Кинешмы и Мурома. Если у кого-то, может быть, Муром ассоциируется с русским былинным героем Ильёй Муромцем, то для меня это — ночь, заплёванный пол вокзального зала ожидания, лежащие на узлах мрачные люди, и другие, не обращающие на них ни малейшего внимания и переступающие через них; ругань, мат и запах грязи, пота и перегара. К счастью, на этом пути, по которому мы, бездомные и потерянные, никому, в сущности, не нужные, брели в неизвестность, были не только печаль и потери, но и свет человеческой душевности. Кроме советского командира, посадившего нас на поезд и спасшего нам папу, который иначе был обречён на неминуемую гибель; кроме Иваньковского председателя, который во второй раз увёл нас от смерти, были и многие другие простые русские люди, чьих имён я не знаю, но чьё тепло согревало и поддерживало в нас надежду. В Куйбышеве мы с мамой пошли в баню. Само по себе это было событием в нашем кочевье. Когда мы, помывшись, натягивали на себя свои тряпки и складывали нехитрые монатки, женщина, одевавшаяся рядом, посмотрела на меня жалостливо так и спросила маму, как же она поведёт меня после бани с мокрой непокрытой головой. Мама смутилась, не зная, что сказать, и тогда эта женщина сняла с себя беленький платочек в мелкий горошек и повязала его мне на голову. Я помню, что крепкая моя мама заплакала.

Перед беженцами был выбор. Можно было поехать в глубину России, а можно было податься в тёплые края, в Среднюю Азию. На нашем семейном совете было решено, что поскольку мы не одеты и не обуты для русской зимы, то лучшим местом для нас будет Узбекистан. Туда мы и направились и после долгих мытарств оказались в Коканде, сначала в селе, а потом и в самом городе.

* * *

Тому, кто смотрит на восточные миниатюры, не побывав в тех краях, может показаться, что художник делал их, следуя только своему воображению, настолько всё экзотически, неправдоподобно красиво. На самом деле миниатюрист писал жизнь, людей, природу, которые видел вокруг, просто он делал это по законам искусства и традициям своей культуры. Я была просто ошарашена и очарована тем, что увидела. Трудно представить себе что-нибудь более противоположное, чем улицы Риги, где прошло моё детство, или золотистый пляж Рижского взморья, куда меня вывозили летом, и природа кишлака, узбекской деревни, которая на русскую совершенно не похожа. Кишлак — это ряд причудливо пересекающихся «слепых» улиц, состоящих из сплошных глиняных стен-заборов и маленьких калиток, за которыми скрыты дома и сады и за которыми протекает невидимая никому жизнь. Улицу от заборов и домов отделяют искусственные небольшие каналы — арыки.

Они — живая артерия этих необычайно жарких и засушливых мест, и ими, как сетью, покрыта земля. Уличные арыки сливаются с втекающими в них такими же арыками из дворов и их равномерное негромкое журчанье — постоянный фон узбекской жизни. Поднимающиеся над заборами и нависающие над улицей деревья своей тенью хоть как-то защищают прохожего от палящего солнца.

Не только кишлаки, но и улицы старой части города выглядят примерно также. Они обычно пустынны, и только изредка мелькнёт яркий шёлковый халат редкого прохожего или серо-чёрная паранджа узбечки. Тогда, почти восемьдесят лет тому назад, несмотря на настойчивую советизацию жизни, мусульманская женщина с закрытым лицом всё же была обычной деталью улицы. Издавна, чтобы забежать на минутку к соседке, было достаточно накинуть на голову жакетку и прикрыться её рукавом, над переливчатым бархатом которого блестели быстрые зоркие глаза под широкой зеленовато-чёрной непрерывной линией крашеных бровей, но настоящий выход на улицу требовал паранджи.

Паранджа — это целый мир знаков и символов, особый язык, имеющий много смыслов и значений. Покрой паранджи, ткань, из которой она сшита, дизайн её орнаментов, могли много рассказать о самой женщине, молода она или нет, о положении её семьи, богата она или бедна и многое другое. Основная часть паранджи богатых женщин была сделана из переливчатого бархата и щедро расшита чёрным и золотисто-серебристым узором. У бедных всё было попроще: ткань серая, шитьё однотонное, чаще всего чёрное. Но и у тех, и других лицо оказывалось надёжно спрятанным за густой чёрной волосяной сеткой, опускающейся ниже пояса, а наверху придерживаемой похожей на халат без рукавов основной накидкой. Из-под паранджи выглядывали шёлковые шаровары, однотонные или цветные, чёрные лаковые туфельки и изредка можно было разглядеть кусочек подола яркого платья. Эта одежда делает женщину похожей на надёжно запелёнутый кокон, неузнаваемой и безликой. Когда мы только приехали, то эвакуированные передавали друг другу страшные истории о басмачах, которые спускаются с гор, расхаживают беспрепятственно, прячась под паранджой, и совершают всякие злодеяния, в основном против власти и её верных служителей. Эти истории всегда были неконкретны; рассказчики, как обычно бывает, пересказывали всё с чужих слов, но они вселяли ужас, особенно нам, детям. Долгое время мне мерещился басмач в каждой одинокой женской фигуре, мелко семенящей мне навстречу. Но страх не лишал меня любопытства и не снимал необходимости ходить одной.

Сейчас мне трудно самой поверить, что в первый год войны мне едва исполнилось семь лет. Когда я смотрю на моих внуков в том же возрасте, то они кажутся мне ещё очень маленькими и беззащитными, и я не могу представить их на моём месте тогда. Да и не дай им Бог! «Принеси ей стул и налей молока. Ей самой тяжело!» — говорила моя восьмидесятидвухлетняя мама, когда моя младшая внучка Даниела, ученица второго класса, просила есть. В таких случаях я смотрела на маму и смеялась, видя её смущение, потому что и она, и я вспоминаем одно и тоже — как война мгновенно превратила девочку из благополучной семьи, избалованную и неприспособленную, во взрослого человека. Для детства просто не было места в той жизни, которая наступила.

Мама, бабушка и тётя работали надомницами-вязальщицами. С раннего утра и до позднего вечера они, не разгибаясь, вязали кофточки для своей артели, которая давала им за это рабочие продуктовые карточки, то есть пропитание, не позволяющее умереть. Наши продуктовые карточки-талоны — позволяли нам получать хлеб в разных количествах для работающих и иждивенцев, немного подсолнечного масла, крупы и сахара и, кажется, кусок мыла раз в месяц. Дети были иждивенцами, и им, растущим, полагалось всего меньше и скромнее, чем взрослому трудящемуся. Надежды на какую-либо другую поддержку у нас не было и быть не могло. Папа, который ушёл на фронт, ничего не мог для нас сделать. Было нечто бесчеловечное в распределении благ в социалистическом государстве, где провозглашалось, что все равны. Солдаты голодали и холодали в окопах, и умирали за Родину, но никому не было дела ни до них, ни до их родных. Семьи советских офицеров-фронтовиков получали так называемые продуктовые аттестаты за своих воюющих, по которым в графе «жиры» выдавалось настоящее масло и другие продукты. Офицеры были, по крайней мере спокойны, что семья не нуждается в самом необходимом, а солдат, не получавший ничего, ещё и мучился своим бессилием хоть чем-нибудь помочь близким. Мой папа был простым солдатом и ничегошеньки ему не полагалось за это. Ни ему, ни его ребёнку, который был всегда голодным. Сколько бы лет ни прошло, мне кажется, что это ощущение голода никуда не ушло. Иногда я всё ещё чувствую его где-то под ложечкой — сосущее и тянущее. Одна моя подруга, старая и весьма неглупая американка, однажды во время нашего очередного обсуждения жизни в России сказала: «Я понимаю, что во время войны ты голодала и, наверно, всё, что ты ела, были хлеб и молоко». В первый момент я даже опешила — мне показалось, что она шутит, настолько невероятно звучали для меня её слова. Я ответила ей, что если бы во время войны мы имели молоко и хлеб, необязательно даже настоящий хлеб, а тот, военный, в котором воды, отрубей и соломы было больше, чем муки, то мы считали бы, что у нас райская жизнь. «Так что же вы ели тогда?», — с удивлением спросила она. «Мы почти ничего не ели — мы голодали». После моих слов мы долго молча смотрели друг на друга.

Молока я практически не пила всю войну. Исключением был тот день после операции разорвавшегося гнойного аппендицита, когда хирург, ссыльный ленинградский профессор, сказал моей маме: «Произошло чудо, и она будет жить, но нам нечем её кормить, кроме кусочка чёрного хлеба и редьки, а это равносильно убийству после такой операции». Мама переводила взгляд с меня на профессора, не зная ни что сказать, ни что делать, а я настойчиво просила есть. Профессор был, видимо, религиозным человеком, потому что после некоторого колебания он обнял маму со словами: «Нам остаётся положиться только на Бога — дайте ей есть», и мама решилась. Я съела редьку и не умерла ни в тот день, ни позже, но зато моя бабушка, узнав об этом, продала на рынке что-то из нашего скудного барахла, купила молока и сварила мне жидкий молочный супчик. Второй раз я пила молоко, когда маме удалось отправить меня в пионерский лагерь.

Поездка в лагерь вообще была неким воплощением в жизнь самых фантастических мечтаний. Как случилось, что моим маме и тёте, простым работницам вязальной артели дали эти путёвки для их детей, осталось загадкой. Мне запомнилось очень мало что из этого сладкого сна. Осталось ощущение спрятавшегося голода и наслаждение не только от самой еды, сколько даже просто от её вида. Каша, белый хлеб, молоко, карамельки, даже бульон и котлеты!

С хлебом было ещё хуже, чем с молоком. Мы, конечно, получали по карточкам хлеб, но сам процесс отоваривания карточек был совсем не простым. Возле магазинов, где хлеб выдавался и которые были далеко от нашего дома, выстраивались длинные очереди, иногда надо было простаивать часами, а вот этих-то часов не было ни у мамы, ни у тёти. Им день нужен был для работы, которая эти самые нормы хлеба и вырабатывала. Выход опять же нашла моя мама. Она вставала глубокой ночью и по совершенно тёмным и пустым улицам отправлялась к ближайшему магазину. Чаще всего маме удавалось оказаться там первой. Открытия приходилось ждать подолгу, и люди за это время понемногу собирались. Преимущество рано пришедших было в том, что они быстро получали свою норму, а если при этом они помогали хлеб разгружать, то им иногда выдавалась крохотная дополнительная порция. Мама никогда не упускала такой возможности.

На нас на всех — маму, бабушку, тётю Паню, мамину сестру и её сына, моего двоюродного братика Мозика, и меня — выходила почти буханка в день. Но что это была за буханка! Чёрная, как будто бы замешанная на глине, она была тяжёлой и мокрой. Момент, когда её нарезали, был напряжённым и ответственным. Каждый получал свою долю. Моя, естественно, хранилась у мамы. Она как-то умудрялась разделить несколько жалких кусочков так, что мы ели по крохотному ломтику три раза в день. Но как только мы его съедали, вот тогда-то голод и начинал ещё больше грызть нас изнутри. Разговоры о хлебе были нашими излюбленными в долгие вечера. Мечта у всех

Обелиск свободы. *Рига*

Часы Лайма *(слева)* и вид на Домский собор *(справа)*. *Рига*

Исторические здания Риги:

Слева вверху — Дом Черноголовых
Справа вверху — «Три брата»
Слева — Шведские ворота
Внизу — Сожженная с людьми Хоральная синагога на ул. Гоголя.

Вверху и справа —
Фотографии старого Коканда *(1941 г.)*

Чайхана. Коканд

Кишлак. *Узбекистан*

Кокандские гончары

Арба с ослом. *Коканд*

была одна и очень простая: вот кончится война, и не надо нам никаких пирожных, никаких деликатесов; мы будем есть самое вкусное на свете — хлеб, мягкий и свежий, с маслом и сахаром, посыпанным сверху. Если удавалось раздобыть зубчик чеснока, то мы расценивали это как пир, потому что, если натереть корочку хлеба чесноком, то создавалась иллюзия, что ешь колбасу. Но такое случалось не часто. И если теперь, после всех прошедших лет, спросить меня, что бы я охотнее всего съела, я тут же отвечу без промедления — булку с маслом. Я не могу удержаться от этого вне дома, когда поход в ресторан или в гости позволяет расслабиться и отказаться от повседневных запретов, доводов разума и вечной, тщетной борьбы с калориями и холестерином.

Мы голодали по-настоящему. Наверно, было бы интересно написать поваренную книгу военного времени. Такая книга была бы свидетельством неиссякаемой изобретательности человека. Люди умудрялись приспособить и сделать съедобными самые фантастические вещи. Появились такие блюда и их названия, о которых в мирные времена и не помышлялось. Наш обед, например, состоял из трёх блюд, которые последовательно появлялись на столе. Сначала подавался суп, называвшийся «затируха». Блюдо это готовилось быстро и кулинарной подготовки не требовало. На семью из пяти человек, нашу семью, брались от одной до двух столовых ложек муки, в зависимости от того, сколько удавалось наскрести. Они смешивались с небольшим количеством холодной воды, в которой мука хорошенько размешивалась, а потом это месиво заливалось горячей водой до нужного объёма в пять тарелок. Во времена невероятных удач в этот суп добавлялся лук, слегка обжаренный в чайной ложке подсолнечного масла. Вторым блюдом был ломтик хлеба. Для разнообразия второе блюдо можно было совмещать с третьим — с «кофе». Мы так называли этот напиток, потому что по внешнему виду он действительно отдалённо напоминал кофе. Варился он из сахарной свёклы, и для меня было загадкой, почему свёкла белая, а «кофе» получается невероятно чёрным и противно-приторным на вкус. Его сладость нисколько не была похожей на вожделенный сахар.

Я думаю, что мы не умерли в первую военную зиму только потому, что бабушка и мама сумели познакомиться с какой-то женщиной, которая за непомерную плату разносила по домам кровь, сворованную на мясокомбинате. Из большого бидона она медленно переливала его в наш маленький, аккуратно подставленный бабушкой. Кровь, густая и тягучая, медленно, как из обезглавленного тела, стекала с горла бидона и с мягким хлюпаньем опускалась на дно. Месиво жарилось на сковородке, опять же с луком, и превращалось в кусочки, которые назывались «жареная печёнка». Только через многие годы я заново и с большим трудом приучила себя есть настоящую еду с таким названием.

Каждый день возле мясокомбината собирались толпы людей, готовые поедать самые разные отходы. Кровь животных, которую здесь продавали (я не могу вспомнить, выдавали ли её или продавали) стаканами, они тут же выпивали и шли дальше. Они знали, что сегодня они уже не умрут, а завтрашний день может принести новые возможности жить. Многие из них выглядели на первый взгляд вполне нормально, но очень скоро становилось ясно, что это люди распухшие от истощения, и их огромные и толстые, как колоды ноги и неестественно туго натянутая кожа пухлых щёк — голодные отёки. Таким распухшим однажды появился на нашем кокандском дворе Беня Шмуйлович, с семьёй которого мы проходили мытарства эвакуации. Я с трудом узнала Беню, настолько был он непохож на молодого человека, которого я видела незадолго до того. Больше всего поразило меня не то, как сильно он внешне изменился, а выражение его глаз — жалкие, беспомощные, они ни на минуты не задерживались ни на чём и всё время были в движении, будто чего-то искали. Он пришёл сообщить нам, что его призывают на фронт. Для него это означало спасение от голода сегодня, и он искренне радовался, хотя шансов уцелеть на войне было мало. Но случилось так, что Беня на фронт не попал, а умер от голода за день до мобилизации.

Голод делал нас неразборчивыми. Если удавалось достать жмых, то мы ели и его. Жмых — это то, что остаётся после выжимания масла из семян масличных растений. Из этих отходов делают замечательную пищу для скота, но и мы поедали его с удовольствием. Его продавали на чёрном рынке в брикетах разного цвета, который зависел от того, из чего жмых делался, и варьировался от светло-жёлтого до тёмно-коричневого, почти чёрного. Мне жмых напоминал шоколад. Что бы мы ни ели, я всё время старалась придумывать, на что же человеческое это похоже. Такая своеобразная игра очень помогала, но не всегда мне это удавалось. Однажды, когда совсем уж стало невмоготу, и мама испекла лепёшки из гнилой муки, мы обе ели их и плакали. Их ничем не перебиваемая горечь не ассоциировалась ни с чем съедобным. Пока мама их замешивала, я заметила, что масса была зелёная, потому что плесени в ней было больше, чем муки. Мешочек с этой мукой, я помню, долго висел на гвозде на стенке. Мы с мамой часто на него поглядывали, но она при этом говорила: «Нет, нет, ещё не время!», и мы ждали. Как объясняла бабушка — ждали «чёрного дня», как будто война и голод, сводки с фронта и вечная неизвестность, страх за папу и враждебность местных людей, холод и нищета и многое другое ещё не делали наши дни достаточно чёрными. Но они, и мама, и бабушка, безусловно были правы, потому что, как бы ни было плохо, всегда может быть ещё хуже. Как бы плохо нам ни было, как бы мы ни голодали, мы понимали, что вокруг нас есть люди, у которых и этого не было, и они умирали каждый день, как мухи.

Если голодать нестерпимо тяжело физически, то ещё страшнее выдержать голод морально — не опуститься, не потерять достоинства, насколько возможно. Это и взрослому-то не легко, но когда тебе семь, то постоянная борьба с самим собой превращается в муку, и если мне в этой борьбе удавалось одерживать победы, то, наверно, только благодаря моей стойкой маме. Когда я потом смотрела на сморщенную и съёжившуюся старушку, какой она стала, то мне трудно поверить, что это была она, кто так стойко боролась не только за нашу жизнь, но и за наше нравственное спасение. Максималист по натуре, она всегда занимала крайние позиции и не отличалась особой терпимостью, особенно когда речь шла о вопросах морали. Такие правила, как супружеская верность или родительский долг, были для неё незыблемыми и неизменными. В их решении мама не признавала никакой расплывчатости или половинчатости. Когда обнаружилось, что наша знакомая из Риги, мадам Ром или «Ромиха», как её называли, завела себе сожителя, а муж её в это время сидел в тюрьме, то это вызвало такое осуждение моей мамы, что даже спустя сорок лет, встречая её на улице, она с ней едва здоровалась. Ромихин сожитель по имени Клюр (не знаю — была ли это фамилия или имя) с отвислой мокрой губой и водянистыми глазами без выражения был препротивный. Он заведовал каким-то продуктовым местом, приносил много еды, и Ромиха, стыдливо опустив глаза, тихим своим голосом говорила, что терпит его в доме ради детей, чтобы они ни в чём не нуждались. Это не помешало ей при первой же возможности отправить своих двух сыновей в детдом, организованный в Ташкенте для детей из Латвии и продолжать жить с Клюром. Меня моя мама наотрез отказалась туда посылать. «Что бы ни было нам суждено, жить или умереть, но мы будем вместе», — сказала она. Представители детдома приходили к нам домой и долго маму уговаривали, рассказывая, как там о детях заботятся и как их хорошо кормят, пугали её ответственностью за мою жизнь и угрызениями совести, если я с голоду умру, но ничего не помогало — мама была непреклонна.

Много раз, и тогда, и потом, я думала, была ли она права, но я всегда была ей благодарна за то, что она никуда меня не отдала. И мои чувства, и мамины побуждения трудно объяснить разумными доводами. Я не думаю, что они у неё были, но, кроме инстинкта материнской собственности, она, по-видимому, считала недостойным и унизительным отдать своего ребёнка в детский дом при живой матери и этим как бы снять с себя ответственность за него и переложить её на других. Для неё это было унизительным, а самолюбивая и гордая натура моей матери не могла смириться с унижением. В минуты, когда кто-нибудь пытался её унизить, морально или физически, она, не думая о последствиях, стремилась всеми средствами защитить своё достоинство и делала это очень решительно. Одной из ярких маминых побед была её победа над Рахимом, узбекским подростком. Я не знаю, где он жил, но на нашей улице он появлялся регулярно и, кажется, с единственной целью — травить слабых. Мы были замечательным объектом для этого. Ему нельзя было отказать в изобретательности, и поэтому он травил нас по-разному. Особенно любил он вместе с другими мальчишками, своими прихвостнями, загородить улицу и не давать мне с братом Мозиком пройти. Они долго дразнили нас и обзывали оскорбительными словами по-узбекски и по-русски, но кульминационным пунктом было требование Рахима сказать чётко «кукуруза».

Дело в том, что среди эвакуированных евреев было много таких, кто картавил и не произносил чётко букву «р», что издавна казалось особенно забавным и унизительным антисемитам на Руси. В годы войны слово «кукуруза» неизвестно почему было избрано ими некоей лакмусовой бумажкой, по которой проверялась, если не «чистота расы», то, по крайней мере, право ходить беспрепятственно по улицам, не подвергаясь побоям и прочим оскорблениям. Видимо, мода эта дошла и до Коканда, и до Рахима. По крайней мере, он от таких издевательств над людьми получал огромное удовольствие. Был он рослый здоровый мальчик лет четырнадцати – пятнадцати, и тягаться с ним физически у меня не было ни малейшей возможности. Поэтому оставалась только хитрость, которую я и пускала в ход. Сама я это проклятое «р» выговаривала плохо и ни за что в жизни Рахимовского испытания бы не прошла.

Так и не знаю, какое было бы мне наказание, но мне удавалось всегда ускользнуть от него самым простым способом. Как только Рахим своим гнусавым голосом говорил: «Ну, скажи «кукуруза!», я пряталась за спиной моего братика, у которого было безукоризненное произношение всех букв алфавита. Он выкрикивал эту проклятую «кукурузу» так громко и так чисто, что на лице Рахима и всех его прихлебал мгновенно появлялось выражение скуки и разочарования. Иметь с нами дело становилось уже неинтересным, и мы с гордо поднятыми головами шли дальше. Моё сердце при этом трепыхалось от пережитого напряжения ещё довольно долго. Наглость нашего врага росла. Он стал появляться уже у нас во дворе, требовал денег и еды. Всё это становилось невыносимым. И вот однажды, в очередной его приход, к нему вышла мама и спросила вежливо, чего он хочет. Рахим, конечно, кривлялся, издевался и пугал маму, и тогда она, ни слова не говоря, повернулась и ушла в дом. Вернулась она через минуту. В её руках был наш зелёный чайник с кипятком. Держа чайник перед собой двумя руками, она шла прямо на врага. Он не сразу понял, что происходит, а когда понял, то побледнел и стал медленно пятиться. Когда расстояние между ним и мамой было небольшим, она со всей силы плеснула кипяток на него... Раздался страшный крик, скорее крик испуга, чем настоящего увечья, и уже в следующую минуту его и след простыл. Дальнейшее было похоже на сказочную историю. Рахим появился опять на нашем дворе дня через два после случившегося, но это был уже не тот же самый человек. Для начала он со всеми нами поздоровался, а потом предложил мне какой-то фрукт. Так как никто на него не среагировал, то он потоптался немного и ушёл, не солоно хлебавши. Зачем приходил, так и осталось не вполне ясным, но было понятно, что с добрыми намерениями. С тех пор всякая травля прекратилась, и мы с Мозиком беспрепятственно ходили по нашему переулку «Второй шарк», что и значило «второй переулок».

Со мною мама всегда обращалась строго. Слишком многого не разрешала, и я часто этим тяготилась, особенно в последующие годы, но тогда, во время войны, её строгость спасала меня. Где-то подсознательно в ней жило убеждение, что совсем не всё равно, какой ценой выжить. Не то, чтобы она так говорила, но она так себя вела, и это было важнее. При всей её любви ко мне, при всех стараниях во что бы то ни стало спасти меня от голода и смерти, ей было далеко не безразлично, за счёт кого и чего мы поели и откуда еда появилась. У меня была подружка Софа, с которой мы сидели на одной парте. Софин папа по какой-то причине не был на фронте, и у них в доме всегда была сытость и благополучие. Именно у них во дворе я много раз видела, как пекутся узбекские лепёшки. Конечно же, это происходило во дворе, потому что жизнь в Средней Азии проходит в основном там. Мне очень нравилось смотреть, как Софина бабушка, замесив и раскатав тесто и придав лепёшкам круглую форму, брала специальную штучку, тоже круглую, у которой было много мелких зубчиков, делавших её похожей одновременно на щётку и на расчёску, и втыкала её в середину лепёшки. Середина приплющивалась по сравнению с краями, и на ней появлялись мелкие дырочки. Затем лепёшку слегка мазали жиром и отправляли в печь. Печь была большая, глиняная, похожая на шкаф, у которого вместо дверей, было круглое тёмное отверстие, куда лепёшки и отправлялись. Они налепливались прямо на внутренние стенки круглой дыры, и очень скоро оттуда начинал идти этот ни с чем не сравнимый аромат свежего хлеба. Лепёшки, от которых шёл пар, складывались на белое полотенце, где им положено было остывать, а потом, подождав совсем немного, Софина бабушка разламывала одну из них пополам и давала каждой из нас по румяному полумесяцу. В этом доме, где я вообще-то бывала не слишком часто, меня всегда приглашали к столу, и за исключением одного или двух раз, я всегда отказывалась. Мне было очень тяжело это делать, но я не могла, не смела не послушать маму, а она мне категорически запретила садиться за стол где бы то ни было в чужом доме, и особенно у Софы. Софина мама специально приходила к нам несколько раз, чтобы переубедить маму, но это кончилось тем, что мама, узнав, когда у Зильберштейнов (это была их фамилия) обед, разрешала ходить к ним только в другое время. Таков был её характер, совсем непростой и даже не всегда, может быть, понятный, но он заставлял меня, ребёнка, подтягиваться и постоянно побеждать в себе слабость.

По правде говоря, я не понимаю, как это у меня получалось. Мне часто кажется, что сейчас я ни за что не смогла бы вынести это постоянное напряжение от борьбы с собой. А бороться надо было ежиминутно и ежесекундно. Главной задачей было — не стать «подбирушкой». «Подбирушками» называли тех, кто подбирал на улицах любые остатки еды. Стать «подбирушкой» значило опуститься довольно низко, потерять себя, стать неразборчивым. Детей-»подбирушек» в школе дразнили и презирали. «Подбирушек» можно было сразу распознать по какой-то нервности рук. Люди становились «подбирушками» не сразу. Начиналось всё с вполне безобидного поднимания на улице фруктов. Они падали с деревьев, которые растут вдоль всех улиц и дают тень и прохладу прохожему. Особенно много было тутовника. Его ягоды, сочные и сладкие, чёрные и желтовато-зелёные, всегда валялись на тротуарах, и никто не обращал на них внимания. Узбеки тутовник вообще сырым не ели, а только варили из него варенье, и поначалу он стал для «подбирушки» самой лёгкой добычей. Постепенно «подбирушка» становился всё менее и менее щепетильным и подбирал всё, что только попадалось, но и возможностей у него становилось всё меньше и меньше — чем дальше шла война, тем труднее оказывалось найти на улице хоть что-то.

Наверно нужно помнить, что как всегда и как везде, общество не было однородным. Положение в тылу всё же отличалось от того, что было в так называемых местах заключения, в тюрьмах и лагерях, немецких и советских, где степень голода была ещё во много раз страшней. В тылу, на Урале, в Сибири и в Средней Азии были разные группы людей, и жили они и страдали по-разному. Прежде всего, были местные жители, у которых, худо-бедно, но была какая-то основа для выживания, были корни. У городских были родственники в деревне. И городские, и деревенские имели большое подспорье — огород. Эти огороды были чем-то, вроде «victory garden» во время войны в Штатах, но только в России играли гораздо большую жизненно важную роль. Приезжие тоже стремились получить участок под огород — чаще всего он распределялся по месту работы — но не всем это удавалось, да и не везде это оказывалось возможным, как было, например, в Средней Азии, где они не были почему-то популярны. Среди приезжих тоже не все были равны. Были те, кто сумели устроиться на «хлебные» места — в магазины, в столовые, в санатории, в больницы по хозяйственной части, на раздачу хлеба в любом месте, словом, туда, где имели дело с продуктами. Хорошо было оказаться и при распределении медикаментов или одежды. Да что там говорить, много было всяких злачных и непыльных мест, где можно было выжить, но, обеспечивая себя, приходилось забирать у другого. Многие занялись спекуляцией, торговали на месте и разъезжали по стране, перепродавая дефицитный товар — всё те же медикаменты, махорку и много всякого другого. Чёрный рынок процветал, и цены там были астрономические.

* * *

Мы с мамой принадлежали к группе тех, кто не имел никаких льгот или привилегий, но и с голоду не умирали. Мы влачили жалкое существование с точки зрения нормальных условий жизни, но были вполне благополучными по сравнению с теми, кому было хуже нас, кто не просто голодал, а умирал с голоду. Один из моих близких друзей и его сестра остались совершенно одни после смерти их матери и долго перебивались неизвестно как. Как они жили и что ели, я не знаю, потому что он не любил об этом говорить. Знаю только, что потом нашёлся родственник, который о них позаботился, но это было уже существенно позже. У другого мама долго болела и не могла работать, поэтому жили они только на иждивенческие карточки. Чтобы хоть как-то раздобыть денег на горсточку изюма, мой друг, которому было тогда девять лет, решил чем-нибудь торговать. Но так как торговать ему было совершенно нечем, то он не придумал ничего лучше, чем пойти в аптеку, купить там термометры (они стоили копейки) и пойти с ними на базар. Совершенно понятно, что торговля шла не слишком бойко.

Некоторых голод доводил до полного отчаяния, толкал на воровство и попрошайничество. Попрошайничество ничего не приносило, а воровство было опасным. На востоке, как известно, традиционно относились к воровству крайне нетерпимо, даже жестоко. На это накладывалось ещё нелюбовь местных к эвакуированным. Толпы чуждых по духу и по религии нищих, обездоленных, а потому жалких людей, вторгшихся в их жизнь, воспринимались ими как продолжение русской экспансии и были им ненавистны. Речь не идёт об отдельных случаях и людях, но в общем узбеки относились к нам более, чем холодно. Ещё хуже узбеков было отношение бухарских евреев, которые не считали нас вообще евреями, и называли нас только жидами. Красивые, рослые, одетые в одежды, которые наводили на мысль о библейских временах, они даже не смотрели в нашу сторону. Я не помню даже чьих-либо рассказов об их участии в жизни эвакуированных, о какой-нибудь помощи хоть кому-то. Когда мы, дети, случайно забегали в улицы, где бухарские евреи жили, то нас встречали неприятные взгляды взрослых и дети, бросавшие в нас камни.

Однажды я видела, как большие и крепкие торговцы-узбеки на базаре догоняли, а догнав, избивали эвакуированного мальчика, который что-то украл. Я видела, как взлетали их тёмные мускулистые руки, нанося очередной удар. Я помню их деловито-сосредоточенные лица, и такое их выражение, будто они выполняют ответственную работу. При виде этого меня охватил такой ужас, что я бросилась бежать, ещё долго слыша за собой крики избиваемого. Они били его на фоне ломящихся от снеди рядов, где всё благоухало и сверкало переливами красок, где горы гранат, персиков, дынь и винограда возвышались над снующими между ними фигурками продавцов и покупателей. Вся картина запомнилась мне, как необычайно красивый натюрморт, где снежные вершины близких гор своим сахарно-белым величием как бы проводили черту между безмятежностью ярко-синего неба и суровостью земной жизни.

Базар и чайхана — это самые оживлённые места и в деревне, и в городе, но если на базаре толпа оживлённо гудит, то в чайхане люди сидят чинно и разговор ведут негромкий. Узбекская чайхана представляет собой сооружение, состоящее из небольшой закрытой части и деревянного помоста, устланном ковром, на котором, поджав под себя ноги, рассаживаются посетители. Тогда это были одни мужчины. Перед ними стоят чайники, яркие, расписные, наполненные густым и ароматным зелёным чаем, который считается в этих местах наиболее вкусным и утоляющим жажду. Чаепитие представляет собой ритуал, отработанный веками, совершающийся торжественно и спокойно, как священнослужение. С лёгким шелестом бежит чайная струйка и мягко шлёпается на дно пиалы, похожей на раскрытый лепесток. Ловкие смуглые руки не спеша разламывают лепёшки на куски и отправляют в рот мягкие её куски, а затем далеко откидывается голова, и в открытый рот с наслаждением отправляется горсть зажатого в ладони изюма. Иногда место изюма занимает гроздь спелого винограда или ломоть нежно-розовой дыни. Там, в чайхане, ведутся все серьёзные разговоры и происходит общение и обмен новостями, и главное лицо здесь — чайханщик. Как я поняла, чайханщик — это не только должность или место работы. Дух, который царит в чайхане, определяется им, его нравом, весёлым или сумрачным, добродушным или себе на уме. Он — общественная фигура, но не столько главный в заведении, а скорее хозяин, принимающий гостей.

Моё впечатление о чайхане было скорее зрительное, чем какое-либо другое, потому что внутри я никогда не была, да и быть не могла. Чаще всего я просто проходила мимо или останавливалась на другой стороне улицы и подсматривала, что там происходило, но это длилось недолго, не более нескольких минут. Во-первых, это привлекало внимание пьющих чай людей, и они начинали, глядя на меня и показывая в мою сторону пальцами, громко смеяться и переговариваться. Мне становилось не по себе, и я быстренько уходила. А во-вторых, и это главное, мне почти всегда надо было торопиться, потому что то, куда я шла и что должна была делать, требовало не только всего моего времени и внимания, но и полной отдачи всех нравственных сил.

Так как все взрослые работали целый день, не поднимая головы, чтобы выполнить и перевыполнить норму рабочей карточки, то мне поручили ходить за обедами по талонам, которые были для нас чрезвычайно важным подспорьем. Талоны выдавались на работе и были поощрением за перевыполнение плана. Если нормой было, несмотря на невероятность, связать две кофточки в день, то наши вязальщицы, бабушка, тётя и мама, умудрялись связать четыре. Как им это удавалось, сегодня трудно уже понять. Видимо, человеческие силы, в зависимости от обстоятельств, увеличиваются или сжимаются. Взрослые вставали с зарёй и сидели до поздней ночи. Только когда при свете коптилки уже невозможно становилось увидеть петли вязанья, работа прекращалась. К счастью, пряжа, из которой вязали, была белая и довольно толстая, и это хоть несколько облегчало задачу. Мы, брат Мозик и я, помогали, чем могли: перематывали нитки, связывали готовые части между собой и собирали остатки в маленькие клубочки, из которых наши мамы вязали нам потом носки, шапочки и варежки. Они спасали нас от промозглого холода серой и сырой зимы. Правда, цвета нашей экипировки бывали порой очень странными, так как они полностью зависели от прихоти красильщиков в артели, где наши работали. Мозик мог помогать очень мало. Был он маленький и худенький четырёхлетний мальчик, и я чувствовала себя взрослой, потому что была старше его на четыре года.

К тому времени, когда стали выдавать талоны, у меня уже был вполне солидный стаж самостоятельной жизни. Я уже к этому времени умудрилась сама не только записаться в школу, но и перевести себя из одного класса в другой. Дело в том, что ещё до войны я умела хорошо читать и очень любила книги. Умела я и довольно сносно считать. Когда я пришла записываться в школу, и мои познания были установлены, директор предложил мне пойти сразу во второй класс. Но уже через неделю я снова была в его кабинете, и на его недоуменный вопрос, в чём дело, ответила фразой: «Лучше быть первым в деревне, чем последним в городе». Трудно с определённостью сказать, где я подцепила эту премудрость, скорее всего у моей бабушки, которая была большая любительница белорусских пословиц и поговорок и знала их бесконечно много. Директор, услышав эти слова от ребёнка, снедаемого честолюбием, совершенно обалдело на меня посмотрел, но, выслушав, согласился отправить меня обратно в первый класс. Я хотела этого, потому что, умея читать и считать, я совершенно не умела писать письменными буквами — только печатными, и не могла смириться с тем, что шкрябала хуже всех. К директору я отправилась, не говоря ни единого слова никому из взрослых. Этот случай и ещё то, что я сама ходила несколько раз к зубному врачу, убедили взрослых, что мне можно доверить сложную операцию с талонами.

Всё, что было связано с продуктами, было чрезвычайно ответственным и даже опасным делом. Карточки и всякого рода талоны не только крали, но и просто вырывали из рук, иногда именно в тот момент, когда их предъявляли в магазине или в столовой. Потерянные или украденные продуктовые карточки оборачивались в войну ужасом голода и безнадёжности. На человека, оставшегося без карточек, смотрели, как на обречённого. Можно представить себе на какой риск шли мои близкие, когда доверяли талоны на обеды восьмилетнему ребёнку. В столовую, где их «отоваривали» (слово военных лет, жаргонное, обозначавшее выдачу товаров взамен на предъявленный талон), я собиралась, как в бой. Всё во мне напрягалось, каждый нерв начинал жить сам по себе своей трудной жизнью. Талоны я крепко зажимала в руке и делала это так, что пальцы затекали от напряжения. В другой моей руке был чайник, большой и зелёный. Идти надо было через центральные улицы и довольно далеко. Когда я по палящей жаре приходила к нужной мне столовой, там уже была большая толпа взрослых и насторожённых людей.

Я не помню, чтобы я видела в этой толпе других детей, но всё равно никто не обращал на меня ни малейшего внимания. Хотя, с другой стороны, это было не совсем так. Ко мне тут же подходили какие-то мужчины и женщины и предлагали обмен талонами. Предложения были самые разные, иногда даже вполне заманчивые. Дело в том, что талоны выдавались разные — на первое, т. е. суп, второе — макароны с жиром, и третье — которое называлось компотом, а было на самом деле плохо подслащённой водой. Вот этот-то так называемый компот мне было необходимо поменять, потому что первое и второе, независимо от их названия, я складывала вместе в чайник, а вот для «третьего» места уже не оставалось. Надо было быстро соображать, с кем и как меняться. Всегда был риск довериться не тому человеку и оказаться обманутым. С бьющимся, как заячий хвостик, сердцем я протягивала свои талоны, а второй рукой, на которую был надет чайник, старалась уцепиться за талоны обменные. К счастью, мне всегда попадались порядочные люди, и никто меня ни разу не обманул. Может быть везло, а может быть, жалели ребёнка. Кто знает, но так было. Следующим этапом было пробиться к окошку выдачи. Важно было не оказаться в числе последних, потому что тогда уже, вместо супа и так не бог весть какого, доставалась одна жижа и муть со дна, а вместо второго — подгорелые корочки. Дорогу к окошку, естественно, никто не уступал, но мне помогал маленький рост и способность поэтому пробираться между людьми на уровне их ног. Когда обед, наконец-то был получен, и первое и второе благополучно оказывалось в чайнике, надо было отправляться домой и суметь по дороге уберечь его от любого посягательства. И вот тогда наступало самое страшное, ибо самой большой опасностью на этом пути была я сама, тот живший во мне страшный соблазн отпить из чайника хоть глоточек горячей жижи, которая разлилась бы по желудку успокаивающим теплом. Эта борьба с собой была тяжёлой и изнурительной. На пути обратно я всегда намечала вехи. Я говорила себе: «Вот дойду до того дерева и не притронусь к чайнику!» Если получалось, как я задумывала, то я просто останавливалась, чтобы взять чайник в другую руку, и намечала себе следующий переход. Мне достаточно часто удавалось удержаться от соблазна, но, наверно, не потому что воля моя была так сильна, а потому что я не в силах была переживать те муки совести, которые испытывала, отпив несколько глотков. Я помню, как струйка горячей жидкости, опускаясь через горло вниз, к моему животу, обжигала меня, и я понимала, что значит выражение «жгучий стыд» и как оно могло появиться. Этот путь домой с зелёным эмалированным чайником в руке, полным горячей еды, тяжёлым, оттягивающим плечо и в то же время манящим, навсегда останется для меня самым трудным уроком испытания воли.

* * *

Мои впечатления о жизни в кишлаке, а потом в Коканде отрывочны и сумбурны. Они складываются, как мозаика, из разных событий и происшествий, трагических и забавных, причудливо переплетённых между собой, как это в жизни всегда бывает.

Я точно не знаю, сколько времени мы прожили в кишлаке, кажется, до конца лета. Нас поселили несколько семей вместе, в одной комнате, в типичном узбекском доме. Он состоял из одной комнаты с нишей, куда обычно стопкой складывались одеяла. По местному представлению количество одеял свидетельствовало о благосостоянии семьи. Так как одеял у нас не было и гордиться было нечем, то мы использовали нишу как шкаф, куда складывали наши нехитрые пожитки. Посреди комнаты было неглубокое квадратное углубление — сандал, семейный очаг или печь, где тлели горячие угли. Другого отопления в домах не было, несмотря на достаточно сырой и холодный зимний период. Члены семьи садились вокруг него и прятали ноги под одеяло, которым сандал покрывался. Мыться надо было на улице, у умывальника. Самым необычным местом был узбекский туалет. Он тоже располагался во дворе и представлял собой маленькую будку, как и жилой дом, сделанную из глины. Внутри была большая выгребная яма, через которую были переброшены довольно тоненькие дощечки. Они прогибались под ногами, и никогда нельзя было почувствовать себя в безопасности. Особенно тяжело было привыкать нам, эвакуированным. Один из наших рижан, Баскин, не удержал равновесия в такой уборной и провалился в яму. Этот случай обошёл всю нашу группу рижан, и всякий раз, встречая Баскина, я не могла отделаться от ощущения, что от него всё ещё несёт выгребной ямой. Туалетной бумагой узбеки в то время не пользовались. Её заменял кусочек глиняного кирпича, вынутый из стенки или подобранный на улице и принесённый с собой. Но зато ни одна узбечка не отправлялась в туалет, не захватив с собой кувшинчика с водой, чтобы помыться после отправления нужды.

Ели местные жители тоже в основном на улице. Посреди двора стояло больших размеров и довольно высокое сооружение, чуть приподнятое над землёй, больше всего похожее на стол, огороженное по краям так, что на ограду можно было опереться и облокотиться. Еда ставилась посередине, а люди рассаживались вокруг, скрестив под собой ноги. На столе было обычно обилие фруктов — дыни, поражавшие разнообразием цветов и форм, множество видов винограда, среди которых королевой был сорт «дамские пальчики», получившие своё название за удлинённую изящную форму ягоды, оранжевые, как бы освещённые изнутри абрикосы. На больших блюдах перцы лежали рядом с набухшими, готовыми лопнуть помидорами. Но центром узбекского стола всегда был и оставался плов. Его аромат разносился далеко по двору, когда наши хозяева начинали свою трапезу. Жирный и душистый, шафраново-жёлтый, этот плов был смесью нежной и сочной баранины и просвечивающего насквозь риса с изюмом, дынями и другими неведомыми мне по сей день специями. За всё моё пребывание в Узбекистане я так этого знаменитого плова и не попробовала. Для нас он оставался сказочной едой из султанских дворцов. Но много раз я ощущала его запах и видела, как искусно узбеки ели его руками, особым поворотом кисти ловко отправляя в рот очередную порцию. Ели узбеки неторопливо, обстоятельно, всё время запивая еду зелёным чаем из тонких расписных пиал. Чай узбеки пили всегда, что бы ни делали.

Даже когда наша хозяйка с дочерьми и их подружками садились красить брови, они при этом пили чай. Красить брови было также обязательно, как носить одежду. Ненакрашенные брови приравнивались к небрежности в туалете и считались чем-то неприличным. Поэтому процедуре придавалось особое значение. Краска какого-то растительного происхождения разводилась тоже в пиале, а затем кисточкой проводилась одна сплошная широкая линия, превращающая брови в широкую чёрную ленту, что и было эталоном красоты в то время. Я любила смотреть, как они раскрашивали друг друга, как они при этом смеялись и веселились, не обращая на меня ни малейшего внимания. Тогда впервые я поняла, что для некоторых, если ты не свой, то ты как бы вообще не существуешь.

Из всех, кто был тогда с нами, я запомнила сестёр Эмму и Риву, и их детей. Эмму я знала ещё раньше, потому что она была перед самой войной домашней сиделкой при моём умирающем от рака дедушки. Эмма вела себя, как гранд-дама, разговаривала тягучим голосом и носила японское кимоно с яркими цветами. Я понять не могла, как оно уцелело во всех скитаниях последних месяцев, потому что никаких других вещей у неё с собой не было. Рядом с ней вышагивала её вечно надутая дочь Ада, с которой играть было скучно. В ответ на любое предложение она выпучивала глаза и смотрела выжидающе и не шевелясь. Ещё хуже был её двоюродный брат Толя, сын Ривы. О нём говорили, что он не совсем здоров. Толя вообще никакие игры не признавал, а только сидел и ждал, когда его мама будет кормить. Они были очень похожи между собой, мама и сын, оба темнокожие, с жёстко- курчавыми волосами, и очень молчаливые. Когда они поворачивали головы и смотрели пристально и неотрывно своими печальными чёрными глазами, то сильно напоминали верблюдов.

Наша жизнь протекала в основном во дворе. В комнате, где было очень тесно, можно было только лежать на расстеленных на полу соломенных тюфяках. Во дворе же, несмотря на жару в 35 С, было прохладно и душисто от тени и запахов, которые давали фруктовые деревья. Центром двора и наших интересов была чёрная, привинченная к столбу тарелка репродуктора. Вокруг неё собирались несколько раз в день, чтобы послушать фронтовые сводки, а потом вели долгие обсуждения услышанного. С каждым разом сводки становились всё мрачнее. День 7 ноября 1941 года, когда Сталин произнёс по радио свою знаменитую речь, начинавшуюся обращёнными к народу словами: «Братья и сёстры!..», был одним из самых страшных. Историки уже достаточно писали об этой речи и о роли, которую она сыграла в истории войны. Я же помню, как мы все стояли, замерев, когда после голоса знаменитого диктора Левитана, знаменитости радиовещания военных лет, раздался голос Сталина, вождя и кумира, спасителя отечества и всех нас. И хотя истинный смысл происходящего был мне малопонятен, я вся дрожала от напряжения. По мере сталинской речи небо, деревья и людские фигуры всё больше и больше заслонялись цветами на Эммином кимоно, которые всё росли и закрывали даже солнце. С каждой минутой становилось всё темнее, и у меня было полное ощущение, что уже ночь. Вдруг раздался чей-то крик, кто-то заплакал и чей-то голос произнёс: «Это затмение солнца!». Мгновенная, но абсолютная темнота, наступившая за этим, показалась вечной... Почти одновременно с окончанием речи Сталина снова стало светло. Все сразу заговорили, стало очень шумно и ярко, и почему-то в эту минуту, не раньше, мне стало очень одиноко и страшно. Я ушла в дом, легла плашмя на свой тюфяк, и со мной случилась истерика, тяжёлая и болезненная, вторая в моей тогда ещё очень короткой жизни. Первая была, когда моего дедушку выносили на носилках в больницу. Сейчас я плакала без видимой причины, горько, с чувством огромной жалости к себе, и думала, что, наверно, я не родная дочь своих родителей и неизвестно, кто же мои настоящие папа и мама, и где они... А через короткое время в комнату пришёл папа и сказал, что затмение было одним из самых долгих за много лет.

Жизнь вокруг была очень любопытной, и дни проходили быстро. Мне, городской девочке, приехавшей из другого мира в прямом и в переносном смысле слова, люди и природа этой удивительной страны казались сказочными и немного нереальными. Особенно интересна была природа. Моё довоенное общение с ней ограничивалось садом на даче, которую мы снимали на Рижском взморье, пляжем и чистеньким сосновым лесом, который больше был похож на ухоженный парк. Теперь мне было интересно рассматривать всё, что росло во дворе. Яркие и большие плоды хотелось трогать руками, чувствовать их тяжесть и поглаживать их шелковистую и бархатистую поверхности, нюхать и вдыхать незнакомые запахи. Мне особенно понравились на одном из кустов зелёные и красные стручки, похожие на перевёрнутые шапочки гномов из фильма «Белоснежка и семь гномов», который я видела в «мирное время». Однажды, когда я с удовольствием трогала эти забавные шапочки руками, перебирала их и соединяла вместе их зелёные и красные тельца, я очень скоро почувствовала, что цвета начинают сливаться между собой, а в глазах появилась сильная резь. Боль становилась просто нестерпимой. Я пыталась вернуться к дому, но ничего не видела перед собой. Кто-то, увидев меня, бредущую в слезах с закрытыми глазами и вытянутыми вперёд руками, привёл меня к маме. Она долго промывала мне глаза водой и объясняла, что прекрасные шапочки были стручками злого горького перца, от которого мне впредь лучше держаться в стороне.

Второй случай моего общения с узбекской природой был ещё более болезненным. В тот день я возвращалась откуда-то одна в очень жаркий полдень. Улица была совершенно пустынна, что обычно для этого времени дня, когда только безумные эвакуированные решались бродить под палящим солнцем. Ещё только свернув с большой улицы в наш переулок Второй Шарк, я увидела, что впереди кружатся, перелетая с одной стороны на другую, какие-то насекомые. Их жёлто-коричневые тельца красиво переливались на солнце и были похожи на маленьких тигров, как их рисовали в детских книжках. Мне очень захотелось подойти к ним совсем близко и полюбоваться ими и их замысловатыми пируэтами, но когда я сделала это, то в тот же момент почувствовала, как моё лицо, руки и ноги были пронизаны тысячами острых иголок. От острой боли я бросилась бежать. Когда мама открыла калитку, то она увидела моё красное, мгновенно распухшее и отёкшее лицо и стаю ос, с остервенением преследовавших меня. Мои другие приключения в кишлаке не носили столь драматического характера, но всегда были для меня открытиями мира, экзотического и таинственного, непохожего на наше домашнее существование, будничное и однообразное, полное лишений и житейских преодолений.

Не помню, почему, но к моменту, когда началась среднеазиатская зима, мы оказались в другом доме, где-то на окраине города. Мы были к ней совсем не готовы. Долго и мучительно пробираясь к Ташкенту, мы уповали на вечное тепло. Действительность оказалась несколько другой. Природа, которая ещё несколько недель тому назад сверкала и переливалась всеми возможными красками, превратилась в нечто серое, одно- и монотонное. Глинистая дорога, единственный путь к нашему жилью, стала месивом, передвигаться по которому следовало с особой виртуозностью. Поставив одну ногу, надо было вытащить вторую так, чтобы обувь не осталась в чавкающей массе. Казалось, что она живая, и её главная цель — сорвать с вас и засосать всё, что можно. Истории о том, как кому удалось выбраться из этой коварной трясины, стали основной темой домашних разговоров. По вечерам шёл подсчёт узбекских галош, которыми обзавелись взрослые. Они были более глубокими, чем обычные, и местные жители часто носили их просто на босую ногу, как туфли. Моему папе, который тогда ещё не ушёл на фронт, а работал слесарем МТС, машинно-тракторной станции, удалось по случаю на базаре купить мне сафьяновые сапоги. Когда он принёс их, то у меня перехватило дыхание при виде такой красоты. Мягкие, изящные, сделанные из мягчайшей ярко-красной кожи, они выглядели, как произведение искусства. И надевать их было просто страшно. Видимо, мама тоже так решила, потому что с тех пор я носила их только, надевая сверху папины старые носки. Я понимала все мамины доводы, знала, что въедливая глина разъест красоту моих сапог, но душа моя не могла с этим смириться. И каждый раз, когда красное сияние исчезало под тусклой синевой трикотажного носка, мне было не только грустно, но и почему-то стыдно, сама не знаю чего.

Позже, когда мы вернулись из эвакуации обратно в Ригу и сапоги стали мне уж очень малы, папа отнёс их какому-то мастеру, который сделал из них сумочку. Она была необычная по тем временам, скроенная по заграничному фасону, который папа подсмотрел у дамочки-модницы. Видимо, как и множество других заграничных вещей, бывших после войны в обиходе в большом количестве, она осталась после немцев или её привезли откуда-то в качестве трофея. Сумочка была совершенно круглая. В центре этого круга была пупочка, от которой кожа расходилась лучами. Она была похожа на раскалённое солнце, как его рисуют дети, и когда я смотрела на неё, то вспоминала узбекское жаркое лето и скрип огромных колёс арбы, и все краски, и переливы абрикосов и винограда, недоступных и вожделенных, и то, как мы с бабушкой делали кизяк.

Кизяк — это основное узбекское топливо. Оно дешёвое, лёгкое, и даёт сильное и приятное тепло. Кизяк нигде не продаётся и не покупается, люди делают его сами из навоза. Навоз, предпочтительно свежесобранный, перемешивается с соломой в определённой пропорции, из этой смеси делаются брикеты круглой или продолговатой формы, которые затем высушиваются на солнце. Я довольно смутно помню весь технологический процесс изготовления кизяка, и поэтому навряд ли смогу дать хорошие рекомендации, но я помню очень ясно все моменты моего участия в нём. Начиналось всё с того, что мы с бабушкой вооружались какими-то палочками-лопаточками, которыми было одинаково удобно как подцеплять, так и удерживать мягкие и рыхлые испражнения, и ведёрками. Повязав голову туго платочками, чтобы пыль не так сильно въедалась в волосы, мы выходили на улицу. Бабушка несколько минут пристально всматривалась в проезжавший транспорт, а потом принимала решение. Конечно, никакие машины нам не подходили. Нас интересовали только ишаки, верблюды и волы, т. е. всё живое. Идеально было, если животное не было впряжено ни в какую упряжку, а шло само по себе или с седоком. Нельзя сказать, что это было такой уж редкостью, но требовало усилий, поиска и умения выжидать. Как только бабушка находила нужный нам объект, надо было немедленно и ловко встать за ним, не мешая никому, кто шёл сзади. Идти надо было неопределённое время и расстояние, потому что надо было ждать, когда животное будет какать. Как только это начиналось, следовало тут же подхватывать ещё дымящиеся тёплые комочки и забрасывать их в ведро, ничего не теряя. От вони и отвращения у меня на глазах выступали слёзы, но утирать их было некогда — надо было работать, и работать быстро и ловко. Кизяк, сухой и чистый, в котором было мало пыли и грязи с дороги, горел хорошо и красиво и давал много тепла.

Дом на окраине города, о котором я уже упоминала, был построен, как и многие среднеазиатские сооружения с учётом местных природных условий. Он стоял на высоких сваях, и подниматься в помещение надо было по лестнице. Называлось это сооружение «балхана» и состояло оно всего из одной комнаты и очень маленькой кухни. Жило нас там семь человек — наша семья с бабушкой, моя тётя Паня, мамина сестра с сыном Мозиком и её муж, дядя Бери. Дядя появился не сразу, и его появлению предшествовало ряд происшествий. Для начала надо сказать, что он эвакуировался из Риги сам по себе, отдельно от тёти Пани. Незадолго до войны дядю арестовала Советская власть, но не за политику, а за какие-то махинации, к которым у него всегда была склонность. Когда немцы подходили к городу, то части заключённых, среди которых был и дядя, удалось из тюрьмы убежать. Я говорю «части», потому что, как известно, другая часть была расстреляна чекистами перед их уходом. Дядя Бери, выйдя из тюрьмы, поспешил скорее на вокзал и уехал, нисколько не задумываясь о том, что же с его женой и ребёнком. В своё время он женился на тёте Пане, не скрывая, что её приданное интересует его гораздо больше, чем её любовь. Она же полюбила его страстно, на всю жизнь, как только может полюбить не очень красивая девушка красавца-парня. Он был, действительно, хорош собой, но глуповат и пошл, и изменить это было невозможно. К тёте он относился, как к вещи, которую можно легко забыть и даже выбросить, если она становится бесполезной. В новых условиях Советской действительности тётя стала именно такой исчерпавшей свои возможности вещью, которую можно заменить другой, более новой. В эвакуации он не сделал никакой попытки искать свою семью. Но зато тётя спрашивала всех и каждого, не встречался ли им её муж. Она тяжело переживала его потерю, и верила каждому слову тех, кто мог о нём хоть что-то знать. Видя это, мама предложила поехать искать его по следам самых надёжных слухов. Сказать «поехали» о двух молодых женщинах, тёте и маме, отправившихся в условиях войны в чужом краю искать пропавшего человека, довольно ошибочно, потому что то, что им пришлось преодолеть в этих поисках, заслуживает отдельного рассказа. Но чудо свершилось — он нашёлся, и неподалёку, в одном из соседних узбекских городов, и они привезли не очень довольного блудного сына домой. Держался он довольно странно и отчуждённо, и только присутствие моего папы вынуждало его исправно играть роль семьянина.

Однажды ночью, вскоре после дядиного появления, мне приснилось, что я катаюсь на качелях, которые кто-то раскачивает сильной рукой. Я проснулась от этого ощущения полёта и от довольно громкой перепалки между дядей и тётей.

«Перестань трястись», — шептала она с раздражением, на что он в полном недоумении возражал. — «Это ты трясёшься, а не я». Я лежала в темноте с открытыми глазами, ничего не понимая, но и не чувствуя никакого страха. Наша балхана ходила ходуном. Я вообразила, что, наверно, так раскачивается судно в бушующем море. Все остальные тоже проснулись, спрашивая друг у друга, что же происходит. Я уже не помню, кто первым догадался, что это землетрясение. Их было ещё несколько за нашу жизнь в Узбекистане, но они были совершенно незначительные и малоинтересные — просто несколько минут дребезжали стаканы на столе, и это ни в какое сравнение не шло с тем ощущением таинственного полёта и плавного раскачивания, от которого сладостно замирало и «падало» сердце в тот первый раз.

Война подходила к тем далёким местам медленно. В местной мирной жизни её приметы вспыхивали поначалу отдельными островками — появлением эвакуированных, этих странных и чуждых людей, которые раздражали своей непохожестью, и первыми призывными повестками в военкомат. Но довольно долго жизнь внешне текла по-прежнему. С базара приносился крупный и прозрачный сладкий виноград и мягкие бело-пушистые лепёшки. По-прежнему каждое утро во дворе появлялся пожилой узбек, выкрикивающий — «Каймак! Каймак!», что означало — густые и невероятно вкусные сливки, которые он продавал в маленьких глиняных горшочках. На его призывы выходили не только мы, жители балханы, но и обитатели низкого домика во дворе. Они были тоже эвакуированные из небольшого городка где-то в Белоруссии — пожилые уже отец, мать и две дочери. Они появлялись редко, были необычно молчаливы и никогда не улыбались. Мама и бабушка, встречая их, всегда спрашивали не слышно ли чего нового, а они в ответ ещё ниже опускали головы и обречённо разводили руками. Мы знали, какое у них горе, и часто шёпотом это обсуждали, сокрушаясь и жалея их.

Горе их было страшным — они потеряли в дороге детей. Одна из дочерей, старшая, была замужем и имела двоих детей. Мужа её забрали в армию сразу же в начале войны, и она осталась с родителями. Когда немцы подходили к их городку, они стали в панике собираться и договорились с каким-то мужиком, что он на подводе довезёт их до станции. Мужик приехал поздно вечером, и пока на подводу складывали нехитрый скарб, стало совсем темно. В это время началась очередная бомбёжка, и торопясь поскорее уехать, дедушка посадил на подводу детей. И вот тут-то и случилось страшное. Лошади вдруг занервничали и рванули с места. Мужик закричал и, пытаясь их остановить, тоже вскочил на подводу. Увидев, что телега уезжает, страшно закричала молодая мать, а вслед за ней и все остальные, бросившись вслед. Вокруг рвались снаряды, оглушая и заглушая крики обезумевших, мечущихся в темноте людей. Впереди ничего не было видно. Телега с детьми и возницей исчезли бесследно. Письма, которые рассылались во все концы и во все возможные инстанции, не приносили никаких известий. Молодая мать, похоже, тронулась в уме. Она ни с кем не разговаривала, ни на что не реагировала, и большую часть времени проводила в постели, не вставая. Иногда, очень редко, она садилась у окна их хибарки и безучастно смотрела в одну точку. Взгляд у неё был тяжёлый и отрешённый, и нам, моему брату и мне, становилось под этим взглядом неуютно и даже немного страшно, и если мы бегали и играли, то тут же замолкали и старались как можно скорее уйти в дом. Таких историй, когда люди теряли своих близких, во время войны было много. Спустя годы после её окончания люди ещё долго искали друг друга, и были такие счастливцы, кто находили.

Я уже говорила, что очень рано научилась читать и читала запойно. Папа и мама, которые тоже не представляли себе жизни без книг, хорошо меня понимали и сразу же, как только мы осели после всех скитаний, отправились записывать меня в библиотеку. В кишлаке библиотеки не было, и приходилось ходить в город, что было довольно далеко, но всё время до своего ухода в армию папа делал это исправно, не пропуская ни одного дня. Первый раз книги дали неведомым эвакуированным только под высокий залог. Я помню, мама принесла тогда «Тома Сойера» Марка Твена. Книга была большого формата, и читать её можно было только, положив на стол. Каждый раз, когда надо было есть, её приходилось снимать и перекладывать на кровать, аккуратно заложив страницы.

Книги и бумажные куклы были моими единственными игрушками во время войны. Любую бумажку, которую я находила и которая оказывалась пригодной, я немедленно превращала в куклу. Сначала я умела вырезать только такие, которые стояли в хороводе, держа друг друга за руки. Каждый, кто когда-нибудь пытался делать бумажные куклы, знает, что это самый простой и лёгкий способ вырезания. Потом я научилась вырезать каждую отдельную куклу и одежду на них. Долгие годы это было моим любимым занятием, и взрослые решили, что я, наверно, стану модельером. Модельером я, конечно, не стала, но моя страсть почему-то передалась моим дочкам и внучкам, которые с такой же одержимостью вырезали этих бумажных красавиц, а я оказалась при этом их лучшим художником.

За годы в Средней Азии я не помню никаких других игр и развлечений, кроме этих кукол и чтения. Нет! Это не совсем так, потому что однажды мы с Мозиком были в кино. Совершенно бесполезно вспоминать, что мы там видели, потому что все мои душевные и физические силы были направлены на то, чтобы нас не обокрали. Во время сеанса крали всё — шапки, перчатки и, самое интересное, обувь с ног. Как только в зале погас свет, я, спрятав за пазуху наши вещи, крепко сжала руки на груди, в то же время как-то исхитряясь держать Мозика за руку. Ноги мы оба плотно прижали к полу, чтобы вор не мог ухватиться за нашу обувь, но сидеть так было очень неудобно, и мы очень скоро почувствовали, что ноги затекли и заболела спина. Так и просидели мы, два часа, запуганные и напряжённые, боясь расслабиться хоть на минутку, не понимая, что происходит на экране и зачем мы здесь вообще. Больше попыток таких походов не было.

Мы с мамой оказались счастливыми — папу не убили на фронте. Когда их с дядей Бери призвали в армию, то отправили в Гороховецкие подготовительные военные лагеря во Владимирской области, где была сформирована 201 латышская дивизия. Об этой дивизии писал поэт Борис Слуцкий, «что с дрожью по коже вспоминают фронтовики... Откуда рвутся на фронт не из доблести, а просто, чтобы каши вдоволь поесть». Это было место, где сугубо штатских беженцев из Латвии, в основном евреев, растерянных и ещё не освоившихся с только что свалившейся на них советской жизнью, кое-как, наскоро готовили к отправке на фронт. Их, и таких же, как они, из других новых республик, не научившихся ни воевать, ни обороняться, ни даже спасаться, бросали, как брёвна, под ноги наступавшим немцам. Единственное, на что они оказывались пригодны, это стоять намертво, не нарушая приказа, и умирать. Земля под Наро-Фоминском, Лугой... пропитана их кровью и удобрена их плотью. Латвийская дивизия, Эстонская, Литовская, сформированные Сталиным по национальному принципу, все они полегли в тех краях. Папу спасло чудо. Оно называлось «сталинская национальная политика». Разыгрывая комедию заботы и уважения к насильно подчинённому народу, вождь подчёркивал своё особое внимание к развитию его культуры, само собой разумеется, «национальной по форме и социалистической по содержанию». Делалось это совершенно в его вкусе, когда, медленно стискивая горло своей жертвы, он шептал ей слова любви. Эту заботу о культуре надо было продемонстрировать не только внутри страны, но и всему миру. И вот, в самый разгар войны в город ткачих Иваново, печально известный отсутствием в нём мужского населения, собирают разбросанных по всей стране выходцев из Латвии, умеющих петь и танцевать, актёров и художников. И, конечно, создаётся хор, без которого латышское искусство немыслимо.

Пригодных людей искали везде, и даже пошли на то, чтобы забирать их с фронта, что было для военного времени просто невероятным. Папу и дядю забрали из Гороховецких лагерей, и это спасло их от неминуемой смерти. В Иваново их поначалу поселили в общежитии, где они сильно голодали, и на изыскание пищи уходили все силы. Папа рассказывал об одном своём товарище, химике по профессии, который исхитрился из свободно продающегося противозачаточного средства, контрацептина, вытапливать особым способом жир и жарить на нём картошку. Дисциплина была военная, и за малейшую провинность отправляли обратно в армию, но эта жизнь, хоть и тяжёлая и ненормальная, но всё-таки человеческая, казалась им раем. Папины письма стали наполняться деталями, в них стал проявляться его жизнерадостный характер. Он строил планы, предлагал варианты будущей жизни, и, как только им разрешили снимать квартиры и вызывать семьи, прислал нам вызов.

* * *

Выезжали мы с приключениями. Было много волнений, слёз и бурных объяснений между мамой, тётей и бабушкой. Вызов от дяди Бери сильно запаздывал, и тётя Паня не без оснований переживала и терзалась страхами, что он вообще его не пришлёт. До нас доходили смутные слухи, что он живёт со своей хозяйкой и вполне этим доволен. Вообще появление в этом своеобразном городе молодых мужчин, да ещё «европейцев», пришельцев из другого мира, вызвало реакцию разорвавшейся бомбы. Многие из этих одиноких женщин, у которых «артисты», как их все называли, снимали квартиры, готовы были на многие дополнительные услуги. По крайней мере, таковы были слухи, а сами артисты их довольно вяло опровергали. Да и чему было удивляться. Окружённые заботами, жильцы очень скоро из затравленных, замурзанных и оголодалых солдатиков превращались в относительно откормленных и ухоженных, почти вальяжных кавалеров. В своё время, с основательным, правда, опозданием, мы поняли, почему нас с мамой так не любила и травила наша хозяйка, Ираида Петровна. Видимо, наш приезд нарушил её планы и виды на нашего папу, особое отношение к которому ей скрыть не удавалось.

Выехать из эвакуации можно было только, заплатив большую взятку за официальное разрешение, деньги, которых у нас с мамой, да и у тёти, не было. Полицейский режим, работавший без сбоев, приносил его руководителям большие доходы. Единственная возможность пробить эту стену и раздобыть денег была просить бабушку продать её золотые часики, единственное, что у неё ещё оставалось. Так и сделали, но в этой борьбе за выезд было много тревожных моментов.

Маму пытались обмануть, выманив у неё деньги; надо было найти в дорогу какую-то одежду, чтобы выглядеть поприличней, да и не замёрзнуть зимой. Бабушка требовала постоянного повышенного внимания к себе, «ковед» на идиш — особое почтение, и ещё отдельно особой благодарности за свою щедрость. Но наконец всё было улажено, и мы отправились в изнурительный путь с бесконечным количеством пересадок и ожиданием на вокзалах, с битвами за компостирование билетов и за право сесть на очередной поезд. Компостирование билетов, т. е. их регистрация при пересадке или временной остановке на промежуточной станции, было строгим правилом во время войны.

Было в этой дороге и много забавного и даже смешного. Уже в Европейской части, на одной из больших станций, бабушку, меня и двоюродного брата оставили, как всегда, сторожить узлы. Было это почему-то на улице. Я сидела, нахохлившись, преисполненная важности от того, что на мне было совершенно невероятное пальто, перешитое из какого-то старого темно-вишневого одеяла, специально подобранные к нему по цвету, связанные из хлопковых ниток рейтузы, варежки и шапка, а на ногах были те самые, уже описанные красные сапожки. О таком наряде я и мечтать не могла, так он был невероятно хорош по моим представлениям. Рядом с тем местом, где мы сидели, был мостик через небольшую городскую речушку, по которому дети в это время возвращались домой из школы. Они шли большими группами, громко кричали и смеялись, и я смотрела на них с завистью, потому что любила ходить в школу и была очень недовольна, что должна пропускать уроки даже из-за такого приключения, как эта поездка. Какое-то время они проходили, не обращая на меня ни малейшего внимания, и я с интересом наблюдала этих детей, которые были у себя дома и чувствовали себя естественно и беззаботно.

Во мне же с первых дней войны жило чувство постоянной настороженности и ожидания опасности. Я была отделена от этих детей совсем не простым опытом своей маленькой жизни. Вдруг один из ребят остановился и, показывая пальцем в мою сторону, стал громко кричать: «Красный бурак! Красный бурак!» Сначала я даже не подумала, что это может относиться ко мне, и стала оглядываться, но после того, как все остальные дети стали делать то же самое, а вокруг никого, кроме меня не было, я поняла, что «красный бурак» это я и есть. Стало очень обидно, и я заплакала, что случалось со мной совсем не часто. До сих пор у меня в ушах ясно звучат эти голоса, полные холодного издевательства и наслаждения, которое они при этом получали. Тогда, правда, это ничему меня не научило, и в моей жизни было достаточно случаев, когда я сама наносила людям такие обиды, случаи, за которые мне с каждым годом всё более стыдно. Человек с возрастом становится, наверно, как бы прозрачнее, как бы источается. Уходит многое, страсти, острота порывов, вожделения, и остаётся больше места для совести, которая высвечивается у многих, и вместе с этим становятся острее сожаления о нанесённых обидах, об ошибках, которые не исправил, но мог бы…

Однажды в зале ожидания рядом с нами оказалась приветливая старушка, к которой время от времени подбегал сын-военный в каких-то солидных чинах. В каждое из своих посещений матери он обязательно со мной заговаривал, расспрашивал, шутил. Я старалась не ударить в грязь лицом и отвечала бойко, и чем больше мы беседовали, тем теплее становился взгляд нашего попутчика. Наконец, он подошёл к маме и начал долго её в чем-то убеждать. На расстоянии я не могла понять, о чём они говорили, но видела, что мама смущается, отнекивается и краснеет. Но по мере разговора сопротивление мамы заметно уменьшалось, и я, наконец, уловила момент, когда она уступила. Моему любопытству не было предела. Я еле дождалась момента, когда мама возвратилась к нам и всё рассказала. Оказалось, что молодой офицер имел особое задание забрать из прифронтовой полосы раненых. По дороге он завозил куда-то свою мать. К месту назначения он должен был отправляться в санитарном поезде, и он предложил маме, что выдаст нас за семью некоего полковника с фамилией моего папы, которую он везёт по особому заданию невесть куда. От нас требовалось только, чтобы мы умело притворялись и хорошо сыграли свою роль. Нечего и говорить, что, несмотря на всю авантюрность подобного предложения, мы на него согласились.

За окном проплывала Россия, страна беспрестанных страданий. Шёл 1943-й год, третий год войны. Поезд был пустой, в нём не было никого, кроме персонала, нас и нашего спасителя с его мамой. Ритмично покачиваясь, этот оазис тепла, чистоты и сытости мирно плыл в сторону фронта. Трудно было себе представить его обратный путь, отмеченный кровью и болью сотен раненых, когда светленькие купе со сверкающими белизной вагонными полками наполнятся стонами раненых, их громкими разговорами, запахами застарелых бинтов, немудрёных лекарств, махорки и человеческого горя. Для меня это путешествие было олицетворением мечты о роскошной жизни. Я думаю, что после нескольких лет нашего военного быта даже покои восточного султана не произвели бы на меня большего впечатления, чем белоснежное бельё наших постелей, еда в любых количествах, казавшаяся необыкновенно вкусной, и, наконец, горячий душ. Этот душ был апофеозом, потому что и в сладостной довоенной жизни в нашей великолепной квартире для ванны грели раз в неделю дровяную колонку.

* * *

Иваново, город скромных текстильщиц и картофельных огородов, был для меня городом открытий. Именно там я пережила некоторые вещи впервые, а некоторые — единожды. Война ощущалась здесь относительно мало. Иваново не бомбили, поэтому не было разрушений. Каменные здания, да и то не особенно высокие, были только в центре. Главное место среди них занимал театр. Его серая необычная громада возвышалась (или мне так только казалось?) над всем остальным. Это было странное и впечатляющее строение: вокруг центральной части, которая и была, собственно, театральным помещением, несколькими концентрическими кругами располагались галереи, придававшие всему этому сооружению особенно величественный вид. Здесь я впервые в жизни видела настоящий спектакль на настоящей сцене. Это была пьеса «Давным-давно», и история девицы Дуровой, сумевшей выдать себя за юношу-гусара и воевать с Наполеоном, потрясла моё воображение настолько, что и сейчас ещё я могу вспомнить некоторые моменты и даже воспроизвести мелодию песни, которая там исполнялась. При моём отсутствии слуха последнее кажется уже совсем невероятным. Буквально в нескольких сотнях метров от театра тянулись немощёные улицы с деревянными домами и садиками, палисадниками и огородами. Ветки сирени, жасмина и ветки яблонь перевисали через заборы и заборчики. В домах побольше жило, как правило, несколько семей, имея по одной, в лучшем случае, по две комнаты и одну на всех кухню. Такие две комнаты были и у Ираиды Петровны, нашей хозяйки. Мы занимали более удобную заднюю комнату, а она с дочкой Люсей жила в проходной. В том, как Ираида Петровна обращалась с нами, был некоторый садизм. На ночь, например, она не разрешала моим родителям закрывать дверь. У меня иногда было такое ощущение, что по ночам она не столько спала, сколько придумывала для нас всякие запреты, а фантазия у неё была довольно богатая. И всё же месяцы жизни у Ираиды Петровны были для меня временем больших радостей.

Если одним из чудес, пережитых мною в Иваново, был мой первый поход в театр, то вторым, и притом не повторившимся никогда потом чудом, был мой роман с котом. Кот был чёрный, сибирский, с белой грудкой и звали его Пуся. Это был роман втроём — Люся, Пуся и я, Муся. Нас невозможно было представить друг без друга, только я, Люся, и Пуся у неё на руках. Большие светло-зелёные и очень круглые глаза делали их очень похожими. Оба они, девушка и кот, были добродушными и жаждали любви. Оба они робко и неодобрительно смотрели на Ираиду Петровну, когда кривоватая усмешка, предвещавшая новые вспышки гнева, появлялась на её изрытом оспинами худом лице с нездоровой коричневой кожей. Люся терпеливо ждала возвращения из армии своего жениха — курсанта-моряка и писала ему чуть ли ни каждый день длинные и, наверно, очень нежные письма. Пуся жался к ногам всех приходящих и при этом урчал просительно и одновременно так обещающе — мол, погладь меня, приласкай, а уж я буду тебя любить без памяти. Моё сердце он покорил сразу. Наша любовь вспыхнула одновременно и крепла с каждым днём. Надо отдать должное Люсе, она никогда не проявляла ревности ко мне и на меня не сердилась, хотя временами я видела, что ей очень обидно, особенно когда кот приползал ночью ко мне в кровать. Моя мама при этом на меня сердилась и говорила, что лицо у меня пойдёт от кота прыщами. В те часы, когда я возвращалась из школы, а Люся ещё работала, ничто не мешало нам быть вместе, но потом бедный котяра метался между нами, пытаясь искупить свою измену Люсе удвоенной преданностью. Эти часы между приходом из школы и возвращением Люси были самыми лучшими.

Иваново вспоминается мне всегда летним, зелёным. Особенно красив был парк при туберкулёзной больнице, что была совсем рядом с нашим домом. По тенистым аллеям медленно прогуливались или неподвижно сидели на скамейках пациенты в одинаковых серо-арестантских халатах. Контраст их фигур с зеленовато-золотистым фоном парка особенно усиливал ощущение тоски и безнадёжности. Больные мало разговаривали друг с другом и провожали нас долгими взглядами и улыбками. Как это ни странно, но всё в этом парке было пронизано покоем, как я понимаю теперь, покоем неотвратимости и неизбежности.

Возле нашего дома тоже были сад и огород, где каждый жилец чем-то владел. Я ухаживала за грядками Ираиды Петровны — поливала и полола их и даже посадила на нескольких из них свои овощи. На них росли в основном морковка и зелёный горошек, слаще которого я никогда в жизни больше не ела. Но ещё больше, чем ухаживать за грядками, нравилось мне строить из веток нечто, вроде шалашика, и сидеть там часами, читая или играя с котом. Иногда, когда я делала уроки в комнате за столом, я слышала вдруг фырканье на несколько голосов, а потом дикие кошачьи вопли, среди которых мой любимец звучал жалко и призывно. Это значило, что Пусик опять подрался с соседними кошками, агрессивными и бесстрашными. Заласканный нами, он драться совсем не умел и немедленно звал на помощь. Я тут же выбегала и врезалась в самую гущу драки. Это было совсем не просто, потому что я страшно боялась их, этих очень высоко вспрыгивающих и вытянутых во всю длину летящих кошачьих тел и их когтей, готовых вонзиться в меня. Защищая лицо руками, я в то же время старалась схватить моего любимца и убежать как можно скорее. После таких баталий мы оба были взъерошенные, запуганные и несчастные. Я ходила вся исцарапанная, и мама очень сердилась. С тех пор, честно сказать, я не люблю, когда коты подходят ко мне слишком близко, да и тёплых чувств к ним я с тех самых пор никогда не испытывала. Видимо, Пусик исчерпал все мои ресурсы кошачьей любви. Но тогда он был моим лучшим другом. Я могла говорить с ним подолгу, а он, как бы понимая, смотрел на меня, склонив голову набок, и иногда урчал, как мне казалось, одобрительно. Ему я читала вслух рассказ, который тогда написала о девочке Мире, что на самом деле было немного о себе взаправдашней и немного о том, что могло бы со мной быть, но, к счастью, не случилось: например, как убивали нас немцы или как я выполняла партизанские поручения.

В Иваново у меня, кажется, не было подруг. По крайней мере, я не помню никого. Но зато была Мария Ивановна, моя учительница, которая окружила меня, случайно заброшенную сюда эвакуированную девочку, теплом и вниманием. Маленькая, худенькая и невзрачная, ещё не старая, но с обильной сединой в реденьких волосах, узелком скрученных на затылке, она принадлежала к той классической породе русских интеллигентов, которые считали своим жизненным долгом «сеять разумное, доброе, вечное». Когда я уезжала, она подарила мне книгу Валентина Катаева «Сын полка» о мальчике-сироте, найденном солдатами на одной из дорог войны и оставленном при армии, где он нашёл людей, заменивших ему погибших родных, готовых защитить его и согреть. Эта история не была выдумкой. Такие дети были. Или, по крайней мере, советская печать о них писала и помещала их фотографии в военной форме, специально для них сшитой.

В нашей жизни эвакуированных, кроме самой жизни, самым важным была еда. Иваново показалось нам в этом смысле землёй обетованной. Когда папа в первый раз внёс в комнату чёрную чугунную сковородку с жареной картошкой, у меня от её запаха закружилась голова. Но это было ещё не всё: на ломоть хлеба, который показался мне неправдоподобно толстым, он намазал нечто нежно-бело-розовое и ароматное. Называлось это «нечто» американской тушёнкой, о существовании которой мы и не подозревали. С этого первого дня в Иваново кончился для меня голод, и исчезло вечно сосущее чувство пустоты в животе.

Война явно шла к концу. Тринадцатого октября тысяча девятьсот сорок четвёртого года советские войска освободили Ригу, и ансамбль вслед за правительством Латвии и другими учреждениями отправился туда немедленно. Наш поезд с семьями был самым последним в этой реэвакуации. Мы возвращались в Ригу в товарных вагонах, которые назывались «теплушками», потому что во многих из них стояли печки, дававшие тепло и возможность готовить еду. Дорога не была лёгкой, но близость возвращения домой и близость мирной жизни окрашивали её в более светлые тона. Несмотря на сравнительно небольшое расстояние, наш путь продолжался что-то около двух недель. Считая нас транспортом не первой важности, наши вагоны, отцепив и загнав их на задние пути, забывали вовремя прицепить обратно. Никого не волновало, что в это время мы с трудом могли раздобыть воду и нечем было пополнять наши продуктовые запасы, а среди пассажиров были старики и дети. В битком набитом вагоне, где все располагались на полу, шла своя, порою достаточно интересная жизнь. Да и где и когда её нет, пока человек жив. Мы уже не были теми оголодавшими и загнанными существами, какими мы появились в Иваново. Российская картошка и американские тушёнка, лярд и яичный порошок сделали своё дело. Мы с Мозиком, да и наши мамы и бабушка, окрепли и поздоровели. Во время остановок дверь вагона широко открывалась, и было интересно наблюдать чужую жизнь и смотреть на людей, которых уже наверняка никогда больше не увидишь. Вокзалы были по-прежнему переполнены. Люди сидели и спали на земле и на асфальте перрона. Вокруг были всё те же нищета, обездоленность и грязь. К тому же появилось много демобилизованных инвалидов, тяжёлых калек и просто нищих. И всё же в этом постоянном жужжании толпы, в её бурлении и в кипении её страстей не было уже того отчаяния и безысходности, той болезненной надрывности, которые висели в воздухе в начале войны. Эта новая толпа гудела по-иному, и, пусть пока ещё глухо, но в ней уже звучали надежды на новую жизнь. Внутри вагона не прекращались обсуждения будущего, строились планы и, конечно, без конца вспоминалось прошлое. Было и много тревоги. Возвращались в неведомое. У каждого кто-то из близких оставался в Латвии, и каждый надеялся на чудо. Беспрестанно пересказывались истории о поисках родственников, о горестях потери и о радости их возможного спасения. К тому же было совершенно неясно, что за мирная жизнь у нас впереди.

У женщин весь день уходил практически на поддерживание вагонного быта, а мы с братом читали или играли в игры, которые сами придумывали. Каждая семья готовила по очереди на печке-чугунке. Она же нас кое-как и обогревала. Главным источником развлечения для всех была Вера. Она к этому вовсе не стремилась, но так получалось, что любое сказанное ею слово оказывалось нелепостью. Вера была, как говорили мама и бабушка, «старая дева», и это звучало особенно смешно, если учесть, что Вера была беременна. На самом деле она была совсем не старая, лет тридцати, не больше. Белокожая, очень бледная, с тонкими чертами лица и мышиного цвета волосами, собранными в куцый пучок, она несла на себе печать благородного происхождения, но меня это тогда не впечатляло. Я даже не замечала её красивой, безупречно правильной речи, которая отличала «бывших», и была почти утеряна советской массой. Вера возвращалась в Ригу со своим отцом, известным доктором Элиасбергом, очень старым человеком, который, как и многие, когда-то убежал из Петрограда в Ригу от большевиков. Как жаль, что мне ни разу не довелось поговорить с ним всерьёз. Да и о чём серьёзном мог он говорить с ребёнком? Всё, что я о нём знала, я слышала от папы. Вот кто по-настоящему с ним подружился ещё в Иваново и продолжал эту дружбу в Риге до самой смерти доктора.

Из всех историй, услышанных мною, я запомнила только одну и то только потому, что она казалась мне чудовищно неправдоподобной. Старик рассказывал, что как врача-венеролога его в своё время привлекали к лечению Ленина. Моему гневу не было предела, когда папа мне об этом рассказал. Подобные «россказни о вожде» казались мне страшным осквернением правды, но ещё хуже было от того, что, слушая их, где-то далеко-далеко, в глубине души я в то же время не сомневалось в их истинности. Такое раздвоение наших душ, как бы расщепление нашего «я» жило в нас во все последующие годы жизни в России. Вся нация как будто бы болела этим странным психическим заболеванием, при этом производя внешне вполне нормальное впечатление. То, что говорилось нам в школе, институте, на собраниях, то, что мы читали в книгах и газетах, то, что мы пели, говорили и писали в своих сочинениях, уживалось распрекрасно с реальной жизнью, где всё было разительно другим, с разговорами дома и в очередях. Эти две, казалось бы, несоединимые стороны жизни замечательно сосуществовали друг с другом, не лишая нас при этом ни беззаботности юности, ни полноты восприятия окружающего. Не сговариваясь, мы, где надо молчали, а где надо, говорили то, чего от нас ждали, и думали при этом своё, не терзаясь ни секунды своей лживостью. Когда в школе нужно было писать сочинение «Образ Сталина в советской литературе», мы, и я в том числе, делали это с большим энтузиазмом, пространно цитируя таких писателей, как Пётр Павленко, совершённый прихвостень режима, радуясь хорошим оценкам и похвале учителя. Но когда дома, в кругу близких папа рассказывал анекдоты о вожде, жившем в них под кличкой «Дер Вонц» («ус» на идиш), я смеялась вместе со всеми. Вместе со всеми я всплакнула в университете, когда он умер, и вместе со всеми обрадовалась, когда услышала папины слова — «Дер газлен хот гепейгерт!» — «Злодей умер!».

Старый Элиасберг любил свою дочь, жалел её и немного её стыдился, потому что понимал, как она отличается от других и вызывает у них только насмешку. Она была из другого, ушедшего мира; какой-то застрявший в настоящем осколок той жизни, где сочувствие к слабому было понятным и естественным и где слабого надо было жалостью согреть. Жизнь же Веры проходила во времена, когда люди с гордостью повторяли, что жалость унижает человека, и думать иначе считалось малодушным и стыдным. Вера, нежная и неприспособленная, недавно потерявшая мать, на которой была вся забота о семье, страстно хотела ребёнка. Её желание было настолько сильным, что она не побоялась его рожать, не имея мужа, во времена, когда это считалось не то чтобы необычным, но даже позорным. Она, как я понимаю теперь, была сильной и неординарной женщиной, решившись на такой шаг. Ей, наверно, было очень страшно рожать этого ребёнка одной, имея опорой и защитой только глубокого старика отца. Немного внимания и понимания со стороны окружающих придало бы ей уверенности в себе, но ничего этого она не смогла дождаться. Её бессилие и страхи выливались в самые нелепые и тягостные для всех формы: Вера громко плакала, по поводу и без, напоминала всем ежеминутно, что вот она, несчастная и беременная, должна ехать в таких условиях, и без конца стыдила нас всех и обвиняла в чёрствости. В Риге она родила мальчика, которого назвала по своему отцу Юлием. Надо сказать, что счастья он ей не принёс. После довольно скорой смерти доктора Вера переехала в Минск, где в университете преподавала английский язык. Сведения о её жизни там доходили самые неутешительные. Юлик рос тяжело, доставлял ей серьёзные неприятности и был даже связан с какой-то уголовщиной. Я помню, как в один из её приездов в Ригу она сидела у нас в столовой в нелепой шляпе мужского фасона, которые носили сразу после войны, в куцем пальтишке с истрёпанной меховой горжеткой и горько сетовала на жизнь, Юлика и всех окружающих. Зрелище было жалким, и слушать её было тяжело, в основном потому, что ничем нельзя было помочь. В то же время из потока её слов сквозь слёзы я понимала, что она — один из лучших преподавателей на их кафедре, что её ценят, и она это более чем заслуживает, но всё это говорилось между прочим, как нечто неважное и второстепенное, а главным был в её жизни этот неудавшийся Юлик, которого она так страстно хотела и так же страстно любила.

Наши дальнейшие связи с Верой угасли, и я никогда о ней больше не слышала.

РИГА ПОСЛЕ ВОЙНЫ

Рига встретила нас угрюмо. Был октябрь 1944 года. Серыми были погода, улицы, дома. Серыми были и лица людей. Освобождённый город жил странной жизнью. Днём она шла как будто своим чередом. Новые хозяева и их сподвижники бурно устанавливали свой порядок. Но с наступлением темноты, когда кончалась дневная суета, тяжёлый мрак окутывал дома и улицы без электрического освещения. Казалось, что все те, кто пережили здесь оккупацию, притаились и затихли за затемнёнными окнами. Это были разные люди с разными судьбами, но и те, чья совесть была чиста, все равно ничего хорошего от новой власти не ждали. На дверях старой, чудом уцелевшей синагоги висел список евреев, спасшихся из местного гетто. Их было тринадцать. Возвратившиеся разыскивали людей из этого списка, чтобы разузнать у них о судьбе своих близких. Военные из местных и просто люди, вернувшиеся из эвакуации, ходили в дома, где они раньше жили, расспрашивали, допытывались, но чаще всего наталкивались на потупленный взгляд и односложные «да» и «нет» в ответ на все вопросы. У дворников и соседей они натыкались на какие-то свои вещи или вещи близких. Иногда им возвращали их без слов, а бывало, что эта процедура сопровождалась долгими и заведомо лживыми объяснениями и даже слезами. Новые владельцы частенько хотели выглядеть благодетелями, спасителями этих безделушек, мебели и ковров. Вещи появлялись в комиссионных магазинах, и их отдавали владельцам немедленно и безропотно по первому требованию. Наша бывшая дворничиха сказала, что в первые же дни оккупации в нашу квартиру вселился немецкий офицер и прожил в ней все эти годы, ничего не меняя и не переставляя. Когда началось отступление, он подогнал к дому грузовик и вывез все до нитки. У неё, сказала она, сохранился один из наших столовых стульев. Мы не захотели его брать, равно как и не захотели въезжать в эту пока ещё пустующую квартиру с невыветрившимся немецким духом, да ещё и напротив синагоги, сожжённой вместе с людьми. Наш дом, ул. Гоголя 4/6, был как раз наискосок от синагоги. Владельцем дома был некий г. Гейнеке, и, как мне стало совсем недавно известно, отец Ирины Одоевцевой. Она, её дочь и её муж поэт Георгий Иванов, жили до войны в Париже как раз на доходы с этого дома. Кое-кто из вернувшихся и некоторые офицеры, ожесточённые зверствами войны, потерей родных и особенно рассказами о том, как обходились с евреями многие латыши, не церемонились с ними. Наш новый сосед, маленький и шустрый майор Гордин, с чьими дочками мы дружно бегали во дворе, сам, похваляясь, рассказывал, как входил в латышские дома, клал на стол пистолет и забирал все, что ему нравилось. Он считал это возмездием, а не мародёрством. «Грабь награбленное!» — безотказный лозунг смутных времён, действовал в полную силу и в эти первые послевоенные месяцы.

В эти месяцы ещё только завязывался так называемый «Курляндский котёл», унёсший больше жизней своих, чем врагов, а умирать в те дни было особенно тяжело, потому что конец войны был так близок и ощутим. Я видела двух солдат перед их отправкой в Курляндию. Первым пришёл к нам Мотке. Он был, что называется, «горем семьи», мужем одной из папиных сестёр, Брохи, за которого она выходила замуж дважды. Сначала они развелись, потому что он был пьяница и гуляка, но Мотке не переставал проситься обратно и каяться, и несчастная Броха уступила. Судя по доносившимся до нас ещё до войны слухов, Мотке мало изменился, но они уже ждали второго ребёнка. Неизвестно, чем бы дело кончилось, если бы не война. Теперь Мотке сидел на стуле в нашей скромной комнате, и казалось невероятным, что этот человек слыл плохим семьянином — столько было в его огромных чёрных глазищах огня и надежды увидеть своих близких живыми и столько было любви и заботы в его словах о них. Что поразило меня тогда в нём самом, это его твёрдая вера в то, что он уцелеет и вернётся. Мотке сгинул в Курляндском котле, как сгинули в ямах гетто его жена и дети. Вторым был дядя Коля, родственник с маминой стороны, очень молодой человек. Высокий, нескладный и говорливый, он страшно шепелявил и буквально захлёбывался собственными словами, разбрасывая вокруг себя слюну. Дядя Коля из Курляндии вернулся, но без ноги. Единственное, что сохранилось в нём от того парня, что навещал нас, была его захлёбывающаяся манера говорить.

Война ощущалась во всём. Редко, но ещё завывали сирены, возвещавшие о воздушной тревоге, и на окнах белели наклеенные полоски бумаги, якобы предохраняющие стёкла. В городе ещё не отменили затемнение и комендантский час, и с наступлением темноты люди, как кроты, впотьмах пробирались к своим домам. То и дело рассказывали о найденных неразорвавшихся снарядах, бомбах и минах, об убитых и раненых. Чаще всего ими оказывались любопытные и всюду забиравшиеся мальчишки. Одним из них был Ваня Грузнов, самый высокий и самый красивый мальчик в нашем классе. С тех пор он живёт только в моей памяти и на фотографии в моём альбоме, стоящий рядом с моей первой любовью, бесшабашным Петровым.

* * *

По чьей-то воле наш третий класс учился во вторую смену, и домой мы возвращались в полной темноте. Часть пути шли все вместе, и это было весело. Но постепенно наша группка становилась всё меньше и меньше и когда надо было сворачивать на мою улицу, то я оказывалась совсем одна. Вот тогда-то и произошёл тот запомнившийся на всю жизнь случай, твёрдым комком страха залёгший в моей душе. Как только я свернула с магистральной Мариинской улицы на нашу Гертрудинскую, я услышала голос, на чистом русском языке спрашивавший, как пройти на Мариинскую. Оглянувшись и увидев, что вокруг никого, кроме меня, нет, я поняла, что вопрос относится ко мне. Помню, что я обернулась прежде всего от удивления, потому что Мариинская только что осталась позади. Я так и ответила этому высокому человеку, одетому во всё чёрное и спрятавшему лицо под низко надвинутой котиковой шапкой и за чёрным меховым воротником пальто. Но он продолжал идти за мной, не обращая внимания на мои слова, и всё время бубнил одно и то же. Прохожих по-прежнему не было вокруг, и вдруг мне стало очень страшно. Надо сказать, что мы, дети войны, не были особенно пугливыми, да и оснований для этого было довольно мало. При всех тех ужасах, которыми была полна жизнь военных лет, мы очень мало слышали о случаях, когда дети оказывались жертвами преступлений. Чаще всего мы взрослым доверяли и не ожидали от них зла, но в тот момент, слушая этого странного человека, я всем своим существом ощутила опасность. Я продолжала идти, делать было нечего. Мне предстояло пройти колодец подворотни нашего дома, глубокий и тёмный, пересечь большой и такой же тёмный двор, где шаги неотступно следовавшего за мной незнакомца звучали не гулко, а мягко и вкрадчиво, и, наконец, войти в подъезд и подняться на шестой этаж по неосвещённой лестнице. Тут-то и начиналось самое страшное. Он поймал меня, как только я вошла в подъезд и плотно прижал к стенке своим большим телом. До сих пор слышу его невнятное бормотание и прерывистое дыхание. Меня спасло то, что где-то наверху хлопнула громко дверь. Он отшвырнул меня к стене и со словами хорошего русского мата убежал.

Теперь, через годы, несмотря на ясность каждой детали, у меня такое ощущение, что это всё произошло не со мной, что это чья-то, хорошо известная мне история, от которой всё внутри холодеет. Мои любящие родители дали своему единственному ребёнку карманный фонарик, и внешне жизнь продолжалась по-старому. Для меня же с тех пор и на долгое время возвращение из школы превратилось в мучительное и труднопреодолимое событие, к которому я подсознательно готовилась весь день. Навряд ли мои странные возвращения домой прошли бесследно для моей нервной системы. А возвращалась я примерно так. Я подходила к дому и светила фонариком в мрачную дыру подворотни. Проходила её и светила назад — не идёт ли кто-нибудь за мной. То же самое повторялось во дворе, а потом в подъезде. Подъём на шестой этаж продолжался вечно, потому что каждый следующий лестничный пролёт я освещала по несколько раз — вперёд-назад, вперёд-назад. Ничем неистребимый страх перед подворотнями и подъездами остался у меня и по сей день.

Несмотря на войну, жизнь внешне шла своим чередом и казалась почти нормальной. Ещё много было маленьких частных бакалейных лавочек и разных магазинчиков, в которых продавались самые диковинные вещи — яркие открытки, переводные картинки, ёлочные украшения, цветные карандаши и конфеты. Я ничего этого не помнила с довоенных времён, и теперь эти мелочи мирной жизни казались мне волшебными. Когда меня за чем-то посылали, я любила стоять у витрин и подолгу всё рассматривать. Больше всего поражала меня окно одного малюсенького магазина игрушек на углу улиц Столбовой и Крышьяна Барона, где были выставлены кукольные дома, в которых стояли игрушечная, но совсем, как настоящая, кукольная мебель, посуда и даже лежали кукольные ковры, а на полках стояли крошечные книги. Поражали меня не только сами предметы, но их весёлые насыщенные цвета. Становилось веселее от везде разбросанных в изобилии сочного розового, небесно-голубого и нежно-зелёного, как бы позолоченных и высвеченных всеми тонами жёлтого.

С тех пор иметь кукольный дом стало моей многолетней мечтой, не вполне исчезнувшей даже теперь. В этих магазинчиках продавалась бумага разных цветов, на которую было просто приятно смотреть после того, как я годами привыкла писать на чем попало, зачастую на газетах между печатными строчками. С открыток, которые там продавались, улыбались розовощёкие упитанные дети, весело поглядывали нарядные барышни в шубках, отороченных белоснежным мехом или сверкающих атласным блеском платьях. Они катались на коньках или санках или просто сидели в нарядных комнатах. Рядом с ними часто оказывались такие же добродушные и беззаботные мальчики или молодые люди. Все эти пляшущие, играющие, порхающие человечки, обдавая неизбывным весельем, глядели с переводных картинок, альбомов, книжных закладок, обёрточной бумаги и массы другого, чему я и названия-то не знала. Много интересных находок бывало и в квартирах, куда въезжали вернувшиеся. Какой бы пустой квартира ни казалась, но в ней чаще всего оказывались какие-то осколки чужой жизни. Иногда это были старые ленточки или пуговицы, несколько брошенных шляпок, журналы и марки. Чего только там ни было, и мы бегали друг к другу смотреть на очередную находку. В бакалейных лавочках продавались сахарные петушки и ириски, орешки и конфеты «Коровка». Всё это было вожделенно, но очень редко доступно.

На углу той же Столбовой и Мариинской, где жила моя тётя Паня, в ряд стояли извозчики, переговариваясь между собой, чаще по-русски, потому что среди них было много русских с Московского Форштадта. Когда клиент садился в коляску, то сначала слышалось шуршание кожаного полога, которым прикрывались ноги, а потом постепенно набирающий скорость цокот копыт застоявшихся лошадей, подгоняемых бодрым голосом возчика.

Латыши, народ сдержанный, не проявляли открыто своих эмоций, равно как и не демонстрировали свои лишения и бедность. Часто не бывало электричества, не хватало дров, было трудно доставать мыло, но на улицах не видно было оборванцев и нищих. Бесконечно старые и многократно залатанные одежда и обувь были отутюжены и начищены. «В моде» были «комбинированные» вещи, которые шились из разных остатков прежней одежды — платья с кокетками, рукавами или подолами другого цвета, курточки такой же конструкции, пальто. В ход шло всё — скатерти, занавеси, покрывала. Фантазия людей была безгранична. Я помню платье необычайной красоты, красно-белое, которое тётя Паня сшила мне из тонкой шерсти найденного где-то латышского довоенного флага. Женщины носили шляпы с широкими полями и пальто с непомерно большими плечами. На самых нарядных были шёлковые чулки с чёрным швом или, что было «ещё шикарнее», с чёрным швом и такой же чёрной пяткой. Они ценились на вес золота и чуть ли не наравне с валютой. Туфли у большинства были на довольно высокой деревянной подошве-танкетке, и их стук об асфальт стал обычным звуковым фоном улицы. Туфли эти делали на заказ, и у них было множество вариаций — от самых дешёвых до очень дорогих, с тряпочным верхом или кожаным. Вскоре после войны они сменились обувью на пробке. Почему пробка оказалась тогда сравнительно легкодоступным материалом, я не знаю. Европейский лоск, всегда присущий Риге, но значительно потёртый советами в сороковом году, был вновь тонким слоем восстановлен во время оккупации, как ни парадоксально это может звучать. Интересно, что он, этот налёт европейскости, так и остался в Риге на многие годы, и Рига, как, впрочем, и остальные прибалтийские столицы, Таллин и Вильнюс, оставались чуть ли ни заграницей даже для москвичей и ленинградцев, не говоря уже о российской провинции. Когда много лет спустя мы приехали в Сибирь, то директор музея, куда я поступила на работу, спросила меня, отозвав в сторону, какие у нас в Риге деньги — советские или какие-то другие. В Ригу ещё долго — до начала массового завоза импорта, сначала из «соц», а потом уже и «кап»-стран — приезжали одеваться знаменитости — звёзды театра, кино и эстрады, учёные, прославленные спортсмены и просто те, у кого были деньги.

В 40-е и 50-е годы вдоль самых бойких торговых улиц Мариинской, называвшейся тогда улицей Суворова, Тербатас (Петра Стучки) и Крышьяна Барона сплошными рядами шли швейные ателье, обувные и скорняжные мастерские, в которых шили шубы, обувь, сумки, платья, корсеты и лифчики. Каждое место имело свою постоянную клиентуру, и закон рыночной конкуренции действовал вовсю. Среди мастеров были свои короли и королевы, соревнующиеся между собой. Мужского портного Баринбаума, поговаривали, даже вызывали в Кремль шить вождям, но за достоверность этих слухов трудно поручиться. На самом деле в них была доля истины, потому что в начале 50-х он в течение года был консультантом на «Мосфильме». Сам Баринбаум, элегантно одетый, лысый, бледный, с выражением глубокой меланхолии в чёрных глазах на довольно красивом лице, любил в спокойной задумчивости медленно прогуливаться по улицам, обращая на себя всеобщее внимание. Рассказывали, что во время войны с помощью владельца рижской фабрики халвы «Orient» М. Каравакироса маленькую дочь Баренбаума спас из гетто за вознаграждение немецкий офицер, а сам он незадолго до прихода Красной армии убежал из лагеря «Кейзервальд» (Межапарк). Баринбаум растил девочку один, и его история окружала его дополнительным ореолом романтичности. Костюм, сшитый у Баренбаума, накладывал на его владельца некую печать причастности к чему-то значительному. На примерках он держался с клиентами снисходительно-устало и чуть свысока, как умудрённый профессор с несмышлёными студентами. Только однажды, опять же по слухам, знаменитого портного удалось вывести из равновесия. Это произошло тогда, когда очередной заказчик, молодой латыш, во время примерки несколько раз повторил: «У нас шьют иначе». «Где это — у нас?» — с некоторым раздражением спросил Баренбаум. — «У нас в Израиле» — ответил тот невозмутимо. Он оказался сыном одного из тех, кого, как я рассказывала, дальновидный владелец шоколадной фабрики «Лайма» с приходом Гитлера к власти в Германии увёз с собой в Израиль, и кого латышские родственники уговорили после войны вернуться на родину, а «не жить на чужбине с жидами». Впоследствии я слышала, что молодой человек при первой же возможности уехал обратно «к жидам», среди которых родился и вырос.

Модных женских ателье было несколько, и в каждом были свои примадонны. Мы с мамой ходили в то, что располагалось на улице Тербатас на втором этаже красивого дома в стиле модерн. Здесь дамы-заказчицы делились на поклонниц мадам Юргенсон и мадам Домбровской. Их соревнование в популярности проходило тут же, на глазах у публики. Обе они были довольно невзрачные на вид мрачноватые тётеньки, и друг от друга отличались тем в основном, что Домбровская была выше ростом и имела внушительные усы. Ждать их появления приходилось довольно долго в темноватом холле, где почти вплотную друг к другу стояло несколько круглых столиков со стульями вокруг. Публика сидела, переговариваясь очень тихо, почти как в докторском кабинете, и рассматривала фасоны. Я не употребляю слово «журналы», потому что в первые годы их практически не было. На столах чаще всего лежали самодельные альбомы, куда вклеивались перерисованные на бумагу, типа папиросной, фигуры в платьях. Они были похожи на тех бумажных кукол, которые я любила рисовать. Когда мастерицы после долгого ожидания, наконец, выходили из-за занавеса, похожего на театральный, к окончательно оробевшему заказчику, то они или жестом и без улыбки предлагали следовать за собой в святую святых — в примерочную, или, если вы пришли в первый раз, садились рядом и делали вид, что выбирали фасон. Это длилось недолго, потому что мастер заранее решала, что кому нужно, и безапелляционно об этом говорила. Спорить можно было только о мелких деталях. Мы с мамой были клиентами мадам Юргенсон. У меня было впечатление, что она даже и не пытается разглядеть наши лица, а тем более их запомнить. Надо отдать должное и сказать, что платья мадам Юргенсон были красивы и сидели безупречно.

Из «второстепенных» портних помню ещё Эльзу и её историю. Немецкая еврейка, она сумела как-то спастись вместе со своей младшей сестрой, совсем ещё девчонкой. Была она худющая, с выпученными, как от Базедовой болезни, глазами, которые придавали её лицу выражение испуганной птицы, но очень при этом смешливая, за что я её и запомнила. Замолкала она только, когда появлялся её муж, унылый, неулыбающийся человек с невероятно оттопыренными ушами. Вещи от Эльзы были отнюдь не такими совершенными, как от мадам Юргенсон, но зато они были гораздо более весёлыми и живыми, и их было приятно носить. Я чуть ли не до дыр заносила сделанное ею платьице из дешёвой синей шерсти, которое она украсила где-то специально подобранными красными с золотом пуговицами, и ещё другое, серенькое с красной бархатной ленточкой вокруг выреза. Платья-обновы, как правило, шились два раза в год, на зимний и летний сезоны, а у «королев» и пореже, больше к каким-то особым случаям, потому что, помимо платы по квитанции в кассу, ещё почти столько же надо было отдать мастеру «в лапу», т. е. буквально в её карман. Сначала я должна была ходить к портнихам, сопровождая маму, потом, когда я стала студенткой, меня сделали непосредственным участником этих процедур. Для меня в те годы эти походы и выстаивания на примерках были, как нож к горлу и чистой потерей времени. Только под маминым суровым натиском я выдерживала это. Об этом мне сегодня смешно и вспоминать, потому что в зрелом возрасте любовь к «шмоткам», как теперь принято у молодёжи называть одежду, прорезалась у меня в довольно острой форме, видимо, навёрстывая упущенное.

Самым первым и особым этапом в «построении» пальто или какого-либо другого очередного наряда был поиск материала. Искать его мы ходили с папой, потому что он знал всех и все знали его. Начинали мы с промтоварного рынка, который примыкал к Центральному продуктовому базару и где кипела своя, весьма своеобразная жизнь. Если на продуктовый базар отправлялись те, кто имел возможность не покупать в магазине мокрую и чёрную от налипшей грязи государственную картошку, промёрзшие капусту и морковь или сухой, как дробь, творог, то публика промтоварных ларьков состояла в основном из распродавшихся крестьян, искавших обновы, студентов и вообще бедняков всех мастей. Они шумной толпой расхаживали между рядами кособоких, наскоро сбитых деревянных лавок, уродливыми грибами пытавшихся пристроиться к своим стройным соседям, продуктовым павильонам-ангарам, неторопливо рассматривали товар и долго по привычке торговались, хорошо понимая, что ничего из этого не выйдет. Всё, что мог купить обыкновенный человек без связей, было отечественного производства и соответственного качества или «самостроем». Мало-мальски интересные вещи прятались и продавались «особым» покупателям по знакомству за взаимные услуги или доплату. Выцветшие и полинявшие от долгого лежания образцы, намертво пришпиленные к массивному прилавку, можно было рассматривать и даже трогать. На откинутых створках широченных ставен, на ночь плотно закрывающих будку, вывешивалась другая их часть. На воздухе, как триумф серости и однообразия отечественной продукции, мерно покачивали подолами припудренные пылью и посеревшие от погодных условий женские платья, и трикотажные кофты разных размеров, пустыми рукавами размахивали мужские рубашки, плащи, пиджаки и штанины брюк.

Продавцы, они же и директора этих заведений и одновременно зазывалы, всё время что-то выкрикивали, с большим или меньшим успехом ведя непрерывный диалог с потенциальным клиентом. Покупатели неторопливо откликались, подходили, рассматривали и ощупывали одну вещь за другой, задавали вопросы, терпеливо выслушивали настойчивые разъяснения продавца, но чаще всего, потоптавшись, отходили. Этикет рынка не позволял соглашаться и покупать сразу. Некоторые так ни с чем и уходили до следующего раза, а другие, обойдя всех и всё сравнив, возвращались, снова торговались и, наконец, после долгих колебаний приняв решение, вынимали деньги из заветных карманов и расплачивались, как в воду бросаясь, за покупку. В таких случаях обнова торжественно уносилась за ворота под одобрительные комментарии свидетелей торга. Летом весь этот жужжащий и шевелящийся мир был окрашен в песочно-золотистый цвет солнца и пыли, а зимой во все оттенки от грязно-белого до асфальтово-чёрного. Мгновенно таявший снег, смешиваясь с дождём, превращался в тёмную жижу, и слякоть смачно хлюпала под ботинками, а в тот момент, когда нога ступала на доски, переброшенные через самые большие лужи, к этим звукам присоединялось ещё характерное чавканье от шлёпка дерева о поверхность воды, и мелкие брызги разлетались в стороны. Продающие часто работали парами — муж с женой, отец с сыном. Так было проще и спокойнее во всех отношениях. Вынужденные целый день простоять на улице, они зимой надевали поверх своего пальто телогрейку или ватник, а на них ещё и брезентовый непромокаемый плащ и становились похожими на огромные бесполые неуклюже движущиеся шары.

Среди них были личности весьма колоритные, такие, например, как Андрей Фёдорович Бабст, как бы случайно сюда залетевший. Выходец из семьи крещёных евреев, бежавшей из России от революции, жизнелюб и сибарит с острым языком и ироничным отношением к жизни, он до войны женился на еврейке из богатой Либавской семьи, которую горячо и преданно любил. По многочисленным отзывам, она привлекала к себе независимым характером, обаянием и остроумием. Полная и не очень красивая, она обладала уверенностью в себе и любила повторять, что ещё не родился тот мужчина, ради которого она съела бы хоть на одно пирожное меньше. Жизнь супругов так и прошла бы в безоблачных удовольствиях и тёплой привязанности друг к другу, если бы не война, когда, несмотря на невероятные усилия Андрея Фёдоровича спасти жену, она как еврейка была расстреляна немцами во дворе Рижской тюрьмы, оставив ему воспитание дочки Наташи. Работа на рынке для него, человека без определённой профессии, была, как и для многих других ему подобных, весьма удобным средством к более чем безбедному существованию.

Моего папу приветствовали со всех сторон, как только он появлялся на рынке, и начиналась долгая процедура разговоров и шуток на разные темы, включая политические. В анекдотах, которые сыпались один за другим, в основном моим папой, слова «дер вонс», «усач», повторялись довольно часто. Имелся в виду Сталин, и я до сих пор поражаюсь, как они все не боялись и почему никого из этих легкомысленных «смельчаков» не посадили. Это была игра с огнём людей, которые по недостатку опыта советской жизни не понимали, как они рискуют сбой и судьбой своих близких. Их счастьем, видимо, была особая политика заигрывания Сталина в послевоенные годы с прибалтийцами. Косвенным подтверждением такого предположения может служить то, что за многие годы моей жизни в этом окружении я не помню, чтобы кто-то из этой среды был посажен за политику, хотя по хозяйственным статьям сидели многие.

В магазинах, куда мы с папой заходили с теми же просьбами, обстановка не была столь простой, как на рынке, и ритуал оказывался несколько формальней, но, по сути, он оставался тем же. После обмена шуточками и прибауточками начинался серьёзный разговор, показывались какие-то образчики, приходили к какому-то соглашению, и мы, довольные, уходили. Дальнейшее было делом техники: папа в определённый день забирал отрез и приносил его домой, а уж отсюда он отправлялся в ателье. Так рождались пальто и платья тех лет. Особой популярностью в начале 50-х пользовался фасон «волнующий (а, может быть, «волнующийся») зад». Суть его была в том, что чуть ниже талии сзади делался горизонтальный надрез, как для «кокетки», и на него присобиралась нижняя часть ткани. Вот эти-то сборки и перекатывались плавно при ходьбе — сильнее в лёгком платье, чем в тяжёлом пальто, но в обоих случаях создавая одновременно и «колыхание», и «волнение» от него.

Особой фантазией отличались шляпницы. Их затейливые и элегантные фасоны были так заманчивы, что хотелось скорее вырасти и их носить. Когда я сейчас смотрю на унылое однообразие шляп даже в самых дорогих магазинах, то часто вспоминаю замысловатые «строения» с улиц Риги. У меня тоже была шляпа, самая, пожалуй, красивая в моей жизни. Она была сделана не из обычного фетра, а из пушистого велюра, и было бы вульгарно назвать её цвет бордовым. Это был цвет густой вишнёвой наливки, сочной и сладкой. Большим успехом пользовалась шляпка-»менингитка», которая получила своё название от того, что прикрывала очень маленькую часть головы и носилась просто для «форса». Она была похожа на перевёрнутую лодочку, лежащую горизонтально на середине головы и упирающуюся концами в верхушки ушей. Из старых американских фильмов я поняла, что в те годы их так же любили у них, как и у нас. К таким шляпкам полагались вообще-то перчатки, но на это решались далеко не все, уж очень эта часть туалета расходилась с нашей повседневностью. Да и перчаток-то такого типа было не найти в продаже, и те, кто шли до конца в следовании моде, вязали перчатки сами или на заказ из обычных тонких чёрных или белых катушечных ниток. Вид у перчаток получался вполне пристойный, но, чтобы натянуть их на руку, требовались немалые усилия и время.

* * *

В стране, запрятанной за железным занавесом, следить за зарубежной модой было не просто, тем более что официально она, как и вся жизнь «за кордоном», клеймились как нечто аморальное. Но, как известно, запретный плод всегда сладок, и для многих советских людей заграничная жизнь и всё с ней связанное обладало какой-то особой притягательностью и, как всё неизвестное, сильно идеализировалась. Наши сведения об этой жизни черпались по крупицам из самых разных источников и часто доходили до нас в весьма искажённом виде. Первые послевоенные представления о быте другого, не нашего мира давали нам так называемые «трофейные» вещи, т. е. вещи, попросту награбленные военными, в основном офицерами, в странах Европы. Чаще всего это были отрезы тяжёлой шерсти и диковинного шёлка и бархата, немыслимо роскошные пеньюары и халаты, ковры, хрусталь и фарфор. Когда Нонна Браславская, чей папа был в больших военных чинах, пришла на выпускной вечер в платье из переливающегося и сверкающего шёлка цвета густого бургундского, над открытым воротом которого красиво возвышалось её бледное лицо в ореоле взбитых рыжеватых волос, то мы, школьники 1951-го года, не смогли сдержать громкого аханья при виде такой роскоши. В домах богатых подруг стояли мейсенские хрупкие и изящные статуэтки, а в сервантах торжественно красовались яркие сервизы.

Особой популярностью и тогда и позже пользовались так называемые «сервизы с камеями», сплошь покрытые снаружи перламутрово переливающейся глазурью и украшенные медальонами, которые почему-то и назывались «камеями», изображавшими дам и кавалеров в духе художника Ватто. Позднее кое-какие «тряпки» и журналы мод стали привозить и продавать за большие деньги моряки загранплавания, хотя их основным интересом были пользовавшиеся невероятным успехом плюшевые настенные ковры с изображением темпераментных охотничьих или любовных сцен. Вещи, которые они привозили, были довольно низкого качества, купленные за копейки у «шипшандлеров», как на моряцком сленге называли торговцев припортовых лавочек. Покупать иначе было для советского моряка невыгодно, да и затруднительно из-за мизерности валюты, которую он получал, постоянной несвободы передвижения и, к тому же, абсолютного незнания языка. На зависть подругам я летом щеголяла попеременно в двух мальчишечьих рубашках с коротким рукавом, одной жёлтой нейлоновой в очень мелкую сеточку и другой, пёстрой, которые папа по случаю дёшево купил у моряка, и живших в нашей семье под названием «английские блузки». С заграничных вещей снимались фасоны и воспроизводились с большим или меньшим успехом. Моя незабываемая красная сумочка, переделанная из голенища моих узбекских сапожек, тоже, кстати, была скопирована с одной такой вещи.

Все бесстрашно стремились «доставать» (слово, на многие годы вытеснившее в нашей жизни слово «купить») и носить заграничное, которое клеймилось официальной идеологией как «буржуазный пережиток». Молодых людей, пытавшихся как-то следовать западной моде, называли «стилягами», и кампания против них приняла форму всесоюзного гонения. Они всячески высмеивались, фельетонами и карикатурами на них пестрели журналы и газеты, особенно изощрялся журнал «Крокодил». Как отрицательные персонажи они фигурировали в куплетах эстрады, фильмах и театральных представлениях. Предметом особых нападок были зауженные брюки. Дело в том, что долгие годы особым шиком считались брюки особого покроя «клёш», какие носили моряки. Вообще всё, что было связано с морем, моряками, их удалью и шиком, было окружено после войны ореолом романтики и героизма. Девушки обожали моряков, особенно морских офицеров и курсантов военно-морских училищ. Иметь такого поклонника или выйти замуж за него считалось не только удачей, но и честью, которая выпадала на долю самых привлекательных. В своих чёрных мундирах со сверкающими золотом погонами и кокардой на фуражке они действительно производили большое впечатление. Картину дополнял и элегантно завершал висящий на боку кортик. И тут вдруг, где-то в начале–середине пятидесятых, появились эти конкуренты в брюках-дудочках на иностранный манер, длинных фасонистых пиджаках, время от времени небрежно отбрасывающие назад свисающие на глаза пряди волос и передвигающиеся слегка расхлябанной походкой. Безусловно, они диссонировали с тем образом подтянутого и аскетичного молодого человека, столь культивировавшегося властью. Пёстрые галстуки и длинные волосы у юношей и короткие юбки, высоченные каблуки, шёлковые чулки и косметика у девушек стали рассматриваться чуть ли ни как идеологическая диверсия и прямая угроза советской власти. Весьма недвусмысленно давалось понять, что между узором на рубашке и моральным падением этих молодых людей есть самая непосредственная связь. Сегодня это кажется смешным и даже маловероятным, и современному человеку не только на Западе, но и в России трудно понять, что значили подобные обвинения в те времена, а тогда они оказывалось порою на грани политического доноса и стоили многим исключения из института, потери работы или просто испорченной репутации.

Я помню, как в школе к нам в десятый класс зачем-то пришли работники райкома комсомола во главе с нашей старшей пионервожатой. Она, всегда неестественно экзальтированная и вечно раздражённая, в этот раз была особенно напряжена, пытаясь, наверно, заслужить особое расположение начальства. И вдруг она замерла, остекленевшими глазами уставившись на меня и на тонюсенькое золотое колечко у меня на пальце. Мне подарил его, когда мне исполнилось пять лет, мой дядя, убитый в гетто во время войны, и я это колечко никогда не снимала. В праведном гневе, призывая не только райкомовца, но и моих одноклассников поддержать её, она обрушилась на меня с криком и обвинениями в мещанстве и идеологической враждебности и потребовала немедленно «перстень снять!». Конечно, первой моей реакцией было оцепенение, но оно мгновенно прошло от самоуверенной и слепой смелости легкомысленной юности. С минуту я молчала, переводя взгляд с неё на райкомовца, и вдруг меня осенило. «Думаю», сказала я, обращаясь только к нему, «что Вас бы в недавние времена выгнали из комсомола и партии». — «Это ещё почему?», спросил он насмешливо, немало позабавленный моей дерзостью. — «Да потому», ответила я, чувствуя при этом, как всё у меня внутри дрожит от страха, а голос прерывается, «что Вы носите галстук, который у комсомольцев 20-х годов был одним из первых признаков мещанства и буржуазной принадлежности!» Наступила тишина, и все, замерев, ожидали, что же теперь будет. Но, к всеобщему изумлению, не произошло ничего. После некоторой, не слишком даже продолжительной паузы, комсомольский босс к нашему всеобщему изумлению как ни в чём ни бывало перевёл разговор на другие темы. Я ещё долгое время ждала последствий этого инцидента, но их так никогда и не было.

В то время, о котором я рассказала, ещё почти не было тех двух основных источников, которые потом, в поздние 50-е наводнили Ригу заграничными вещами: посылок от зарубежных родственников и тех товаров, которые стали поступать в официальную советскую торговлю. Любопытно, что появление этих вещей сразу же обрело некий социальный смысл, разделив людей на тех, кто все свои силы тратил на то, чтобы выглядеть как все и иметь всё то, что у всех, и тех, кто, наоборот, во что бы то ни стало стремился быть непохожим на других. К последним, среди разных прочих, принадлежали как «осколки старого мира», так и интеллектуалы. Первые, кто стали получать посылки и носить эти необычные для нас вещи, привлекали всеобщее внимание. В предвечерние часы, когда сумерки ещё только приближались, но ещё не наступили, и рижане выходили на вечернюю прогулку перед ужином, на Елизаветинской улице, называвшейся тогда улицей Кирова, многие оборачивались, чтобы получше рассмотреть семейство Тайцев. Казалось, что они специально выходили показать себя. Их было трое — он, она и их ребёнок, просто красивая и нарядная девочка с высокомерным и неестественным выражением лица. Зато родители выделялись своей колоритностью. Он, высокий, статный, немного слишком грузный для своих тридцати с лишним лет, импозантностью напоминал английского лорда, какими мы представляли себе лордов по литературе. Густые рыжеватые волосы с лёгкой сединой, изящно зачёсанные, такие же пышные усы, мягкая дорогая шляпа и пальто, чаще всего переброшенное через руку, создавали это сходство. Впечатление завершала и зажатая в зубах трубка, которая придавала его облику предельную элегантность. Он выглядел сильным, уверенным в себе и принадлежащим какому-то другому миру, и был прекрасным типажом для демонстрации этой красивой, издалека присланной одежды. Она по мнению многих была красавицей и соответственно себя держала. Хрупкая, изящная, с лицом молодой Элизабет Тейлор, она действительно была очень хороша и ни на кого вокруг не похожа. Одевалась она ярко, смело и выглядела в нашей советской жизни случайно залетевшей сюда экзотической птицей. Её звали Лина. Когда она смотрела на человека своими тёмными миндалевидными глазами, выделявшимися на её очень белом овальном лице, то возникало ощущение, что она в этот момент где-то в далёком от реальности месте. Но стоило ей только заговорить, как это ощущение немедленно разрушалось, и резко проступало нечто упрощённое и приземлённое. И муж, и жена на самом деле были люди практичные, обладавшие здравым умом и крепкой жизненной хваткой.

Их история и их отношения подтверждали это и оставались неиссякаемым источником разговоров и сплетен до самого момента их раннего (самое начало шестидесятых) отъезда в Америку, тогда, когда туда не только ещё никто не ехал, но никто и думать не мог оказаться там. Особенно интересным было всё, связанное с ней. Дочь очень бедных людей она поставила себе целью ещё в довоенной Риге добиться богатства и положения, и пользовалась для этого всеми возможными средствами. Это оказалось не слишком трудным при её данных, и она обручилась с человеком, которого я потом хорошо знала, интересным и бесконечно в неё влюблённым до конца жизни. Чтобы суметь жениться на Лине, ему пришлось преодолеть невероятное сопротивление семьи. Для неё он был именно тем, что она искала, и всё, возможно, сложилось бы удачно, если бы не война, помешавшая свадьбе. Лину спас из гетто и всю войну прятал у себя священник, поражённый её красотой. Её жених уцелел, пройдя гетто и немецкие лагеря, но, когда они встретились после войны, она уже была женою Тайца, от которого она уходить теперь и не собиралась. Дело в том, что незадолго до войны мать Тайца вышла замуж за американца и оказалась в Штатах. Именно она сумела добиться невероятного, и сын стал получать бесконечные посылки, распродавая которые он мог проживать в достатке и с большим вкусом. Как рассказывали, мать не жалела ни сил, ни денег, ни времени, чтобы добиться выезда сына к ней, и так оно в конце концов и произошло.

Моя душа потянулась к вещам из посылок, как только я узнала об их существовании. Но возможность покупать их появилась достаточно поздно, только тогда, когда я кончила университет, стала работать и подружилась с двумя интересными женщинами, Жанной и Женей. Обе они изо всех сил старались создать вокруг себя красоту и уют из того, что было. Плед, наброшенный на старое кресло, расписная фарфоровая чашка или ваза, фотография в необычной рамке делали их мир непохожим на других. То же было и с одеждой. Это Женя любила повторять, что, живя в этой стране, так и не узнаешь, какой у тебя вкус! Мы ведь покупали не то, что сами себе выбирали, а то, что можно было достать и что подходило по размеру и деньгам. Размер и деньги были решающими факторами. При этом уже было не до того, чтобы думать, как одна вещь подходит к другой по цвету, форме или фактуре. И хотя случалось так, что каждая вещь сама по себе была вполне пристойной, и даже красивой, но вместе они «кричали» друг на друга протестующе.

Вещи из посылок продавались тайно дома у так называемых «акул империализма», о которых я уже, кажется раньше говорила. Поход к «акуле» становился событием. Хозяйки этих «салонов», живя в коммунальных квартирах, конечно же, боялись доносов и официальных преследований, и поэтому всё делалось втайне. Узнать «акулий» адрес было не просто, соблюдалась строжайшая конспирация. Прийти можно было только по особым рекомендациям. Сам приход был похож на сцену из детектива, когда надо было делать вид, что мы не клиенты, а желанные гости. Но даже закрыв дверь своей комнаты, «хозяйка» не сразу заводила разговор о вещах. К нему переходили как бы случайно, но сначала надо было обсудить новости и сплетни, услышать воспоминания о прошлых годах.

Моей любимицей была незабвенная Елена Осиповна. Я рассказывала о её судьбе, как и о судьбе других богатых дам из Латвии, в годы их ссылки в Сибирь. Эта весьма пожилая женщина с её хриплым голосом, грубоватыми чертами лица, покрытыми густым слоем косметики, курящая одну папиросу за другой, сильно отличалась от той, прежней светской дамы предвоенных лет. Я помногу раз слышала историю о том, как молоденькая, неопытная и избалованная женщина оказалась с мужем и двумя маленькими дочками в сибирском колхозе; как очень скоро молодой и сильный муж умер в одночасье. Вот после этого-то и началось превращение тоненькой Леночки в прокуренную и сморщенную, стойкую к поворотам судьбы Елену Осиповну, которую я знала. Прибыльное дело пришло к ней в руки как бы само, после того как стали приходить посылки от сестры, опять же волею судьбы и войны, заброшенной в Париж и навсегда там оставшейся. За нынешним фасадом скрывалась душа добрая и отзывчивая. Елена Осиповна никогда не старалась что-нибудь подсунуть или обмануть. Её оружием был соблазн. Она умела угадать, что кому предложить и что очень захочется иметь. Любовь наша с ней была взаимная. Только благодаря ей я могла позволить себе выглядеть прилично при моей мизерной зарплате, выглядеть не так, как все вокруг, и поражать своими синим, как небо, или зелёным, как сочная трава, платьями джерси. Они раскрыли мне волшебные свойства этой ткани, вызывающей к жизни особые гены женственности. Мягкие, обволакивающие и нежащие джерси как бы лепили формы женской фигуры, в то же время не выпячивая их. Вещи от «акул» носились подолгу, хотя, как я теперь понимаю, не покупались заграницей в дорогих магазинах. Своё американское пальто из искусственного меха, очень тогда модного, я купила в год, когда мы с Аликом, моим мужем, поженились, а рассталась с ним, когда мы собрались эмигрировать, т. е. пятнадцать лет спустя. Каким-то чудесным образом оно, тонкое, без всякого утепления, верно служила мне все годы в сибирские морозы. Однажды моя соседка, милая Галя, спросила меня, на каком меху моя шуба, и я ответила, что она на рыбьем меху. Бедная Галя, моей шубой постоянно восхищавшаяся, поверила, и мне пришлось её долго уверять, что это была шутка. Елена Осиповна мне, особе совершенно безденежной, давала вещи в рассрочку, доверяя репутации моего папы и, кстати, моей. Дав слово принести деньги в определённый день и час, я ни разу не нарушила его. Другое дело, как мне приходилось для этого выкручиваться. Но ко мне намертво прилипли принципы, царящие в кругах моего отца: можно верить обещанию, данному на словах и необходимо строго его выполнять. На основании этих принципов совершались весьма серьёзные сделки в его времена.

Тех, кто одевался по блату из магазинов или из спец распределителей, можно было сразу выделить. Символы эти, конечно, менялись с годами, но некоторые задерживались надолго. Моя память удерживает их в очень условном по времени порядке. Пальто с серыми норковыми воротниками были особым шиком и знаком элегантности. Долгое время «царили» вещи из ткани «кримплен», платья, костюмы, пальто. Я помню, как перешила на другую сторону по старым швам платье из этого «драгоценного» материала. Позднее его слегка вытолкнули ангорские свитера, мохеровые шарфы, кожаные куртки и юбки, и сапоги на высоком каблуке, югославские или финские. Ну, и конечно, королевой над всем этим оставалась дублёнка. Уже через годы, в середине 70-х, в Сибири, когда я сама уже принадлежала этому миру спецобслуживания, директор Центрального универмага извинялась передо мной, говоря: «Всё, что угодно, я могу для Вас сделать, но только не дублёнку. Их распределяет Обком партии по особым спискам». Такова была неотразимая сила дублёнки в иерархии вознаграждений за верноподданничество. Зато мне достались необыкновенно красивые, вызывающие всеобщее восхищение сапоги на каблуке. По особым спискам распределялись не только импортная обувь, меховые шапки, джинсы и ковры, но и книги. Смешно сказать, но я не тянула не только на дублёнку, но и на художественные альбомы, хотя довольно долго была единственным человеком в городе, кто читал лекции по искусству.

В нашей повседневной жизни мы с жадностью впитывали все возможные сведения о мире за пределами нашего. Мы подбирали любые осколки этих сведений из рассказов «бывших» людей, из книг и всех возможных видов искусства, особенно из фильмов. Мы разглядывали интерьеры непомерно больших гостиных и спален, огромные машины, скользящие по гравиевым дорожкам или несущиеся по немыслимо широкой глади шоссе, и понимали, что эта жизнь так же далека от нас, как жизнь на Марсе или Венере. В нашей повседневной жизни мы старались впитать как можно больше деталей и мелочей этого недосягаемого мира, включая одежду, её фасоны и аксессуары, убранство комнат и манеру еды и питья, пытаясь хоть как-то приблизить его к нашему существованию. Я, конечно, понимаю, что, с одной стороны, в нашем подражании мы во многом напоминали Эллочку Людоедку из книги Ильи Ильфа и Евгения Петрова «Двенадцать стульев», которая похожим образом копировала мадам Вандербильт. Слишком часто крашеные кролики подменяли для нас шеншеля, и вещи, купленные в самых дешёвых лавочках заграничных портов или обычного ширпотреба, привезённые к нам, принимались нами за образцы западного стиля. Однажды в самом начале «бабьего лета», когда солнце грело особенно ласково, но не жарко, мы блаженствовали с моей подругой на рижском пляже. Лежали, болтали, смотрели в небо. Вдруг мы обе обратили внимание на яркий и красивый предмет неподалёку от нас. Он оказался банкой из-под какого-то диковинного пива, прибитой морем или брошенной кем-то. От узора на банке веяло весельем иной жизни. Конечно, мы её подобрали, и я милостиво отдала её подруге, потому что в тот период эта банка смотрелась гораздо лучше на полке в её кухне.

* * *

Но мы, как оказалось, сильно преувеличивали роскошность заграничного быта. Только годы спустя, эмигрировав в США, я поняла, как ошибалась, принимая увиденное в кино за настоящую жизнь обычного американца. В Ладисполе возле Рима, где селились в то время эмигранты из СССР в ожидании американской въездной визы, мы снимали квартиру у итальянца по фамилии Карузо. Квартира была в новом доме, трехкомнатная, просторная и, как я теперь понимаю, просто замечательная. Она начиналась с большой прихожей и заканчивалась мраморной ванной. Мрамора вообще было много — полы, подоконники, облицовка во многих местах. Но, видимо, мои представления о капиталистическом богатстве всё ещё были недостаточно удовлетворены, потому что, разговаривая со старожилом Ладисполя, Юрой, гидом и ментором приезжающих, много раз бывавшим в США, я всё пыталась узнать у него, а насколько же лучше квартиры в Америке. Его ответы были уклончивы, но я не придавала этому особого значения. Свою ошибку я сполна осознала, когда, приехав в Чикаго, увидела запущенные и набитые тараканами квартиры в районе Роджерс Парка, где селились многие эмигранты из России, Индии, Китая, Камбоджи и других мест. Только прожив годы в Штатах, я начала понимать, насколько наша фантазия расходилась с реальностью.

Далеко не все американцы жили и живут и сейчас в чистых и благоустроенных домах с лифтами, кондиционерами и по последнему слову техники оборудованными кухнями, особенно не было этого в 40-е и 50-е послевоенные годы. Не все меняют мебель каждые несколько лет, а прежнюю, якобы, охотно отдают бедным, как представляла себе довольно наивно одна из моих близких подруг. Наши заблуждения рождали порой трагикомические и довольно болезненные ситуации. Дело в том, что в 60-е годы, когда это стало возможным, многие, и заграницей, и в России, стали искать своих родственников, разбросанных войной. И многие их находили. Истории были самые фантастические. Фредди Исааковна, школьная учительница одной из моих дочерей, перед самой войной приехала из Парижа, где она жила много лет, навестить своих родителей, а сестра её на это же время поехала туда, чтобы поступать в университет. Так и остались они навсегда каждая на своём новом месте: сестра во Франции, а бедная Фредди в Советской России, хорошо ещё, что не в заключении или ссылке. Заграничные родственники, не жалея себя, старались, чем могли, помочь своим советским близким, в основном слали посылки. Наконец, наступал такой момент, когда хотелось встречи, и, так как тем было легче приехать к нам, чем наоборот, то они и приезжали. И вот тут-то разыгрывались настоящие драмы.

Желая сделать всё возможное, чтобы принять дорогого родственника как можно лучше и не ударить в грязь лицом, местные вылезали из кожи и покупали самые изысканные продукты к его приезду, некоторые даже делали ремонты и обновляли ветхую мебель.

Результат получался двоякий. В некоторых случаях бывало так, что бедные россияне, выложив то, что у них было и ещё то, что было занято у других, оставались после визита такой родни обескровленными, в долгах, униженные и с кучей ненужного старого барахла, отданного им «иностранцами» по бедности, и массой бесполезных сувениров, например, приспособлением для обработки артишоков перед варкой. Вариант второй был, по-моему, ещё хуже. Это были случаи, когда из заграницы приезжала одинокая женщина, проработавшая всю жизнь секретаршей, не ездившая в отпуск дальше ближайшего пляжа и копившая на поездку к сестре (брату, племяннице и т. д.), или отец большой семьи, с трудом плативший за образование своих детей, но никогда не забывавший своего долга перед сестрой и её мужем, инвалидом войны. Какого же было разочарование и горькая обида этих людей, когда они узнавали, что сестра с мужем живут чуть ли не лучше их, или по крайней мере, позволяют себе намного больше удовольствий, ездят каждый год в Коктебель, живя в Риге у моря, и даже подумать не могут о том, чтобы их дети подрабатывали летом на свои расходы.

Вообще у нас была какая-то странная двойная жизнь, в которой реальность и всякая официальщина мирно уживались как в сознании, так и в нашем повседневном существовании. В магазинах мало что можно было купить, но на столах стояли дефицитные продукты — икра, сервелат, все тот же растворимый кофе, всего не перечислить. У многих вокруг были весьма незначительные доходы, но молодёжь из этих семей ходила в джинсах, снимались дачи, справлялись пышно праздники, дни рождения и свадьбы. Вся страна жила какой-то странной раздвоенной жизнью. Двойное хозяйствование и коррупция пронизывали жизнь страны на всех уровнях строительства, заводов и фабрик, колхозов и совхозов, школ и больниц, железнодорожного и воздушного транспорта, курортов и здравниц и чего угодно. Своеобразная система магазинов, артелей, комбинатов, цехов при предприятиях и даже отдельных подпольных фабрик функционировала в недрах легальной промышленной структуры, фактически обслуживая население необходимыми товарами. Огромные левые прибыли шли не только в карманы организаторов, но распространялись и на простых рабочих, которые, зарабатывая намного лучше, радовались деньгам и не особенно задумывались, откуда они шли. Официальными руководителями таких «предприятий» были чаще всего прошедшие огонь и воду разочарований старые большевики-латыши из России, демобилизованные офицеры или изверившиеся евреи, бывшие подпольщики из местных с солидным довоенным партийным стажем. Среди них были настоящие гении в своём деле. Их фантазия и выдумки, изворотливость и бесстрашие были беспримерными, равно как и их самоуверенность и ощущение безнаказанности. Отец одной из моих подруг, отсиживая свой срок в трудовом лагере за слишком уж широкий размах деятельности, сумел организовать свои отношения с начальством так, что лагерная продукция сбывалась за её пределы необычайно прибыльно. Сам он при этом пользовался почти неограниченной свободой полномочий и передвижения, разгуливал по городу без конвоя и часто бывал дома.

Особенно вольготно чувствовали себя многие годы люди, работавшие в мастерских и ателье, и вели они дела так, будто это была их личная собственность. Некоторые из них часами стояли на крылечках «своих» заведений, приветствуя знакомых и обговаривая свои дела. Особенно хорошо я помню некоего Школьника, директора комиссионного магазина на углу Крышьяна Барона и всё той же Елизаветинской. Небольшого роста, с довольно крупной головой, слегка откинутой назад, что делало его фигуру более величественной, этот «Наполеончик» любил стоять у входной двери, заложив руки за спину и слегка покачиваясь на носках. Время от времени он поглаживал кончиками пальцев свои фатоватые усики и приглашающе помахивал рукой, увидев знакомого или заезжего простака, а их было немало, так как недалеко был вокзал. В его власти было «казнить» или «помиловать», осчастливить или обдурить, и на этом зиждилась его чудовищная самоуверенность. Он мог, в зависимости от того, кем были вы, как он был к вам расположен или сколько получал от вас сверх цены, продать из-под прилавка за бесценок дефицитную импортную вещь прекрасного качества — свитер, отрез или туфли, хрустальную вазу или ковёр, а мог, сладко при этом улыбаясь, не помочь ничем или даже всучить какую-нибудь дрянь.

Другим таким же «магнатом» был Кравец, наш бывший довоенный сосед по лестничной клетке, отец Фрумы. Его вотчиной был магазин подержанной мебели на Мариинской. Любители антикварной мебели или все те, кто не хотели скучными досками отечественного производства украсить свой дом, пользовались его услугами. Однажды и мы сумели «ухватить» из его милостей отличный письменный стол.

Вся эта нелегальная система жила и процветала на фоне устных и письменных громких лозунгов о честности и бескорыстности нашего общества, о его высокой морали. Её нормальное существование было возможно только благодаря всеобщей круговой поруке и коррупции и тому, что начальству всех видов, включая партийное, городское, прокуратуру, милицию и даже КГБ, безоговорочно и бесперебойно отчислялись огромные взятки. Хотя я могла наблюдать только совсем небольшую часть этих явлений, я постоянно видела, как всё, что угодно, можно было купить за деньги, а без них любая мелочь доставалась с невероятным трудом. Каждый мелкий чиновник, от которого хоть что-нибудь зависело, вёл себя если не откровенно грубо и вызывающе, то уж обязательно надменно. Регистратор в поликлинике или домоуправлении мог вымотать все нервы и унизить только за то, что человек просил о том, что ему было положено.

Одна моя американская подруга повторяла, что для неё при её визитах в Россию не было более страшного существа, чем гостиничная дежурная. Любая пустяшная бумажка из учреждения, справка, которую полагалось выдать по закону, сапоги на зиму или куртка ребёнку, более или менее дефицитное лекарство в аптеке, иногда даже просто термометр или бинт, оказывалась недоступными без знакомства и взятки. Когда наш участковый врач приходил с домашним визитом, что входило в его прямые обязанности, если у больного были температура или боли, то всегда повторялась одна и та же сцена: после осмотра пациента он выходил в нашу маленькую прихожую, а вслед за ним — мама или папа. Он медленно, отводя глаза в сторону, надевал пальто. В это время очередной провожающий пытался уловить его руку, как бы для того, чтобы пожать на прощание, и в то же время умудриться оставить в ладони некую сумму, которая, как и сами участковые, менялась за многие годы. Разные врачи реагировали на эту процедуру по-разному. Одни, спрятав деньги в карман и спокойно попрощавшись, уходили; другие, вроде нашего доктора Гуткина, который держался дольше всех, несколько раз при этом бормотали проникновенно «Ну что Вы, зачем!». Столы врачей ломились от коробок конфет, духов и бутылок коньяка, которые пациенты поставляли бесперебойно. В оправдание могу сказать, что зарплаты врачей, так же, впрочем, как и учителей и многих других служащих, были всегда непомерно низкими, и только за счёт взяток можно было поддерживать более или менее достойный образ жизни.

Взятка могла быть не только в материальной форме, прекрасно работала и система взаимных услуг — «ты мне — я тебе». Кто-то доставал кому-то сосиски, но зато получал дефицитные импортные лифчики, которые прекрасно обменивались на путёвку в Дом отдыха или отпуск в мае, вместо февраля. Книги, билеты на спортивные зрелища, модные шоу и театральные представления, концерты и гастроли местных и заезжих знаменитостей, поступление в институт и устройство на работу были также вовлечены в этот круг «блата», т. е. связей и взаимных услуг. Варианты были безграничны и охватывали все слои населения.

Однажды мы с мужем оказались в одном закрытом для широкой публики спец-профилактории, где именно он мог быть только «подпольно», и поэтому его оформили под именем другого человека. Соблюдая процедуру регистрации, клерк спросил его имя. Мой муж, опростоволосившись, назвал свои имя и фамилию. Не очень-то и удивившись, оформляющий сказал, подняв на него глаза, в которых больше всего было досады на нерасторопность этого приезжего: «Но у Вас тут другие имя и фамилия!». «Да, да, конечно!» — невозмутимо ответил мой муж. — «Я совсем забыл и назвался именем, которым меня зовут только домашние». Сила «блата» была так всемогуща, что никаких вопросов больше не последовало, а клерк, даже не моргнув глазом на эту несусветную чушь, только произнёс невнятно: «А!», и всё дальше пошло без сучка и задоринки. «Блат» был универсальной отмычкой, действовавшей зачастую даже вернее, чем деньги. Он прочно связывал людей и нередко придавал их отношениям иллюзорность дружбы. «Нужняк», т. е. нужный, полезный человек, был вхож во многие дома, где он охотно принимался, иногда просто с дальним прицелом. К знакомству с нужными людьми стремились, и знакомствами этими дорожили. Но если в среде попроще к этому и относились как к чему-то естественному, как к некоей неотъемлемой части жизни, то интеллигенция же, как всегда, хотела «пахнуть фиалкой» и, участвуя во всём достаточно интенсивно и не всегда разборчиво, любила вести бесконечные разговоры о бескорыстности вообще и своей, в особенности.

Местные евреи, вовлечённые в так называемую «подпольную экономику», жизнь которых я хорошо знала изнутри, были лишь небольшим кусочком смальты в той социальной мозаике, которую представляла собой тогда Рига. Дело в том, что, кроме местного населения довоенной Риги, латышей, евреев и незначительного числа русских, в ней после войны осели многие демобилизованные офицеры и солдаты, жители латвийских и близлежащих российских провинциальных городков, множество крестьян, решивших перебраться в город не только с хуторов республики, но и из окрестных Псковской, Новгородской и других областей, сильно разрушенных немцами. На работу на заводах и фабриках стекались люди со всех концов Советского Союза, из разных высших учебных заведений страны приезжали на работу молодые специалисты. Отношения между всеми этими группами были достаточно обострёнными и недоброжелательными. Число «русских», т. е. приезжих людей самых разных национальностей, объединённых этим словом, стало непомерно большим, и, к тому же, они, пользуясь своим более долгим стажем советской жизни и искренне считая себя «освободителями» и носителями более высокой культуры, были высокомерны по отношению к коренным жителям, вели себя, как хозяева, за что и получили в 90-е годы кличку «оккупанты». Мало кто из них хотел учить латышский язык, и не было в русских школах более презираемого предмета, чем уроки латышского. Ну, может быть, только пение или рисование. Местные платили им той же монетой и, несмотря на разногласия друг с другом, объединялись в своей нелюбви к приезжим, не говоря уже о том, что ещё в начале пятидесятых можно было услышать о вылазках «лесных братьев» — латышей, скрывающихся в лесах и не перестававших вооружённо сопротивляться коммунистам. Особенно охотились они за партийными работниками и армейскими чинами, и на улице время от времени звучала торжественная музыка похоронного марша, сопровождавшая в последний путь очередную жертву этого террора. Но не имея достаточной власти, местные могли только смеяться и злорадствовать по всякому поводу. И если во время войны эвакуированные в разных местах России слышали слово «понаехали!», произносимое с шипением, то теперь то же самое говорилось в Латвии, но с ещё более сильными интонациями враждебности, потому что эвакуация была временной, а новая власть, как казалось, установилась навсегда. Местные смеялись над приезжими по всякому поводу и без повода. Смеялись над офицерскими жёнами, которые, как в униформе, ходили в синих габардиновых пальто с воротником из серого каракуля и в таких же шляпах-папахах. Живучи были рассказы о том, как эти дамы пришли на бал в Дом Офицеров в трофейных ночных рубашках, вывезенных мужьями из Германии, полагая, что это вечерние платья, а пижамы принимались за брючные костюмы. Я помню, как мы оторопели, когда наша одноклассница, Элла Ятлова, пришла в школу в такой вот необыкновенно яркой пижаме, привезённой её папой-офицером.

Но всё же при том, что все не любили всех, все дружно не любили евреев. Всяких. Антисемитизм, всё время растущий и питаемый официально, был неотъемлемой частью жизни.

Смешанные браки и дружеские отношения между самыми разными людьми прекрасно отражали суть этой атмосферы. Местные латыши явно держались подальше как от приезжих русских, так и от своих же собратьев-латышей из Союза, особенно в первые годы. Контакты были единичными. При общем насторожённом отношении евреев к латышам после их более чем явной антиеврейской активности в годы войны, мужчины-евреи тем не менее легко увлекались латышскими женщинами и охотно на них женились. Объяснить этот феномен я не берусь, но браки в большинстве своём оказывались счастливыми. Явление это было ново для местной еврейской среды, и стало, по-видимому, возможным потому, что в результате Холокоста распалась еврейская община с её неписаными правилами и обязательствами, и большинству, потерявшему своих более традиционно настроенных родственников, не перед кем и незачем было теперь отчитываться. Однако, в латышской среде, равно как и в еврейской, к этим союзам относились одинаково холодно. Родство с «жидами» мало кого радовало, и латышские жёны часто оказывались отлучёнными от своих близких, не встречая при этом особого тепла со стороны новой родни. Но зато семьи, где христианские женщина или мужчина во время войны с риском для жизни спасали своего настоящего или будущего супруга-еврея, вызывали уважение, тепло и благодарность со стороны окружающих.

Отношения евреев с русскими тоже были многослойными и не простыми. Для приезжих евреев, настроенных в основном ассимиляторски, эти отношения вообще не составляли проблемы. Они складывались по уже упрочившемуся советскому стереотипу. У многих из старшего поколения были русские супруги, и эта тенденция только усилилась среди молодёжи. Старшие, как правило, были этим довольны, делая вид, что верят в принципы всеобщего равенства и интернационализма, а на самом деле радуясь, что их дети и внуки избавятся от еврейского клейма, особенно в условиях растущего послевоенного официального антисемитизма. Хуже обстояло дело с местными евреями, которые продолжали жить довольно замкнуто в своей среде. Многие из них стойко пытались удержать рассыпающиеся традиции и следовать им, отмечать религиозные и национальные праздники, верить в идеи сионизма и возможный, пусть пока в мечтах, отъезд в Израиль. Редко какое застолье не кончалось словами «Бог даст, в следующем году в Иерусалиме!» Русские, были им совсем чужими по духу, и отношения эти плохо склеивались, особенно в семьях.

Таким сплошным недоразумением была жизнь папиного близкого знакомого Мариановского, женатого на женщине-фронтовичке из-под Ленинграда. Вода и камень не могли бы быть дальше друг от друга, чем эти два человека: он, несмотря на все перипетии его нелёгкой судьбы, по виду и по сохранившимся замашкам холёный барин, оставшийся по сути все тем же сыном богатых родителей, хорошо воспитанный и всегда, даже в тряпье, элегантный, и она, большая, дородная, с громким голосом и вульгарными жестами, типичная представительница той предвоенной советской молодёжи, когда «тот, кто был ничем», становился «всем». Она подавляла его примитивностью полудеревенского быта и громкими криками и скандалами по любому поводу, а он платил ей за это неверностью и постоянными насмешками, при людях и наедине. Пухлый, круглолицый и лысый, и при этом всё же красивый, он любил подолгу сидеть за столом в нашей столовой, не снимая пальто и уверяя, что забежал на минутку, и, посверкивая круглыми чёрными глазами, почти весело и с упоением рассказывал о жлобстве своей супруги Нелли.

Но нигде страсти не достигали такого накала, как в отношениях между приезжими евреями и местными. Они ненавидели друг друга с особой силой. Прямо, как Монтекки и Капулетти. Местные называли приезжих «di sovetske haies» (идиш), что значило «советские дикари» и презирали их за их стремление к ассимиляции, за то, что они стыдились своего еврейства и не знали идиша, за верноподданность власти и хвастовство заслугами перед ней. Приезжие, среди которых было довольно много людей образованных, не любили и презирали местных за их неправильный русский и картавость, за громкие разговоры на «идиш» в общественных местах, за всю их какую-то неуютную приверженность к еврейству, что рассматривалось как нечто не совсем приличное и называлось «местечковостью» и «мещанством», под которыми подразумевалась их, якобы, духовная ограниченность, жадность к деньгам и неблагородство. Постоянные конфликты, споры и противопоставления продолжались долгие годы, доставляя зачастую много боли и неприятностей тем, кто с этим соприкасался. Когда я выходила замуж за моего мужа, его родственники кричали ему, что он женится на дочери местного, да ещё и «презренного», с точки зрения советской табели о рангах, ресторанного музыканта, и это совершенно недопустимо, а мои — что я выхожу замуж за «советского», за сына бывшего офицера.

Иногда эта враждебность принимала комические и весьма причудливые формы. На протяжении многих лет то моя мать, то свекровь, которая была из Одессы, по очереди убеждали меня, что именно их способ приготовления фаршированной рыбы более правильный: одна, моя мама, делала «белую» рыбу, без жареного лука, а свекровь «коричневую», с жареным луком. Моя мама посмеивалась над свекровью за употребление растительного масла в салате, а та, в свою очередь, возмущалась его неупотреблением. Мы в Латвии любили и привыкли есть почти все со сметаной, и ею же заправляли салаты, а рыбные блюда со сметаной были издавна в латышской национальной кухне. Поэтому, когда моя мама, приготовившись к приезду родственников моего мужа всё из той же Одессы, подала на стол селёдку, политую густой сметаной, к ней никто из гостей, конечно, не притронулся, а тётя потом сказала, что её чуть не стошнило от этой местной еды. Единственное, что я знаю, приезжие переняли от местных, это всякого рода бутерброды, и то со скрипом. Поначалу им, особенно южанам, полной дикостью казался бутерброд с помидором или свежим огурцом, но со временем южное чванство было побеждено сезонностью этих овощей и их ценой.

* * *

Тот круг местных людей, к которому я принадлежала, составляли осколки довоенной средней и мелкой буржуазии, но большинство было малообразованными выходцами из бедных провинциальных семей, видевших много тяжёлого в своём детстве и юности. Война добавила к этому горечи и страданий — потерю близких, фронт, гетто, а нередко и то, и другое. Истории о том, как они выжили и через какие страдания прошли, могли бы составить ещё одну страницу летописи Холокоста. Я помню ярко раскрашенную, молчаливую, нахохленную, как испуганная птица, и на вид очень смешную мадам Михельсон, с которой её муж обращался всегда очень нежно. О ней шёпотом говорили, что немцы отправили её за особую привлекательность в солдатский бордель, и ей удалось выжить. Эти люди не переставали жить данной минутой и теперь, после всех испытаний, во что бы то ни стало хотели взять от этой жизни всё, что только можно — такой представлялась в их не слишком просвещённых головах компенсация за страдания. А может быть, они таким образом отгоняли от себя страшные видения прошлого и заглушали постоянно грызущую изнутри и не уходящую боль. Кто знает, какие им снились сны и приходили ли к ним в этих снах их сгнившие в ямах родители, жёны и дети, слышали ли они их предсмертные крики. Теперь они жаждали красивой жизни и, не задумываясь о последствиях, добивались её любой ценой. Другое дело, как они это понимали. Достаток, которого они вдруг достигли, кружил им головы, раздувал самомнение, и их жизнь напоказ, демонстрация денег и силы принимали самые причудливые, порою даже уродливые формы. Этому способствовало и то, что и вокруг было достаточно цинизма, а голоса правды и чести звучали отдалённо. Всевозможные праздники, дни рождения и юбилеи, приглашение гостей и ответные визиты, да и просто домашние гулянки по поводу и без, где столы ломились от наготовленных яств, а гости расслаблялись в долгих карточных партиях, составляли ассортимент «радостей жизни». Отводили душу и в ресторанах, которых в городе было много.

Летом особенно популярными были два места на взморье — «Корсо» и «Лидо», ещё с довоенного времени славившихся своим комфортом и элегантностью. Достопримечательностью «Корсо» были его большой зал с фонтаном посередине и крутящийся под потолком стеклянный шар. Было уютно и романтично, тесно прижавшись к партнёру, танцевать в густом полумраке под его сверкающими блёстками. «Лидо» было несколько выше классом, торжественнее и дороже, и в нём не было и намёка на демократичность. Чувство причастности к «не нашей» жизни возникало сразу, как только гость ступал на выложенную каменными плитами дорожку при подходе к ресторану и шёл мимо скрытых в кустах и мягко светящихся латерн, вдыхая сладкие запахи цветов и растений и слушая журчание большого фонтана. Ощущение праздничности усиливалось при входе в стильное фойе и круглый зал, где столики располагались в два яруса — внизу и на слегка возвышающейся галерее. Интерьер был выдержан в мягких, чуть красноватых тонах тёмной осенней листвы. Как в фильмах из жизни миллионеров, шуршали крахмальные скатерти, звенел хрусталь, бесшумно двигались официанты. На довольно большой эстраде царил Гриша Фомин со своим оркестром.

Гриша был одной из достопримечательностей Риги тех лет и пользовался огромной популярностью у публики. Прошедший гетто и лагеря, потерявший всех своих близких, он нашёл в себе силы начать всё сначала, но много пил, постоянно заглушая непроходящую тоску. Его тихой пристанью была его новая кроткая жена, растившая двух близняшек и терпеливо сносившая все Гришины срывы и выпады. Я его хорошо знала, потому что у них с моим папой была своеобразная дружба-вражда. Оба обаятельные, умевшие нравиться людям, они прекрасно дополняли друг друга. Фомина привлекало папино пение, а папу Гришина далеко не совершенная, но эмоциональная и яркая игра на скрипке. Им сам бог велел играть вместе, но из этого ничего не получалось, потому что у каждого было своё болезненное самолюбие, и каждый из них хотел быть лидером, маленьким диктатором в «своём» оркестре. По-человечески их тянуло друг к другу, и им всегда было интересно вместе, и если оказывалось, что папы всё ещё не было дома после положенного часа, когда рестораны уже все закрывались, то можно было не сомневаться, что они встретились с Фоминым после работы, и теперь стоят, в три часа утра, возле наших ворот и горячо спорят о жизни на Марсе.

И «Корсо», и «Лидо» всегда были переполнены, и попасть туда было сложно без предварительного заказа. Каждое из этих мест, имея своё лицо во всём, имело и свою публику. «Корсо» привлекало всякого рода дачников и просто отдыхающих из окрестных санаториев и домов отдыха, среди которых было много военных, праздных жён, отправленных мужьями на курорты лечиться от хандры, и молодёжи, кутившей в основном за счёт состоятельных папенек. Посетители «Лидо» были несколько другого сорта. Сюда приходили ужинать и отвлечься всевозможные знаменитости после выступлений в Дзинтарском концертном зале как раз через дорогу напротив и часть их благодарной публики. Здесь же появлялись и другие звёзды всех видов, да и вообще вся культурная элита, оказавшаяся на взморье в это время — актёры кино и театра, музыканты и оперные певцы, художники и их модели и, конечно, писатели и поэты. Конечно же, с особым рвением сюда устремлялись те, у кого были деньги, а их тщеславию льстила приобщенность к избранным. Если в «Корсо» гость постепенно расслаблялся, погружаясь по мере выпитого и съеденного в истому обволакивающего благодушия и удовольствия от жизни, то в «Лидо» он, наоборот, держался всё время в таком напряжении, которое, мобилизуя все его внутренние ресурсы, как бы поднимало его над самим собой и давало ощущение праздничной приподнятости, уверенности и обаяния, немыслимых в повседневной жизни. Дамы все были очень нарядны и, как мне тогда казалось, красивы. Сами названия блюд в меню создавали впечатление изысканности. Слова «шницель по-венски», «антрекот» или «эскалоп» звучали музыкой в моих ушах. Да ещё папа при этом вспоминал, как эти вкусности подавались до войны в разных местах, где он бывал. Я любила слушать его истории, мысленно ещё добавляя к ним всё, на что способна была моя фантазия. Всё вокруг радовало полнотой жизни, и все казались мне счастливыми. Именно там, в «Лидо», когда меня впервые туда привели, я почувствовала, что началась моя взрослость. В этой обстановке сапожники и скорняки, держащие бокалы в тёмных, изъеденных химикатами пальцах, закройщики и парикмахеры, распрямившие спины, превращались, одетые в свои лучшие костюмы, в джентльменов на празднике жизни.

Настоящие праздники наступали для них тогда, когда эти деловые люди одни, под предлогом лечения застарелых болезней, укатывали «гулять» на южные курорты, в Сочи или Гагры, где их никто не знал. В такие поездки они редко брали жён, а подбирали себе компании на месте или везли с собой своих любовниц, чаще всего молодых латышских девушек, к которым у этих зрелых мужчин было особое, как я уже говорила, пристрастие за сочетание в них пылкости с относительной непритязательностью. Любовниц имели многие, и о них все знали, зачастую и сами жёны, которые не очень-то и волновались, уверенные, что это не угрожает счастью семьи. Исключения бывали, но довольно редко. Я практически не помню разводов в этой среде. Дела, карты, гулянки и подруги не мешали этим денежным мешкам быть отличными семьянинами. В дом тащилось всё, что было нужно и ненужно, всё, что было недоступно «простым смертным»: лучшие отечественные и импортные вещи, антиквариат; не переводились дефицитные продукты и вина. Рояли стояли в домах, где никто на них не играл, и роскошные переплёты вожделенных подписных изданий украшали полки. На буфетах красовались вазы из чешского стекла и хрусталя и ряды фарфоровых собак разных пород из ГДР. Когда дело доходило до интересов семьи, то всё остальное отступало.

Особенно трогательной была их забота о детях. Не было ничего такого, что они не готовы были бы для них сделать. Особенно поощрялось все, что было связано с образованием. Не жалелись деньги на учителей музыки и почему-то английского языка, тренеров и репетиторов. По старой еврейской традиции предпочтительнее всего было, чтобы дети становились врачами или, учитывая новые времена, инженерами. Жёны, как правило, не работали, холили себя и детей и содержали в порядке дом. Все приличия строго соблюдались, и, независимо от того, как складывалась жизнь дома, на улице муж и жена появлялись, держась «под ручку», что для моей, казалось бы, и не такой уж наивной мамы было непреложным показателем семейного счастья. «Как!» — восклицала она в искреннем изумлении, услышав очередную пикантную историю. — «Я их только на днях видела, они же гуляли под руку!» Тень пережитого зачастую падала и на послевоенные браки, казавшиеся иногда странными. Истерзанные потерями и болью, души уцелевших искали спасения от одиночества, тепла и успокоения. Соединялись люди, прошедшие вместе через испытания, фронт, голод, оккупацию. Зачастую соединяли воспоминания. Женились и выходили замуж за уцелевших родственников — братьев и сестёр погибших супругов, в свою очередь потерявших свою пару. Связывали жизни, потому что оказывались из одних и тех же мест и помнили погибших родственников друг друга. Было много и настоящей любви, и настоящих любовных драм. Нашего зубного врача из гетто вывела русская женщина, жена его друга, просто из сочувствия. Прятала их обоих с огромным риском для себя, а когда пришло освобождение, то выяснилось, что наш врач и она не могут друг без друга жить. Их союз оказался очень счастливым и кончился с их смертью.

Летом семьи вывозились на дачу, и жизнь там шла по своему особому ритуалу. День начинался рано, часов в семь–восемь утра, и обычно с того, что, отправив мужей на работу, жёны уходили на базар, пока было ещё не жарко, а идти на пляж рановато. В это время крестьяне раскладывали все самые свежие и душистые овощи и фрукты, копчёности, солёности и сладости.

Чистые и нарядные взморские базары, особенно Булдурский, были ещё одним важным местом взморского быта. Покупатели прохаживались по рядам неторопливо, присматривались, торговались и внимательно рассматривали друг друга. Базар был событием, своеобразным клубом. Там узнавались новости, приглашали друг друга в гости и, конечно, сплетничали. В основном там можно было видеть женщин. Почти все знали друг друга или, по крайней мере, многое друг о друге. Знакомые собирались в группки и обменивались новостями и сплетнями. Сведения о жизни «других» пополнялись не только разговорами, но и наблюдениями, чего и сколько купила мадам такая-то (женщины всё ещё часто называли друг друга этим словом «мадам») или жена советского военного или функционера, и каково благосостояние семьи на данный момент. Хорошо или плохо шли дела у икса или игрека определялось в большой степени тем, покупала ли его жена всего кулёк первой клубники или целый килограмм крупной и душистой; какие она выбирала сорта мяса или виноград у приезжих грузин. По этим признакам создавались репутации и решалось, скуп муж или щедр, сколько выделяет денег на хозяйство и как относится к нуждам своей семьи. Такая-то хозяйка слыла расточительной в отличие от скряги, иная слыла бедной в противовес «известной» богачке. Обсуждались и наряды — шёлковые халаты и импортные брюки говорили нечто иное, чем ситцевые или штапельные платьица.

* * *

Особой страницей быта тех лет была жизнь рижского пляжа, и она заслуживает нескольких отдельных слов. Днём это было местом, где жёны и бабушки часами высиживали у моря, болтая друг с другом и время от времени подкармливая и так уже не очень худеньких детей. Еда приносилась с собой в разных кружечках и баночках, и то и дело раздавался чей-то голос, громко призывающий очередного мальчика или девочку поесть. Наиболее ретивые, чаще бабушки, бегали за своими отпрысками по всему пляжу с ложечкой и куском чего-то вкусного в руках. Излюбленной и нескончаемой темой был разговор, начинавшийся словами «он (она) у нас ничего не ест, если не заставить». После военных лет и голода накормить и втиснуть в своих детей как можно больше «полезного» казалось им главной задачей.

Пляж был далеко не только местом купанья и загоранья, но и своеобразным клубом, где каждый знал, где кого и когда найти. Люди приходили каждый день на одно и то же место и лежали там уже сложившимися группами. Парочки и фанатики загара предпочитали лежать за дюнами, где, относительно укрытые от чужих глаз, одни могли смелее касаться друг друга, а другие подставить солнцу больше сантиметров своего тела. На пляже назначались свидания, завязывались знакомства, дружбы и романы, особенно среди молодёжи. Неработающие дамы выходили обычно к морю дважды, утром и после обеда детей, а молодые засиживались порою с утра и до темноты. В дневное время полоса у моря, где песок был утоптанный приливами и поэтому твёрдый, превращалась одновременно в место, где дети строили песочные замки и в филиал центральной прогулочной улицы Иомас. Казалось, все друг друга знают. То и дело слышались радостные восклицания, комплименты и шутки, которые никогда не иссякали. Фланирующие демонстрировали бронзовые тела, стройность и купальные костюмы, а лежащие на песке комментировали чуть ли ни каждого проходящего, особенно если это была какая-то известная личность.

Постоянно обсуждались чинно прогуливающиеся известные оперные солисты Эльфрида Пакуль и её муж Дашков. Оба высокие, крупные, они никогда не разговаривали, а только неторопливо вышагивали, как бы никого не видя вокруг себя: он, как правило, в плавках, поигрывая мускулами загорелого тела, она — рядом, в халате, прямая, как аршин, не поворачивая своей монументальной головы с желто-крашеными волосами. Их брак длился много лет, но никогда не проходило общественное удивление тому, как они, такие разные, могли соединиться. Он был из местных русских, такой привлекательный внешне фактурный мужчина, но весьма заурядный как певец и человек. Она же составляла гордость советско-латышского культурного мира и отличалась красивым голосом, но она была значительно старше его и к тому же выделялась своей некрасивостью и особенно выступающей вперёд тяжёлой челюстью. Другой музыкальной парой, которая широко обсуждалась, были красивая, смолоду седая дама, Евгения Ершова, и весьма заметный Леонид Заходник, тоже певцы, но филармонические. О них ходила красивая быль-легенда: он, мол, увёл её от московской знаменитости, а она подчинила свою карьеру любви. Так как его как еврея не принимали в оперу солистом при его действительно приятном теноре, то и она, чтобы не разлучаться, пела с ним в филармонических концертах.

По пляжу часто прогуливались «отец советского джаза» Леонид Утёсов со своей тусклой дочерью Эдит, уникальный Аркадий Райкин, заставлявший публику смеяться, грустить и думать, такие пары как Мария Миронова и Александр Менакер, очень популярные «stand-up-comedians», как мы сказали бы теперь. Кстати, этот жанр бытового юмора, порою остроумный, а порою довольно пошлый, пользовался в те годы большим успехом, что было некой эмоциональной разрядкой для послевоенных уставших человеческих душ. Прогуливались перед нами и известные режиссёры, дирижёры, музыканты, шахматисты, спортсмены, кого только ни было в этом параде звучных имён! Приезжие курортники и дачники выделялись большей скованностью и выражением глаз, в которых смешивались любопытство, недоверчивость и лёгкая зависть. Изредка возникали не очень серьёзные перепалки, в основном из-за того, что играющие в волейбол с размаху угождали мячом в голову ребёнка или застывшей под солнцем дивы.

Пульс пляжа ощущался уже при подходе к морю, в лесу, там, где начинался деревянный настил дорожки к берегу и где обычно снималась обувь. Ноги касались чуть шершавых, но не царапавших досок и чувствовалось их особое тепло, присущее только настоящему дереву. Потом ноги как-то сразу перекатывались в горячую зыбучесть песка, ласкающего и в то же время сковывающего и увлекающего, а глазам открывался этот бесконечно тянущийся в обе стороны своеобразный прибрежный мир. Запах моря смешивался с терпким запахом сосен, ароматами крема от загара и еды. Нескончаемая полоса берега пестрела яркостью купальных костюмов, тогда чаще всего самосшитых из ситца, синевой сатиновых мужских трусов, выполнявших роль плавок, вожделенных китайских пляжных полотенец и разнообразной коричневостью разбросанных по всей его длине разомлевших тел. Надо всем этим стоял мягкий гул воды, ударявшейся о берег, человеческих голосов и резких хлопков волейбольного мяча. На горизонте полоса залива, как ножом, отделялась от неба клиньями парусников и прямоугольниками судов. Яркое, но не слишком горячее солнце так освещало густую ажурность деревьев, бледную желтизну песка и полоску зеленовато-серой воды вдали, что всё сливалось в единую картину неброской, но сочной северной красоты, вызывавшей одновременное чувство покоя и полноты жизни.

Одним из ритуалов дачной жизни была встреча с пригородной электрички возвращающегося после работы главы семьи. На два, примерно, предвечерних часа дачный вокзал становился ещё одним местом демонстрации благополучия и достатка. Происходящее было похоже на некое театрализованное представление, где сценой оказывались вокзальные здания, большинство которых было построено ещё в начале века и под сильным влиянием стиля модерн в их архитектуре. Замысловатые колонки и консоли чугунного литья, орнаменты с фантастическими фигурами, старого типа кладка полов создавали атмосферу, уводящую от будничности. Ждать пыхтящего поезда было веселее, чем сменившей его потом более частой электрички, потому что было больше времени гулять, разговаривать и есть мороженое в старомодных круглых вафлях, где сладкая масса оказывалась зажатой как бы между двумя печенюшками-стенками. Когда появлялся очередной папаша, увешенный свёртками, усталый, но довольный, его семья бросалась к нему с радостными возгласами и, цепляясь за разные части его одежды, подталкивала его в сторону дома. С этой минуты он, проведший день бог знает где и с кем, становился ручным и послушным домашним божком, чрезвычайно своей ролью довольным и играющим её охотно и искренне. День заканчивался обычно на закате тянувшейся допоздна игрой в карты или семейной прогулкой по пляжу, где нарядные жёны в дорогих и ярких шёлковых халатах до пят, очень тогда модных, или тёмных тонкой шерсти брюках, a-la Марлен Дитрих, таскали за собой в оздоровительных целях своих пытавшихся расслабиться мужей.

Среди группы людей, которых осведомлённые люди по-свойски называли между собой «гешефтмахерами», т. е. «бизнесменами» по-нашему, был Бенцель, один из лучших папиных довоенных друзей. Красивый и обаятельный на старых фотографиях, он в действительности выглядел потрёпанным стариком в свои сорок лет. Да это было и неудивительно после всего, что выпало на его долю. Он чудом выжил в гетто и был освобождён Советскими войсками в Германии. Голова его была деформирована и покрыта шрамами, которые проступали через тоненький слой его жидких волос. Это были следы жесточайших немецких побоев, пробивших ему череп и оставивших его навсегда инвалидом, физически и ментально. Кроме головных болей, которые мучили его постоянно, он, добрый и покладистый по природе, вдруг неожиданно вспыхивал, совершенно теряя контроль над собой, и становился даже страшным. Его самого эти вспышки очень пугали и доставляли большие страдания. Он как бы со стороны с болью смотрел на своего двойника-незнакомца, рождённого войной. Бенцель, человек широкий по натуре, получал удовольствие от богатства только тогда, когда его можно было демонстрировать, что в его случае значило — делить с другими. Делить было не жалко, а демонстрировать приятно.

Так мы оказались в один прекрасный день в доме у мадам Августон. Где и как Бенцель познакомился с ней, для меня осталось неясным, равно как и то, какие были между ними отношения, хотя, когда об этом заходила речь, взрослые закатывали многозначительно глаза. Со своим сегодняшним пониманием вещей, я думаю, что они были правы, считая их любовниками. Она была довольно хорошо сохранившейся интересной женщиной лет пятидесяти, что для меня тогда граничило, конечно, с глубокой старостью. Считалось, что Бенцель снимает у неё в квартире комнату. Дом при этом был поставлен на широкую ногу, и вряд ли это могло быть обеспечено довольно вялым долговязым сыном-учителем и его молчаливой и коровообразной женой или самой мадам Августон, которая нигде не работала. Для меня каждый приход в этот дом оборачивался тяжёлыми испытаниями из-за маминых ограничений, действовавших, как и раньше в Коканде. Мама клала мне на тарелку маленькие кусочки и заставляла глотать медленно, а не «хапать», как она это называла, и без её разрешения со стола ничего нельзя было брать. Положение усугублялось ещё и тем, что хозяйка всё время повторяла: «Мадам Вайс, ну почему Вы ей не разрешаете ничего брать? Пусть ребёнок поест, сколько хочет! Смотрите, сколько тут всего!» От таких слов запреты только ещё ужесточались. Я сидела, насупившись, злая и несчастная, глядя на стол, уставленный разными видами ветчины и колбасы, сырами, паштетами, конфетами… Почти всё, что я видела там, я раньше никогда не пробовала, потому что моё «раньше» — это была война. Да и после войны наша кухня тоже не отличалась разнообразием и обилием разносолов. Жизнь налаживалась с трудом. Карточки отменили только в январе 1947-го года, а цены на рынке и в коммерческих магазинах были высокими и практически недоступными таким семьям, как наша. Хлеб с маслом, жареная картошка, суп и мясо к обеду всё ещё казались мне необычайной роскошью и доставляли огромное удовольствие. Моим излюбленным лакомством надолго стали ливерная колбаса, фруктовый рулет и лимонад, но, конечно, «королевой» оставалась белая булка с маслом. Та «вкуснятина», которую изредка приносил папа в небольших пакетиках, мама распределяла аккуратно и равномерно, как и всё, что она делала.

Вскоре после женитьбы Бенцеля на молодой и красивой искательнице приключений из сибирского города Прокопьевска — а их была тьма в те послевоенные годы — и произошёл его разрыв с папой (о чём, кстати, оба всегда жалели), и мы перестали бывать у мадам Августон. Я очень жалела об этом, потому что любила эти застолья переживших войну и чудом уцелевших ещё достаточно молодых людей и всегда чувствовала, что эти простые и самые обыкновенные люди со всем хорошим и плохим, и есть мой народ, а я — его часть, хотя духовно я жила в другом, неведомом им мире. Шутки их были чаще всего солёные и больше пошлые, чем остроумные. В основном они незамысловато крутились вокруг их постельных доблестей, того, как им удалось выкрутиться из очередной мышеловки проверяющих и как удачно была всунута очередная взятка в нужные руки. Но при этом оранжеватая фаршированная рыба на большом блюде посредине стола, золотисто-жёлтый холодец с застывшими в нём колечками крутого яйца, неизменные печёночный паштет и селёдочный форшмак, а за ними куриный бульон с пирожками были для них не просто едой, а как бы возрождением их прошлого, казалось бы, уже невозможного. То одна, то другая рука с заскорузлыми натруженными пальцами застывала в воздухе с куском, подцепленным на вилку, и начинались воспоминания о доме, о маме, о том, что ушло безвозвратно. Выпив, начинали вспоминать пережитое, рассказывать о том, что каждому выпадало на долю, и тогда лица их очищались, прояснялись и проступало в них нечто совсем иное, освещённое страданием и благородством. Из их рассказов я узнавала о многом, чем можно было гордиться — о проявлениях незаурядного мужества и достоинства, о ловкости и смекалке, которые спасали жизни не только им самим, но и другим людям. И ещё они любили старые еврейские песни, и любили, когда их пел мой папа. Их жадность к жизни была огромной, но не удивительной после того, как они неоднократно заглядывали смерти в лицо. Малограмотные, мало разбиравшиеся в законах жизни души, они не знали других проявлений своей радости уцеления.

Другим миром, в котором я жила в те довольно долгие послевоенные годы, была школа, а потом университет. Когда мы с папой в октябре 1944-го в первый раз пошли записывать меня в ту, что была ближе всего к дому, её директор встретил нас довольно неприветливо. Это был высокий седой, очень импозантный господин с породистым чётко вылепленным и неулыбчивым лицом. Он сказал папе, что вряд ли я буду чувствовать себя хорошо у них, потому что окажусь здесь единственным еврейским ребёнком. Мой папа, который всего несколько недель тому назад привёз нас из эвакуации в освобождённую от немцев Ригу, был возмущён и сумел настоять, чтобы меня приняли. Странно, что при таком начале учиться в этой школе было радостью. Старое, маленькое и неудобное здание, рассчитанное на немногих детей, отапливалось печками, и до конца войны и сразу после неё. Когда дров не хватало, мы каждое утро приносили в класс по полену для нашей большой белой кафельной красавицы. Эта печь была не просто источником тепла, но частью нашей школьной жизни. На переменах мы много играли и пытались превращать в реальность всё прочитанное, и в наших играх она становилась то крепостью, которую мы штурмовали, то дворцом, где содержались в заточении наши товарищи, а иногда печь играла роль некоего высшего существа, доброго или злого, в зависимости от нашей фантазии. Чаще всего на первом уроке свет не включали, наверно, из экономии, потому что на электричество были определённые лимиты военного времени. Сумеречная неопределённость очертаний всех предметов, фигур и лиц создавала настроение особой интимности и душевного понимания. Обычно день начинался в нашем третьем классе с урока, который вела наша классная, Татьяна Михайловна, то есть, с литературы. Когда я вспоминаю эти уроки, я вижу маленькую, похожую на жабу Татьяну Михайловну, всегда одетую в неизменный чёрный блестящий сатиновый халат, на котором тени от пламени в печке выделывали в мутной рассветной серости причудливые узоры, и нас, очень разных детей военного времени, странную смесь относительного благополучия и многообразной несчастности, сидящими тесно на сдвинутых партах, ближе к теплу.

Татьяну Михайловну сменяла совсем непохожая на неё Валентина Вячеславовна, математичка, а за ней другие, все разные, но чем-то похожие. Породистость и благородство — вот что прежде всего бросалось в глаза в лицах всех наших учителей. Они освещали холодноватое лицо директора Ивана Григорьевича, украшали сухие черты географички Марьи Сергеевны, которую все охотно называли «Коброй», и смиряли с вечно запуганной Ольгой Львовной, учительницей ботаники. Все они были убежавшими от революции эмигрантами, русскими интеллигентами того типа, которым была так богата дореволюционная Россия, искренне считавшими, что добрые поступки и собственный пример могут изменить мир. Сохранять свои идеалы помогала им и их глубокая религиозность. До войны школа была частной, и учились там дети таких же эмигрантов и местных русских, которых в Латвии было немало с незапамятных времён. В школе царил дух старых русских гимназий. При мне это, конечно, длилось недолго, но я успела его почувствовать и проникнуться его прелестью. Дух этот отличался органичным соединением строгости с уважением к нам. Каждый из нас был личностью и как личность воспринимался.

Каждый учитель, каким бы требовательным он ни был, стремился прежде всего быть справедливым, и мы чувствовали, что нас любят. Вопреки тому, что Иван Григорьевич принял меня поначалу так неохотно, я все четыре года чувствовала тёплое и хорошее отношение к себе. Сейчас я думаю, что его колебания были не столько выражением его личных антиеврейских настроений, сколько его неуверенности в том, придусь ли я ко двору в этой сугубо русской среде и будет ли мне здесь хорошо. Ведь речь шла о времени, когда отношение к евреям в Латвии определялось столь недавней оккупацией. Беспокойство Ивана Григорьевича оказалось напрасным. Одноклассники смотрели на меня, как на человека из того мира, в котором им теперь предстояло жить, и им это было любопытно. Училась я хорошо, и со мной им было не скучно, а к тому же в десять-одиннадцать лет всё новое быстро становится обычным. Очень скоро школа разрослась, и её контингент резко изменился. Местные дети стали незаметны среди новеньких — детей советских военных и аппаратчиков, вернувшихся эвакуированных и просто хлынувших в Латвию переселенцев из разных разрушенных мест России. Да и еврейских детей разного толка прибавилось.

Учиться в этой школе было легко и интересно, особенно поначалу, в так называемую «старую эру». Именно Марье Сергеевне, «Кобре», чьё лицо мгновенно покрывалось красными пятнами, если мы тыкали указкой не в то место на карте, где были тот или иной очередной остров или полуостров, я обязана своим любопытством к новым местам и путешествиям. От вечно испуганной Ольги Львовны я в первый и в последний раз в стенах школы слышала о Бербанке и даже умудрилась сделать доклад о нём на её уроке. Она, бедная, не знала, что единственный естествоиспытатель подобного рода, о котором надлежало знать советским детям, был Иван Мичурин. Благодаря Татьяне Михайловне литература никогда не была для меня предметом, который мы проходили, а навсегда осталась частью моей жизни, такой же естественной, как кожа. Я помню лицо Татьяны Михайловны, с трудом скрывавшей изумление, когда я принесла ей домашнее сочинение о «Бесах» Достоевского. А получилось это так. В квартире, в которой мы оказались после возвращения, стояла этажерка с томами Льва Толстого, Достоевского и Чехова Берлинского издания.

Так как с четырёх лет я любила читать, то, конечно, немедленно набросилась на эти книги и не могла от них оторваться. У меня уже был опыт с «взрослыми» книгами, когда в эвакуации, в первом классе, учительница забрала у меня на уроке «В людях» Максима Горького и сильно выговаривала за это моей маме, которая мне ничего читать не запрещала. Книги на рижской этажерке отличались по цвету томов. Достоевский был чёрный с блекло-золотистыми буквами на корешке и переплёте. Толстой — зелёный, как сочная, но уже чуть тускнеющая листва на пике лета, а Чехов — желтовато-зелёный, неуловимый. В моём мире, где чувства и цвет, переплетаясь, не существуют друг без друга, они такими и остались — чёрный, зелёный, желтовато-неопределенный. Достоевский поразил меня тогда больше всех. Может быть потому, что, в отличие от Толстого, он описывал жизнь мрачную, полную страданий ищущей души, и они были ближе ребёнку войны, чем светлые душевные взлёты Толстого. Так или иначе, но сочинение, которое я принесла, было о «Бесах». Что уж я там понаписала, что могла понять десятилетняя девочка, одному Богу известно, но с тех пор, разговаривая со мной, Татьяна Михайловна смотрела на меня взглядом, в котором были одновременно понимание и сочувствие. Она знала теперь, что я видела, наверно, нечто такое, что ребёнку видеть нежелательно, и что это нечто, виденное и испытанное этим ребёнком, приблизило ко мне этого писателя.

До сих пор я люблю напевать на печальный и протяжный мотив — «Эх, дороги, пыль да туман, холода-тревоги да сплошной бурьян... Снег ли, ветер, буря ль кружит, а твой дружок в бурьяне недвижим лежит ...» — песню, которую мы пели с Иваном Григорьевичем, который был и нашим учителем пения. Высокий, сухопарый — смычок в белой старческой руке с синими венами взлетает высоко вверх, а седая голова припадает к скрипке — так ходил он, подпевая по рядам между партами, наклоняясь то к одному из нас, то к другому. Как потом оказалось, дорога, выпавшая самому Ивану Григорьевичу, была длинной и трудной. Советская власть, от которой он успел убежать в революцию, настигла его в 1940-х, а в 1948-м, во время очередной сталинской высылки, он и его семья были отправлены в Сибирь, откуда он уже не вернулся. Выслали его, по формальному обвинению, за то, что он, в прошлом белоэмигрант, оказался ещё и в оккупации. Как будто то и другое он сам выбрал в своей судьбе. Людям, не жившим при Сталинской системе, понять это сегодня довольно трудно. После смерти Сталина, когда высланные смогли вернуться, я встречала его сына Жору и тщетно искала в его малозначительном лице черты Ивана Григорьевича.

Когда я где бы то ни было встречаю выражение «свет души», то вспоминаю лицо нашей учительницы математики Валентины Вячеславовны, очень бледное и совсем некрасивое по обычным бытовым представлениям. Большую часть его занимали пухлые щёки, а над ними возвышался большой слишком

Исторические здания Риги:

Вверху — Латвийский университет
В центре — Театр оперы и балета
Внизу — Художественный музей

Здание Академии художеств

Пляжи Рижского взморья

Знаменитый ресторан «Лидо» в Дзинтари. 1950-е годы

Дом в стиле арт-нуво

Женская и мужская мода 1956–57 годов

Узкие улочки Старой Риги

Популярное кафе «Вецрига»

Мемориальный комплекс жертвам нацистских лагерей. *Саласпилс*

выпуклый лоб. Но это лицо освещалось каким-то особым светом, и он шёл от её небольших, но очень светлых и ясных голубых глаз. У неё была редкая особенность разговаривать с каждым из нас так, будто она не учитель наш, а любящий и близкий человек. Поэтому с ней было легко и просто. Мне казалось, что она любит нас так же, как и своих Лялю и Олю. В отличие от своей ближайшей подруги Татьяны Михайловны, классической старой девы, у Валентины Вячеславовны были муж и две девочки. Ляля училась в нашем классе. Всегда молчаливая, безразличная и вялая, она казалась мне скучнейшим существом на свете. Через многие годы я узнала, что Ляля сильно пила, да я и сама видела её несколько раз пьяной на улице. Трудно было поверить, что эта толстая, обрюзгшая и неряшливая тётка, была дочерью нашей доброй и породистой Валентины Вячеславовны. К сожалению, несмотря на мою глубокую привязанность к ней и на все мои старания, полюбить математику мне так никогда и не удалось.

Эта школа-семилетка была не только местом, где мы учились. Там была наша настоящая жизнь, наши друзья, наши интересы, там мы искренне выражали свои мысли и чувства и там разыгрывалось наше воображение, и я не любила пропустить хотя бы один школьный день. Наши учителя не только не мешали нам, но, наоборот, всячески нас поощряли и поддерживали. Мы им очень доверяли, и я вообще не помню, чтобы кто-нибудь из них нас обманул в большом или в малом или воспользовался нашим доверием. Без нажима и поучений им удавалось учить нас человечности. Они не умели на нас кричать или говорить таким тоном, когда в голосе звенит металл, и мы их совсем не боялись. Зато, когда через несколько лет, уже в старших классах, мы, вышагивая чинно по коридорам нашей новой привилегированной женской школы-десятилетки, видели в другом его конце красавицу-директрису Надежду Николаевну, то мы с замиранием сердца старались проскочить мимо неё как можно незаметнее. Она же шла прямо на нас, буравя нас своими чёрными прекрасными глазами пронизывающе и холодно, совершенно в духе времени выискивая невидимого внутреннего врага.

Я не могу сказать с уверенностью было ли так только в моём опыте, но мы почти никогда не играли в войну или героев. Видимо, всё, связанное с войной, было слишком к нам близко. У многих из нас не было отцов. Одни знали, что они убиты на войне, и они их уже не ждали. Другие ждали и надеялись, что их отцы просто затерялись в мировом хаосе. В короткий военный период в Риге после возвращения мы часто бывали в госпиталях, читали там раненым стихи, пели песни или просто с ними разговаривали. Госпиталь, который я хорошо запомнила, был возле Пороховой Башни, в мрачноватых зданиях бывших армейских казарм. В огромных помещениях с низкими потолками стояли рядами железные койки, на которых лежали или полусидели раненые. Погруженные в свои мысли, они мало разговаривали друг с другом, и в палатах стояла какая-то напряжённая тишина. Нас они встречали радостно. Мы были посланцами из другого, более светлого мира, подающие надежду на лучшее, и мы напоминали им их собственное детство и своих детей. С нами шутили, угощали шоколадом или просто сахаром, который сам по себе был для нас деликатесом. Каждый из нас как бы выбирал кого-то из раненых, с кем он больше разговаривал, рассказывал или, наоборот, выслушивал истории о семье и детях. Они все переживали за тех, кто остался дома, а многие знали, что дома этого больше нет. Они в большинстве своём были издалека. Рига была для них чужим и холодным местом, не греющим душу. И у меня был друг — Иванов, а имени я его не помню. Я нашла кусок яркого жёлтого атласного шёлка и вышила ему кисет. Когда я понесла готовый подарок, кисет, наполненный табаком, который я с большим трудом раздобыла, выпрашивая у всех по горсточке, Иванова уже в госпитале не было. Его отправили обратно на фронт, как объяснили сестрички. Но увидев моё лицо, они успокоили меня и дали его адрес, номер полевой почты. Радости моей не было предела, когда я получила от него письмо и благодарность за кисет. Я опять написала, но ответа уже никогда не получила. Он был очень молодой, этот мой Иванов. Я чувствовала, что его больше нет, погиб, и переживала тяжело эту потерю.

От серого однообразия повседневности мы тянулись к остаткам не окончательно выполотой «буржуазной» культуры, которая ещё сохранялась в Риге тех послевоенных 40-х. В ней мы ощущали аромат и красоту иной жизни, которых не было вокруг нас, детей войны, нужды и несвободы. Мы из этой культуры брали всё подряд, всё, что было отголоском «старого мирного» времени, не очень-то разбираясь в ценности взятого, смешивая времена, страны и вкусы. Очень популярны были альбомы. Трудно определить точно, что мы называли «альбомом». Это были толстые тетради или блокноты, в которые мы писали друг другу стихи, свои и чужие, пожелания и высказывания, казавшиеся нам мудрыми, и рисовали, как и что умели. Мы хотели, чтобы наши «альбомы» были похожи на те, довоенно-досоветские, в которые писали и рисовали в салонах, где гости музицировали, играли в шарады и где полушутливые-полусерьезные записи были естественным самовыражением. Для нас, как и тогда, они были формой общения, игрой, в которой были намёк и тайна, и в то же время можно было, скрывая смущение, быть более искренним и открытым.

У большинства из нас альбомчики были неказисты, потому что мы были очень бедны. Чаще всего мы составляли их и сшивали сами из более или менее красивых листов бумаги, из всяких писчебумажных остатков. Только некоторым везло больше — им дарили или покупали настоящие альбомы в жёстких переплётах разных цветов. Каждый альбом в чем-то был похож на его владельца и его друзей. Иначе и быть не могло — приходилось думать хорошенько, кому давать альбом, а от кого и спрятать. Он давался только тем, кто нравился и кому доверял, а если давал чужаку, то ничего, кроме досады и сожаления, что испорчен драгоценный листок, не испытывал. Было нам тогда лет по двенадцать-четырнадцать, и знакомых у каждого была тьма. Девчонкам мы давали писать в свои альбомы только в исключительных случаях — если только наверняка было известно, что появится нечто интересное. На самом деле альбом предназначался мальчикам. Записи, их количество и качество, становились как бы доказательством твоего места в нашем маленьком обществе. Кто и что тебе писали, свидетельствовало о твоём успехе, о том, кому ты особенно нравишься и сколько их у тебя, этих так называемых поклонников, тощих, полуусых и насмешливых от нестерпимого стеснения. В альбоме не стыдно было проявить чувства, которые обычно тщательно скрывались и рисовать цветы или писать стихи о природе, любви и нежности. Это было особенно легко, потому что автор, как правило, своего полного имени не писал. От догадок сладко замирало сердце.

В те годы среди мальчиков было много курсантов разных училищ. Матери-вдовы часто не могли сами прокормить своих детей. Еле сводя концы с концами, они радовались, если везло, и можно было устроить сыновей в специально организованные для мальчиков-сирот Суворовские и Нахимовские училища, а если не очень везло, то в школы юнг, Мореходные училища или, в самом крайнем случае, в ФЗУ. Особенно популярны были училища и школы морского типа. Мальчишки там становились важными, ходили вразвалочку и щеголяли морскими словечками, в общем — «форсили», и страшно нам при этом нравились, потому что казались настоящими мужчинами. Домашние мальчики в своих выцветших ситцевых рубашечках и коротких брючках, не успевающих за их ростом, ни в какое сравнение с ними не шли. Казалось неважным, что они при этом знали много интересного, были остроумны и интеллигентны. В наших глазах им явно недоставало того шика, который появлялся от мелькания ленточек бескозырки по плечам и похлопывания «клешей» о лодыжки. «Морячки» поглядывали чуть свысока, так, будто им известно нечто важное, чем можно будет поделиться с нами только при исключительных обстоятельствах. В них была тайна, и это было главное, что отличало их от наших одноклассников и других «штатских». К тому же они появлялись от случая к случаю. Их могли наказать и не отпустить в увольнение. Поступок, послуживший причиной этому, всегда казался героическим. Они были в постоянной борьбе с некими злыми силами в лице начальства и учителей. Отсвет всего этого ложился и на девочку, с которой курсант дружил. Наказанному через друзей передавались записки и устные наказы, а обратно шли его томные ответы. Отдавались и альбомы, чтобы бедняга мог скучать красиво. В результате появлялись записи и рисунки, которые сегодня, может быть, показались бы нам детскими и неумелыми, даже безвкусными, но по-прежнему трогали бы нас искренностью и радостью жизни — всем тем, чем так отличается молодость от разумной и пресноватой зрелости. Мальчики рисовали маки, васильки, венки, обвивающие якоря. Они писали стихи, где высокое перемешивалось с невыносимо глупым, а мы млели.

Мои альбомы погибли в подвале. Известно, что в молодости легко отбрасывается вчерашнее и кажется, что завтрашнему нет конца. Я почему-то согласилась с мамой, что альбомам нет места в нашей маленькой квартире и что их надо перенести в подвал. Там они и лежали годы, а потом от них осталась только густая вязкая масса, где все цвета сплелись в единый бархатистый черно-зеленый цвет плесени, потому что подвал залило, и предметы перестали отличаться друг от друга. Там же, в подвале нашего небольшого домика, где жили, постоянно ссорясь и воюя, самые разные представители тогдашнего общества, погибли и другие примечательные тетради — записи о прочитанных книгах и недописанные романы и повести. Тогда это не казалось мне большой потерей. В 13 лет все потери кажутся восполнимыми, но сейчас я вспоминаю и об этих тетрадях, и об альбомах с сожалением. В них была я, моя девчоночья душа. По крайней мере, часть её, потом отмершая. Человек ведь умирает не сразу, в один момент, когда останавливается его сердце. Он умирает часто, сам того не замечая. Разве живы сейчас, где бы они ни были на самом деле, те мальчики и девочки, какими мы видим себя на старых фотографиях. Их нет. Живы лишь воспоминания о них, приукрашенные или обеднённые, как любые воспоминания. И ещё: в тех альбомах жило наше время, такое странное и сложное, когда были радость и полнота жизни, хотя могло показаться, что места для них и не было. В тех альбомах и тетрадях мы были живые, настоящие, не кажущиеся никем и не изменённые нашим будущим. Всегда чего-то ждущие и кого-то зовущие, мы верили в то, что счастье — это для каждого. Всё это навсегда осталось в подвале, в густой и пушистой мякоти разбухших, бархатисто-заплесневелых листов, всё соединивших и всё сравнявших.

Однажды папа с таинственным видом предложил мне пойти с ним, не объясняя куда. Мы подошли к самому красивому дому на улице Крышьяна Барона, роскошному особняку, известному всем как «дом Беньяминьша». Антон Беньяминьш, крупнейший журналист и издатель в довоенной Латвии, вместе со своей женой Эмилией основал самую популярную газету *Jaunakas Zinas* (Последние известия) и редактировал ряд других изданий. В 30-е годы супруги купила этот необычный дом, построенный в 1876 году в ренессансном стиле архитекторами Г. Энде и В. Бекманисом, но им недолго довелось насладиться жизнью в нём. Сам Беньяминьш успел благополучно умереть в 1939-м году, не дожив до прихода «красных» и депортации сорокового года, но его жена этой участи не избежала. Самая светская дама в довоенной Риге, державшая под контролем всю культурную жизнь города, законодательница вкуса и мод, отправившаяся в 40-м году в ссылку в шёлковом платье и туфлях-лодочках, Эмилия Беньямине умерла в 41-м в лагере на нарах от дизентерии.

Ничего этого я не знала тогда, вслед за папой поднимаясь по широким серым ступеням к массивной и торжественной двери входа, рядом с которой висела мраморная доска, сообщавшая, что в здании расположились Союзы Советских писателей, художников и композиторов. Я никогда не думала, что просто люди, не графья и не князья, могут жить в таких домах, и уж, конечно, не мечтала, что когда-нибудь смогу войти в один из них. Но так как папа без всякого смущения шёл вперёд, то я довольно уверенно ковыляла за ним, всё ещё не понимая, зачем мы сюда пришли. Внутри здания было темновато из-за тяжёлых штор на огромных окнах, и свет от сверкающих люстр и бра играл на золочёных гирляндах зеркальных рам и разрисованных плафонах потолка. Я, никогда раньше не видевшая ничего похожего, чуть живая и совершенно обалдевшая, ступала по мягким коврам, переходя из помещения в помещение.

Всё мгновенно прояснилось, как только мы открыли тяжёлую дверь, за которой сразу же видны были бесконечные ряды стеллажей с книгами: мы пришли в библиотеку. Те библиотеки, в которых я брала книжки раньше, были маленькие, и чаще всего убогие, городские или школьные библиотеки. Сейчас же мы попали в великолепие, где даже воздух был пропитан духом высокого интеллекта. Это был смешанный запах старой бумаги, книжной пыли и типографской краски. Величественность обстановки усиливали массивные панели и тяжёлые читательские столы. Увидев моего папу, женщина за высоким барьером приветливо заулыбалась и приветствовала его, как старого знакомого. Потом она довольно долго и без всякой снисходительности поговорив со мной, стала торжественно заполнять читательскую карточку. С тех пор я оказалась в книжном раю, куда меня пускали в любое время в течение нескольких лет, где меня всегда ласково встречали и выдавали всё, что угодно. Более того, мне разрешали самой ходить к полкам и самой книги выбирать, что было нарушением всяких правил, но сходило как-то с рук, потому что в этом элитарном месте бывало очень мало посетителей.

Как папе удалось пристроить меня в эту библиотеку Союза писателей Латвии, фонды которой цензура ещё не успела очистить к тому времени, я не знаю, но знаю, что счастью моему не было предела и менять книги я ходила, как на праздник. Всё, что я оттуда приносила, было необычным чтением для советского ребёнка. Уже через несколько лет множество книг изъяли из обихода как «вредные и буржуазно-сентиментальные, насаждающие чуждую идеологию». А я, не ведая об их вредности, плакала над судьбой княжны Джавахи и других девочек и мальчиков у Лидии Чарской и Анастасии Вербицкой. Вместе с героинями Оливии Уэдсли я отправлялась в лодках по Нилу, где судьбами героев управляли духи фараонов, и вместе с сыщиками из детективных романов Эдгара Уоллеса ловила преступников. Именно этой библиотеке я обязана тем, что узнала имена и прочитала книги писателей, о которых большинство советских людей слыхом не слыхали. Среди них были фантастические романы француза Пьера Бенуа о пропавшей Атлантиде, немца Бернарда Келлермана «Туннель» и «Братья Шелленберг», Вассермана «Дело Маурициуса», американца Эптона Синклера и даже Селина «На краю ночи». Я была так поглощена этим неведомым миром далёких человеческих драм, что плохо замечала те, которые разыгрывались вокруг меня в реальном мире, правда, менее красочно.

Старая школа на Матвеевской улице разрасталась, и в ней быстро исчезал дух семьи, который делал её такой особенной. Старые учителя как-то тихо и незаметно исчезали, а несколько чудом сохранившихся стремились быть незаметными в массе новых, советских, шумных и оптимистичных. Всё резче и резче обозначалась черта, отделявшая учителей от учеников, и они всё больше превращались во враждующие лагеря. Как это часто бывает, жертвами с обеих сторон оказывались совсем не те, кто этого заслуживал. Учителя больше всего невзлюбили детей непокорных и задумывающихся, а ученики набросились на самых добрых и слабых. Это особенно остро проявлялось на уроках Валентина Степановича, учителя рисования. Только много лет спустя, когда я пришла к нему в мастерскую уже как журналист, я в полную силу осознала, какими жестокими и глупыми мы были и какого замечательного художника и человека не замечали. Здесь, в его более чем скромной студии, по сути, просто комнате в небольшой квартире, глядя на его работы, я снова испытала то чувство стыда, которое иногда мучило меня в классе. Он жил в своеобразном доме, который все рижане хорошо знали. Этот дом был похож на корабль. Его нос выходил на Домскую площадь, и в нём было кафе…, а корпус дома смотрел на одну из многочисленных маленьких улочек, которые эту площадь окружают.

Из окна своей квартиры Валентин Степанович мог видеть старую Ригу с разных сторон, и он писал её без конца. Это была его Старая Рига. В акварелях и гуашах были не только красота города, но и душа художника. Это был его мир, куда он уходил от жизни и от таких, как мы, дикарей. Он тоже был «из бывших», и жизнь в эмиграции, а позднее в советском режиме вынудили его быть учителем рисования, но в его мастерской я поняла, что он был настоящим мастером. Когда я ему это сказала, он в большом смущении стал поглаживать свою совершенно лысую голову, проводить рукой по лицу, сминая и расплющивая нос и рот. Он всегда так делал, когда не знал, как же поступить и что сказать. Этот же жест он повторял и в классе, когда над ним издевались, а надо сказать, что порою выходки переходили всякие границы. Его полная беззащитность и то, что в советской школе некоторые предметы, в частности, рисование, считались бесполезными и неважными, а учителя, эти предметы преподающие, оказывались людьми как бы второго сорта, делали такое возможным. В эту группу «неполноценных», кроме учителей рисования, входили учителя пения, домоводства, иностранных языков и преподававшихся тогда логики и психологии. На уроках Валентина Степановича в него запускали бумажные самолётики, вскакивали без всякого разрешения с места и бегали по классу, даже дёргали его за пиджак. Особо смелые забегали за учительский стул и строили рожи за его спиной. Он был довольно высокий, но весь какой-то мягкий, не толстый, а пухлый и весь покрытый волосами при совершенно голом черепе. Когда его обижали слишком уж сильно, он, как затравленное животное, покачивал из стороны в сторону своей круглой, как шар, лысой головой и мычал негромко, как бы отмахиваясь от чего-то назойливого и бессмысленного.

В настоящей советской школе-десятилетке, куда я потом перешла, учителей никто не смел травить явно. Но зато в этой школе не было и учителей, которых стоило бы или хотелось бы вспоминать. За исключением одного — Николая Николаевича Поспелова. Я почти уверена, что его уже нет в живых, слишком много лет прошло. Я не знаю, откуда он приехал в Ригу и какого он был происхождения. Знаю только, что это был учитель, который прежде всего любил своих учеников, а потом уж преподавал им науки. Он никогда не читал нам моралей, но пониманию того, что морально, а что нет, мы у него учились. Особенно хороший урок был преподан мне. Надо сказать, что я была невероятно драчлива. Ещё в старой школе я, бывало, объединялась с мальчишками, чтобы после уроков «проучить» какую-нибудь «дуру» или «дурака», не проявивших покладистости, не пожелавших, например, играть в нашу любимую игру, где надо было, входя в класс, каждый раз поклоняться нашему божеству «Каабе», т. е. нашей знаменитой печке. Сейчас мне ни за что не вспомнить, что это была за игра и почему печке надо было поклоняться, но тогда от этого зависела судьба. Так, по крайней мере, мы думали. Мои родители в ужасе хватались за голову каждый раз, когда их вызывали в школу. «Ну хоть бы мальчик, а то девочка, которая дерётся»! — восклицали они и смотрели на меня с удивлением и укором. Я на самом деле никого и ничего не боялась, и замечательно умела за себя постоять. Зная эту мою способность не только давать сдачи, но и задираться, меня мало кто пытался физически обижать. Но избежать словесных обид было невозможно. Для них всегда был один и тот же повод — антисемитизм, и тут уж меня было не удержать.

Я помню два случая, когда конфликт принимал весьма серьёзные формы. Первый произошёл ещё в старой школе, в шестом классе, когда Нинка Мансурова назвала меня «жидовкой». Нинка была самая рослая в нашем классе и стояла первая в строю. Я же всегда бывала необыкновенно счастлива, если в классе появлялся кто-то меньше меня, что случалось не часто. Нинка была с «Московского форштадта», из семьи, где много пили и гуляли, а евреев ненавидели генетически. Большая и толстая, Нинка казалась мне огромной, и я её боялась. Но со мной всегда происходила одна и та же штука: если что-либо чрезмерно выводило меня из себя, страх уходил куда-то глубоко, и ворочался холодным комком внизу живота, но не смел высовываться, и всё, что я делала или говорила, со стороны казалось очень смелым.

Не думаю, что это на самом деле была смелость, скорее гордость и оскорблённое самолюбие, не дававшие возможности молча проглотить обиду. Когда Нинка назвала меня «жидовкой», я почувствовала, что не вижу ничего перед собой, кроме её круглого плоского лица и наглых глаз, смотрящих на меня сверху вниз вызывающе и с насмешкой. Я помню, как окружившие нас кольцом одноклассники замерли и ждали, что будет. Всем своим нутром я чувствовала, что на карту была поставлена моя честь и что отступить нельзя, что, отступив, я просто не смогу жить. Тогда я подошла к Нинке и стала бить её по щекам грязной поганой тряпкой, которой у нас вытирали доску. Я до сих пор ощущаю в моей руке её противную шершавую мокрость, замешанную на меловой пыли. После первого удара мне показалось, что земля уходит у меня из-под ног, что вот сейчас Нинка размахнётся и одним ударом собьёт меня с ног, сотрёт с лица земли. Я замерла, но только на одну минуту, и, зажмурив глаза, ударила её опять. Когда я их открыла, то с изумлением увидела, что мой враг плачет. Она стояла, огромная, вытянув руки по швам, и плакала.

Антисемитизм не всегда бывал таким открытым и прямым, как в случае с незамысловатой Нинкой. Я помню, как горько мне было и бессилие душило меня, когда моя лучшая подруга Галя Брюханова попросила меня больше к ней не приходить и без тени смущения сказала, что её папа, офицер НКВД, запретил ей дружить с еврейкой. Я не побила Галю. Я её любила и не смогла через это переступить, но я никогда больше с ней не разговаривала. К счастью, подполковника Брюханова вскоре перевели куда-то ещё бороться с внутренними врагами, и вся семья уехала. Точно такую же боль я испытала, когда другая моя подруга, Нина Гротская, сказала мне, как её раздражает всё еврейское, что она во мне замечает. После этого наши отношения с ней тоже надломились и продолжались скорее по привычке.

Ради самой дорогой мне дружбы или даже любви мне в голову не пришло бы от своего еврейства отступить, и я совершенно не понимала тех, кто так поступал. В четвёртый или пятый класс к нам пришла Лиля Гройсман, рослая и плотная девочка с ярко выраженной еврейской внешностью. Она была дочерью полковника, высокого неулыбчивого человека в серой каракулевой папахе. Как и папа, Лиля держалась всегда очень уверенно и отличалась от большинства из нас явным благополучием. Однажды она пришла в класс с большим золотым крестом на шее. Крест, видимо, был среди трофеев, привезённых полковником с войны. Как ей могло прийти в голову надеть его и как это упустили её родители, понять невозможно. Со всех точек зрения этот поступок был глупым и вызывающим. Надетый открыто, крест грозил большими неприятностями её отцу, советскому офицеру и, наверняка, члену партии. К счастью, ничего плохого для него не произошло именно потому, что наша старая школа была тогда ещё не настоящая советская, и учителя, не обладая «политической бдительностью», не сказали ни слова по этому случаю, хотя их религиозные чувства православных людей не могли не быть задетыми Лилиным кощунством. Лиля же, я думаю, таким образом хотела заслужить большую популярность среди русских девочек. Уже долгие годы взрослой жизни не могли заставить меня забыть этот случай. Моё еврейство всегда было частью меня самой, несмотря на то что я редко хожу в синагогу и довольно плохо соблюдаю обряды и праздники. Я никогда не представляла себя человеком, принадлежащим ни к какому другому народу.

Второй случай, когда я серьёзно дралась из-за своего еврейства, произошёл в десятом классе на уроке немецкого языка. За мной сидела девочка, которую я помню только по фамилии — Девяткина. Довольно умная и толковая, особенно по ненавистным мне физике и математике, она была ехидная и всё любила делать исподтишка. Вот и на сей раз, на уроке немецкого, она, преданно глядя на нашу дряхлую Гермину, неуклюже упирающуюся в пол своими венозными кривыми ногами в туфлях на высоченных каблуках, шипела мне в затылок всё те же «сакраментальные» слова о моём «жидовстве». Всё произошло, как и в первый раз, мгновенно. Уже в следующую минуту Девяткина громко вопила, а на парте и на полу валялись осколки её разбитых очков. Герминины крашено-облезлые кудряшки тряслись так, будто мы переживаем землетрясение. Местная немка, пережившая в Риге оккупацию и небезосновательно трепетавшая перед советской властью, она больше всего испугалась за себя, за то, что этот нелепый инцидент произошёл именно на её уроке. Переполох поднялся невероятный. Все ждали, что теперь меня не допустят до выпускных экзаменов, до которых оставалось меньше месяца. Николай Николаевич, наш классный руководитель, немедленно вызвал в школу моих родителей. О чём он говорил с ними, я не знаю, но почему-то меня дома почти совсем не ругали. Шли дни, и меня никто никуда не вызывал, ни Николай Николаевич, ни директор школы. Это было странно. Наконец, я сама не выдержала и пошла к Николаю Николаевичу. Он встретил меня без улыбки, но и без удивления или гнева. Собственно, он вообще не смотрел в мою сторону. Когда он заговорил, он сказал очень мало: «Я всегда любил тебя и уважал, а теперь мне противно тебя видеть. Мне противно видеть человека, который бьёт по лицу другого, как бы неправ этот другой ни был». Вот и всё, что он мне тогда сказал, без пафоса, простым будничным тоном, но я запомнила его слова навсегда. И до сих пор я с равным отвращением вспоминаю как ощущение той грязной сырой тряпки в моей руке, когда я била Нинку, и мягкую податливость чужой щеки, от которой ладонь оттолкнулась с лёгким коротким звуком.

Николай Николаевич был один из трёх знаменитых в городе учителей, которые резко выделялись своей требовательностью, умом и человечностью. Два других были — Николай Иванович, математик из 22-й мужской школы и Георгий Андреевич Попляев, физик из 13-й. Было известно, что они часто собираются вместе и пьют, но было так же понятно, что их объединяло нечто большее, чем водка и что за каждым из них стояла человеческая драма, о которой и они сами, и окружающие предпочитали умалчивать. Больше, чем о других, мы знали о Попляеве, но только потому, что хорошенькая, как куколка, его бывшая ученица вызвала страшный скандал, полюбив и выйдя замуж за своего изуродованного войной и для неё слишком старого учителя. Его история была страшная даже для той поры. Раненый, он попал в плен, из которого бежал, как говорили, в цистерне для нечистот. Советская власть его за это, естественно, наказала.

Вряд ли начальство, такое, например, как наша правоверная, как будто бы с инструкции списанная директриса, могло любить таких учителей, но почему-то оно их терпело. Николай Николаевич преподавал математику, астрономию и физику. Не могу сказать, что его уроки были какими-то особенно интересными, вовсе нет. Зато его талант классного руководителя был от Бога. В нём была сила, которая притягивала нас. Очень высокий и очень худой, с виду довольно унылый, всегда зимой и летом в одном и том же тёмно-синем костюме, он был переполнен идеями и предложениями. Ему было интересно с нами, а мы забывали, что он не просто наш старший товарищ. Надо сказать, что наша десятилетка тогда была женская. Это были годы, когда Сталин возвращал старые дореволюционные традиции, придавая своей победоносной державе ещё более помпезный вид. Среди прочего, он ввёл и раздельное женское и мужское обучение. Эта мера внешне придавала ханжеской советской морали ещё большую весомость. Мы, благородные девицы предполагаемого рабоче-крестьянского происхождения, выглядели чопорно и важно. Мы носили тёмные платья, синие или коричневые, обязательные белые воротнички и фартуки, в будние дни — чёрные, а по праздникам — белые. На переменах нам предписывалось прогуливаться парами по коридору, не бегать, не шуметь, не кричать, а говорить о чем-нибудь возвышенном. На праздничные вечера к нам приглашали мальчиков из других школ или нахимовцев. Они считались элитой, и обычные мальчишки, которые не умели танцевать бальных танцев и не были обучены хорошим манерам, не шли с ними ни в какое сравнение. К тому же, как известно, мужчины в форме всегда обладают особым обаянием в женских глазах. Поэтому девочки млели перед нахимовцами и глаза их сияли, когда они кружились в вальсе с курсантом, чинно положив руку на его плечо. Это на самом деле было довольно красивое зрелище — белые банты и порхающие крылья нарядного белого фартука рядом с золотом эполет на чёрном мундире. Беда была в том, что нахимовцы были больше похожи на манекены, чем на живых людей. Их привозили к нам, что называлось, «в организованном порядке», строем, и в таком же порядке увозили. Во время танца и в перерыве они бубнили нечто идейное и правильное. Видимо, их тренировали перед походом к нам и учили, что говорить и как. Я не помню, чтобы у кого-нибудь из наших девочек возник роман с нахимовцем.

Для нашего десятого «А» класса Николай Николаевич весь этот искусственно-торжественный мир нарушил. Здесь я должна оговориться и рассказать, как мне повезло попасть в класс

Николая Николаевича. До этого я два года, 8-й и 9-й, училась в параллельном классе, «Б». Мы, несколько подруг, пришли в эту десятилетку вместе. В какой-то момент оказалось, что среди всего класса я одна не член комсомола. Дело было в том, что мой папа был категорически против этого вступления. Но школьное руководство, обратив внимание на мою «беспартийность», стало проявлять всё растущую настойчивость. О мнении моего папы знала моя близкая подруга Таня, девочка, которая часто бывала у нас и от которой у меня не было секретов. Атмосфера с моим вступлением в конце концов до того накалилась, что папе пришлось отступить, и он согласился. И вот настал день, когда меня принимали в первой инстанции, в классе. Я уже ответила на несколько ничего не значащих вопросов, когда вдруг, совершенно неожиданно встала Таня и очень громким голосом рассказала всем о взглядах моего папы и о его запрете. Разразился, конечно же, невероятный скандал. То, что папу не привлекли и не посадили, что было возможно, ведь время-то было ещё сталинское, оказалось опять очередным чудом. Просто не оказалось в этот момент настоящих подлецов под рукой. Через довольно короткое время меня в этот комсомол всё же приняли, выполняя, видимо, разнарядку. Я вспоминаю об этом эпизоде, потому что он сыграл в моей жизни существенную роль. Я не могла и не хотела больше оставаться в этом классе с предателями, пошла к директору и попросила перевести меня в другой класс, в «А». И меня перевели туда, и для меня началась новая жизнь, жизнь с Николаем Николаевичем, моим классным руководителем. Это оказалось большой радостью.

Однажды он вдруг предложил: «А не подружиться ли нам с каким-нибудь мальчишеским классом?» После этого удержать нас было уже невозможно. Мы были в том возрасте, когда жизнь без мужского общества казалась совершенно неполноценной. Я хорошо помню, как пришли к нам в первый раз представители этого намеченного нами класса, как обе стороны поначалу от волнения не могли раскрыть рта, а потом не могли остановиться, обсуждая, что мы будем делать и когда. Дальше была просто человеческая жизнь семнадцатилетних людей со всем человеческим, что в ней случается — спорами и бурными дебатами, ссорами и примирениями, но прежде всего бесконечными любовями, бурными переживаниями и настоящими страданиями. Мы почти забыли, что учимся в разных школах, настолько переплелись наши дела и интересы. Разные уроки по разным расписаниям были лишь неважной деталью. Николай Николаевич даже написал о нас и для нас пьесу, где каждый узнавал себя. Слушать новые куски, а потом репетировать мы собирались чаще всего у Юры Кизимы в его большой квартире. Во время чтения Николай Николаевич сидел очень прямо и не меняя позы. Он заметно волновался, ожидая нашей реакции, а мы, не стесняясь, делали свои замечания. Рядом с ним обязательно усаживалась его жена, такая же длинная и тощая, неизменная участница наших сборов и тоже наш друг. После чтения пили чай с хлебом и с чем ещё Бог послал. Чаще всего это были дешёвые консервы или килька, на большее наших денег не хватало. Меня, я помню, поражало, что Николай Николаевич кильки никогда не чистил, а ел их целиком, с головой, хвостом и кишками. Он вообще был далёк от какой-либо внешней «светскости». Для него не существовали, казалось, такие вещи как одежда и её фасоны, хотя его единственный костюм был всегда опрятен и выглажен. Он жил в своём мире, вероятно, очень непохожем на наш. Я так думаю, потому что он дружил с людьми, прошедшими не просто через тяжести войны, но испытавшими её ужасы в их страшных видах. Он, как и они, а я знала некоторых из них и их судьбы, пил с ними горькую и говорил с ними о том, что нам и не снилось, хотя и мы, многие из нас, тоже прикасались к невидимым сторонам «советскости».

Мы все подружились по-настоящему, так, как об этом писали в книгах. Нам хотелось верить в хорошее, и мы в него поверили. Мы охотно пошли за Николаем Николаевичем в этот искусственно созданный им мир доброты и взаимного понимания, согреваясь его теплотой и отодвигая от себя реальную жизнь с её разочарованиями. Мы были преданы друг другу в плохом и хорошем. Это продолжалось ещё довольно долго после школы, и только много лет спустя жизнь нас всё же развела. Но и сейчас мне было бы интересно и важно знать, где большой и добродушный Костик Колещук или Борис Кучумов, такой значительный в своём вечном молчании; где Алька, вышедшая замуж за тихого Гену Васильева. О некоторых я знала больше и чаще с ними встречалась. Вместе с Витей Рибо, ставшим следователем прокуратуры, оплакивали нелепую смерть Генки Буленкова. Юра Кизима стал полковником авиации, Феликс, сменив свою еврейскую фамилию Альтман на фамилию русской жены, нашей Зоси Лубенской, преподавал в институте, а его лучший друг Абраша Цаль давно, одним из первых, уехал в Израиль. Когда я бывала в Чикаго, я виделась с бывшим красавцем Эдиком Сегалем. Годы и болезни превратили его в развалину, и он рано умер, но когда мы встречались, то сразу начинали говорить о нашем едином десятом «А» и его обитателях, о радостях и печалях нашей юности. Всё это дал нам Николай Николаевич, который старался, как мог, бороться с системой и сохранить в нас человеческое, не дать вытравить его казёнщиной формального воспитания. От всего официального каждый уходил как мог, одни с большим, другие с меньшим успехом.

А потом был филологический факультет Латвийского Университета, для меня — унылая и скучная пора. Конечно, так было не буквально, но когда думаешь об этом времени, то всё сливается в нечто расплывчатое и серое. Преподаватели в большинстве своём были людьми скованными, неуверенными в себе, оставлявшими впечатление безликости и скуки. Мне теперь кажется, что они были очень запуганы временем, и это мешало им проявлять свою даже весьма слабую индивидуальность. Многие буквально читали лекции по своим каким-то листкам и тетрадкам. Писатели, о которых они говорили, казались не живыми людьми, бывшими когда-то счастливыми или несчастными, страдавшими и радующимися, говорящими нам нечто интересное и значительное, а какими-то высушенными бумажными куклами. Тем, кто их книг не читал, а таких, к удивлению, было немало, так и осталось неизвестным, как замечательно эти писатели думали и чувствовали, и сумели об этом нам сказать. Некоторые из этих преподавателей были патетичны и смешны в своём искусственном пафосе и пустой высокопарности. Такой была Зоя Моисеевна Гильдина, читавшая нам зарубежную литературу. Она была знаменита тем, что была на III-м съезде комсомола, где выступал Ленин, и она видела и слышала его там. Самого Ленина! Этот факт сиял над ней, как ореол, как коммунистический нимб. Грустно вспомнить о её «марксистско-ленинском» накале и суровом бичевании бедных иностранных авторов, не вписывающихся в коммунистические рамки. Одни из них, классики XIX века, например, задыхались в угаре буржуазного мира, а другие, не ели, не пили, не любили и не рожали детей, а только мечтали о том как бы им сгореть в борьбе за лучшее будущее. Дико, но почти все принимали её всерьёз и считали, что её лозунговая пропаганда — это и есть преподавание литературы всего остального мира.

Кроме этой Гильдиной я помню ещё только доцента Николаева (так его почему-то все называли, полным титулом), но помню я его только потому, что не переставала удивляться тому, как некоторые девицы наши восхищались этой туповатой и напыщенной личностью и ещё его постоянным лёгким взмахиванием пальцев. Видимо, он считал этот жест признаком аристократичности. Литература слыла скучным предметом, а наш филологический факультет собирал в основном тех, кто никуда больше попасть не мог или евреев, которых в другие места не очень-то охотно брали. Молодых людей, которые действительно хотели заниматься литературой всерьёз или стать учителями литературы, почти не было. Я очень любила во время этих лекций писать письма своим друзьям, которые учились в Москве и Ленинграде. Пишешь себе что-то с умным видом, и все думают, что ты старательный. От этого «вытравления» любви к литературе и полного её непонимания меня спасла библиотека Союза писателей, память о которой я сохранила на годы.

Гораздо интереснее были языковые предметы, лингвистика — я и до сих пор ею болею. Особенно интересны мне были этимология, сравнительное языкознание и история языка, хотя и здесь царили то теория Марра, то Сталинские «светлые мысли». Но мне повезло: вдруг, совершенно неожиданно, к нам залетели две замечательные птицы. Они спустились к нам из Москвы и украсили нашу жизнь, по крайней мере мою. Только позже по ряду косвенных признаков я догадалась, что они убежали из столицы от каких-то больших неприятностей и, к счастью, сумели укрыться у нас, в нашей богом забытой богадельне, которая называлась филологическим факультетом. Это были Вера Ивановна Белошапкова и Ольга Ивановна Горшкова, две очень разные женщины, схожие только в своём умении раскрывать красоту и силу языка. Вера Ивановна, плотная, некрасивая, с мало улыбчивым лицом крестьянки не старалась нас увлечь, но у неё это замечательно получалось. Ольга Ивановна, наоборот, выглядела, как дворянская барышня, описанная в романах XIX века. Может, она ею и была. От неё, как волна, шло к нам благородство, чувство какой-то особой чистоты. Оно ощущалось как нечто материальное. Это впечатление усиливалось всем обликом Ольги Ивановны, её неестественной бледностью, большими грустными глазами и высоким лбом, с которого начиналась копна густых русых волос, завершающихся на затылке большим пучком. К сожалению, они уехали скоро. Так же неожиданно, как и появились. Вместе приехали, вместе исчезли, хотя я понятия не имею, были ли они хоть как-то связаны между собой.

Остальная университетская жизнь сохранилась в памяти кусками. Я много раз слышала от многих людей, какими замечательными были их студенческие годы, но я похвастаться этим не могу. Как дурной сон, вспоминаю дождливую и серую балтийскую осень, когда нас каждый год в начале семестра на месяц отправляли в колхоз. Бедные колхозники ненавидели не меньше нас эти нелепые и бессмысленные поездки, одна из многих форм идеологической пропаганды, так называемого «слияния города и деревни». Они понятия не имели, что же делать с этими городскими девчонками и парнями, не только не имевшими хоть каких-то навыков крестьянского труда, но в большинстве своём неприспособленных ни к какой физической работе. В их глазах мы были толпой ленивых белоручек, которые всем своим видом показывали, что чувствуют себя ни за что ни про что оторванными от дома и сосланными в глушь. Лишние хлопоты и ответственность за этих бездельников вызывали раздражение, смешенное с презрением. Помощи от нас было на грош, а возни с тем, куда нас девать и что с нами делать — хоть отбавляй. Мы даже не знали, с какой стороны подойти, например, к корове или как управляться с каким-то сельским орудием. Единственным местом, где мы могли работать, было поле, где, согнувшись в три погибели, мы выгребали из мокрой земли картошку или морковь. К концу рабочего дня наши трудовые достижения были довольно жалкими. Грязь, липкая глина, сон одетыми на сыроватой соломе на полу одной комнаты, где все, мальчики, девочки и несчастный такой же ссыльный преподаватель, спали вместе; крысы, от которых по ночам поднимался страшный вой. Вой был наш, а крысы в ужасе бежали. Самой светлой стороной этой жизни была еда, незамысловатая, но зато обильная, состоящая из картошки, вареного мяса и хлеба с молоком. Горячая вода была доступна только в виде чая. О душе можно было только мечтать, что мы и делали, ночью в темноте громко переговариваясь. Когда, наконец, грязные и измученные, мы, трясясь в разваливающемся грузовичке по дороге домой, громко пели, то наши радостные вопли были просто криками свободных дикарей.

Потом была смерть Сталина, другое незабываемое событие нашей жизни. Нас всех согнали в актовый зал и заставили не только слушать истерические речи преподавателей кафедры марксизма-ленинизма и факультетского начальства, но и плакать. Я не шучу. Рьяные комсомольские активисты и преподаватели из партийных стояли возле рядов и смотрели зорко за каждым. Атмосфера этого митинга была смесью псевдо-трагичности и неестественной экзальтации. Невольно приходилось всплакнуть, пусть даже и притворно. Многие, правда, рыдали искренне. Проходило это мероприятие при участии и тех, студентов и преподавателей, у кого в лагерях и тюрьмах погибли или ещё сидели родственники и даже родители. Было в этом зале и достаточно таких, как я, в основном из местных, которые проходили «антисталинскую подготовку» дома, а для евреев ещё было и только что закончившееся «дело врачей, убийц в белых халатах». «Тиран сдох!» — таково было общее настроение этой части людей.

Когда «дело врачей» началось, у евреев появилось чуть ли не физическое ощущение, что воздух вокруг них как бы стал густым и давящим. Стало тяжело дышать. Все притихли, но зато недоверие, грубость, высказывания даже прямые угрозы самого мракобесного антисемитского толка стали откровенными и громкими и сыпались отовсюду в транспорте, в очередях, поликлиниках и вообще в общественных местах. Особенно тяжело приходилось врачам и всем, кто работал с людьми, в так называемой сфере обслуживания. Было страшно. А ведь война и Гитлер ещё не остыли в еврейской памяти.

Я до сих пор ощущаю кожей то чувство страха, которое испытала в один из вечеров, когда шла одна, уже в темноте, по центральной, но уже полупустой улице. Страх прожигал мне спину, и каждую минуту я ожидала удара от любого прохожего. Когда здесь, в Америке, мне задают вопрос «а почему вы уехали», я вспоминаю этот вечер и то, что чувствовала тогда на улице своего родного города. Это чувство въелось в меня, вошло в мою кровь. Пожилые люди, пережившие погромы или гитлеризм, ощущали то же самое. Такое никуда не уходит.

В нашей студенческой группе была девица, Света Застер, впоследствии перспективный радиожурналист. Она же была нашим комсоргом. Вот когда нас согнали на собрание по поводу «доблестного поступка» врача Лидии Тимашук, «разоблачившей врачей-убийц», Света после многих горячих выступлений наших юных патриотов, обратилась прямо ко мне, сказав: «Ну, а ты-то чего молчишь? У тебя ведь всегда есть своё мнение!» Сердце у меня сжалось и было мне очень страшно, но я встала и громко ответила: «А у меня сегодня зубы болят!» и села. Было то же чувство, что и тогда, на улице, ощущение нависшего откуда-то удара, хотя я толком не знала, чего мне бояться сейчас, в мирное, казалось бы, время. Тогда мы все ещё очень мало что знали обо всех советско-сталинских ужасах, открывшихся нам потом через документы, разоблачения и описания многих, не понимали того, что могло меня ожидать. По абсолютной дурости самым страшным в тот момент мне казалось исключение из университета. Когда я села, все замерли, но молчали. Все чего-то ждали, но Света, по-видимому, растерялась от моей, как она посчитала, наверно, наглости. И дальше всё пошло своим чередом. Всё обошлось. Никто никогда к этому не возвращался, и меня ни о чём никто не спрашивал. Зато мне удалось «отомстить». Несущественно, но всё же. Когда Сталин сдох, и дело врачей закрылось, опять собрали собрание. И опять говорили, но уже наоборот. И тут я громко и, конечно, злорадно, спросила Свету, почему она ничего не говорит. Она в ответ только молчала, но смотрела на меня с открытой ненавистью, которая меня порадовала.

Всё то, о чём я рассказываю, проходило на фоне нашего духовного становления, неровного, скачущего, зигзагообразного и полного противоречий и несоответствий, зачастую весьма болезненного.

Жизнь после смерти Сталина менялась, но было бы ошибкой думать, что это был быстрый и однозначный процесс. Далеко не все в одинаковой степени воспринимали перемены. Общество как бы раскололось на тех, кто был полон надежд, энтузиазма и готовности к созданию нового, и на тех, для которых этот перелом оказался катастрофой. Этим людям мир, созданный большевиками, казался незыблемым. Для многих тех, кто при вожде был «кем-то», происходившее грозило нешуточным неблагополучием, и они панически этого боялись. Забегая вперёд, скажу, что, к большой беде народа, ничего плохого с ними не произошло. Эти притихшие «прошлые» очень скоро поняли, что ничего особенного им не угрожает и стали выползать из своих нор.

Обо всём этом сказано, написано и говорится по сей день так много, что мой дилетантский голос мало что может добавить. Я просто хочу рассказать о том, что происходило вокруг меня и в чём я сама участвовала, что видела и что чувствовала вместе с теми, с кем я была близка. Мой рассказ о нашем «прозрении» может оказаться несколько хаотичным, местами повторяющимся, но это неизбежно по многим причинам: слишком много было всего сразу, да и память не всегда удерживает точную хронологию событий.

* * *

Конец 50-х и 60-е, время «оттепели», были, безусловно, периодом больших перемен для нас, так жаждущих свободы, так верящих в её существование, что приняли иллюзию за реальность. Люди чувствовали себя так, будто тяжёлое бремя упало с их плеч, и впервые открыто улыбались друг другу. Было ощущение, что физически было легче дышать, и это было время, когда мы всё ещё верили в социализм с человеческим лицом, в идею, которая, к сожалению, до сих пор столь популярна на Западе. Моё поколение, полное решимости и энтузиазма, но совсем не дальновидное, было среди наиболее верующих в то, что это «лицо» принесёт свет. За веру в это «человеческое лицо» сурово поплатился мой сокурсник Ваня Якимович. Он пришёл в университет из какой-то латгальской деревни, полный решимости «сеять разумное, вечное». Он видел жизнь совсем по-другому, чем мы, доморощенные. Он смотрел на нас с нескрываемым презрением и не хотел вникать в наши суетные проблемы. Мы его совсем не понимали и платили ему насмешливым пренебрежением. После университета Ваня пошёл работать председателем колхоза, считая, что сейчас, когда страна как бы просыпается, он особенно нужен именно там, и что он сможет реально изменить хоть что-то. За свои взгляды и инициативу, за веру в то, что советский режим может стать другим, он был резко раскритикован и смещён. Последнее, что я знаю о Ваниной судьбе это то, что он стал довольно известным диссидентом, был арестован и сидел срок в лагере.

Молодые люди вокруг меня сбрасывали старую официальную идеологию, как прогнившую корку, давно готовую упасть, но долго ещё не расставались с идеей, что честность и добрая воля могут улучшить этот мир. Как в песне — «Если бы парни всей земли…». Это было странное поколение, которое вдруг из мира тирании, бесправия и абсолютной лжи выскочило из внезапно открывшегося окна на свежий воздух. Я сама в это не только верила и даже меняла реально свою жизнь под влиянием этих идей, но об этом чуть позже. Жажда нового и неизвестного была огромной. Головы наши кружились от возбуждения, когда вместо надоевших клише, на нас обрушился шторм настоящих, а не выдуманных человеческих эмоций, сведений и впечатлений. Мы открывали имена и произведения, недоступных нам раньше писателей, поэтов, художников и музыкантов и открывали подлинный, прежде скрытый от нас смысл в старом, уже как будто известном. Само осознание, что можно искренне выразить своё мнение и по-своему понимать увиденное или услышанное, приносило радость. Всё вызывало бурные обсуждения и споры. Политика, культура, всё смешивалось в один процесс постоянного размышления и переосмысления. Сколько громких голосов и крамольных идей выслушала белая кафельная печь, у которой было так уютно греть спину, когда мы собирались в небольшой квартире моих родителей. Среди моих друзей особенно острым был вопрос Израиля, этого, тогда ещё совсем молодого государства, возникшего из пепла мечтаний. Каждым новым словом, новой мыслью или книгой хотелось тут же поделиться с другими, и это становилось радостью, событием. Когда я впервые держала в руках скромненький зелёный томик Анны Ахматовой, руки мои тряслись. Теперь, когда мы читали поэзию той же Ахматовой или Марины Цветаевой, Блока или Белого, Брюсова или Белого, чувства, выраженные этими мастерами, открывали не только глубины их духовности, но возбуждали в нас, полузадушенных наслоениями социалистического реализма, новое понимание человеческой души, сложного переплетения её граней.

В нас, послевоенных детях, знавших горе и голод, жестокость и несправедливость, боль и потери, была такая жажда увидеть в жизни как можно больше светлого и радостного, что мы ещё долго охотно принимали любую фальшивку, если не за правду, то хоть в утешение. Ещё до смерти вождя заведомо абсурдно-лживые фильм «Кубанские казаки» или картина Герасимова «Колхозный праздник», воспринимались нами с удовольствием, и даже годы спустя примитивный мюзикл «Свадьба в Малиновке» нас искренне забавлял, не говоря уже о таком действительно приятном фильме, как «Карнавальная ночь».

Постепенно, очень медленно, мы просыпались по-настоящему. «Писатели-деревенщики», Астафьев, Белов, Абрамов,

Овечкин и Тендряков, впервые показали, как глубоко сталинский режим ранил и корёжил народ, особенно крестьян. Их книги сразу же выбросили за борт Всеволода Кочетова, Михаила Бубеннова и иже с ними. Каждый новый номер таких журналов, как «Новый мир», «Знамя», «Дружба народов» или «Юность», расхватывались, как горячие пироги, и передавались из рук в руки до полной затертости. Ждали с нетерпением, когда дойдёт наша очередь до альманаха «Литературная Москва» 1956 года или сборника «Тарусские страницы» в 1961-м. Зачитывались романом Дудинцева «Не хлебом единым», несмотря на его явную литературную слабость. Лавиной шли на нас произведения, дышащие правдой, говорящие вслух о том, о чём многие и думать боялись несколькими годами раньше. Виктор Некрасов в «Окопах Сталинграда», Георгий Бакланов в «Пяди земли», а за ними и другие, по-новому заговорили о войне и показали её истинное страшное лицо и подлинный беззаветный, не плакатный патриотизм. И как удар колокола прозвучали стихи Евгения Евтушенко «Бабий яр», осмелившегося громко сказать о трагедии евреев в этой войне. Мы впервые услышали голоса тех, кто прошёл ГУЛАГ и чудом уцелел. Конечно, это были Солженицын с его «Одним днём Ивана Денисовича» и «Архипелагом ГУЛАГ», романами «Раковый корпус» и «В круге первом», «Крутой подъём» Евгении Гинзбург и самый беспощадно-правдивый из них — Варлам Шаламов с его «Колымскими рассказами». Большая часть этих книг приходила к нам не прямым путём, а опубликованными сначала заграницей, и только потом, позже, у нас, в СССР. Их передавали тайно друг другу, тем, кому доверяли, потому что за чтение этих произведений люди попадали в серьёзнейшие ситуации вплоть до ареста, но особенно рисковали те, кто эти издания, так называемый самиздат, каким-то образом получал и передавал другим. Арестовывались не только люди, но и книги. Такова была трагическая история романа «Жизнь и судьба» Василия Гроссмана, хорошо известная моим сверстникам. Конфискованная КГБ рукопись выжила, сохранилась только благодаря смелости нескольких человек, сумевших переправить утаённые копии за рубеж.

В число запрещённых книг попал и опубликованный за границей «Доктор Живаго» Бориса Пастернака. С этим романом у меня был и свой собственный грустный опыт. Я в это время была временным сотрудником одной молодёжной газеты в Риге, и стихи из «Доктора Живаго» гуляли по редакции. Однажды, еле дождавшись своей очереди, я так зачиталась ими, что не слышала, как в комнату вошёл наш главный. Видимо, он уже что-то знал о происходящем в его епархии, потому что, войдя, он прямо пошёл к моему столу и, не говоря ни слова, выхватил у меня из рук листки, повертел их, и, после короткой паузы и всеобщего молчания окружающих, попросил меня пройти в свой кабинет. Наш разговор был коротким. Не пригласив меня даже сесть, он сказал: «Я, конечно, вашего Пастернака не читал и читать не буду, но я не потерплю здесь никого, кто это себе позволяет. Вы свободны, потому что Вы здесь больше не работаете!» Но, надо сказать, что я отделалась легко.

Новыми, совсем другими были не только литература, но и кино, музыка и работы художников. Невероятная любовь молодой девушки-большевички и белого офицера, которого она по всем правилам должна была расстрелять, поразила нас в картине «Сорок первый». После фильмов «Баллада о солдате» (актёр Ивашев) или «Летят журавли» зрители выходили в слезах. До сих пор в памяти лицо актрисы Татьяны Самойловой, героини фильма, с её неизбывным горем в глазах, с трудом пробивающейся через радостную толпу возвратившихся с фронта солдат и встречающих их родных. И такой же болью отзывалась в сердце судьба лётчика–героя, прошедшего фашистский плен и теперь преследуемого как предателя родины в фильме «Чистое небо» (актёр Урбанский). Мы задыхались от новых впечатлений и непривычных переживаний. Всё как будто сдвинулось с привычных мест. Прошёл Фестиваль молодёжи в Москве, оттуда привозились рассказы счастливцев, побывавших там, книги, плакаты и альбомы с работами Западных художников, запрещённых раньше авангардистов и молодых неизвестных никому, но совсем необычных наших современников. Мы услышали, что нечто совсем новое делают ученики студии Элия Белютина в Москве и те, кто собираются в Лианозово вокруг художников Крапивницких, а потом и ленинградская группа еврейских художников Алеф. Все они сегодня известны как второй авангард. По рукам опять же ходили уцелевшие после официальных запретов книга «О реализме без берегов» Роже Гароди и брошюра Игоря Голомштока и Андрея Синявского «Пикассо». Гароди оказался в опале не из-за своего крамольного содержания, которого и не было, а из-за своего слишком дерзкого названия, как бы замахивающегося на «святой» соцреализм. Более раздражающей была тоненькая, но ставшая открытием для советского читателя книга о Пикассо. Её тоже не пощадили, несмотря на коммунистическую преданность художника. Я уже не помню, как эта редкость мне досталась, но я оказалась среди счастливцев, у кого после изъятия она сохранилась. А уже много-много лет спустя судьба свела меня с Игорем Голомштоком, дружбу с которым я приняла как ценный подарок.

Время было очень странное, я бы сказала, смутное. Всё вокруг кипело и бурлило, и жизнь была соткана из противоречий, малообъяснимых порой и часто несовместимых. Я так говорю, потому что, с одной стороны, была вся эта опьяняющая новизна и лёгкость, воздух был пропитан поэзией, постоянными открытиями и новым осмыслением мира. Конечно, не всё было так, как в столицах. Стихи Евтушенко, Рождественского и Вознесенского, которые читались в огромных аудиториях и на стадионах Москвы и Ленинграда, эхом повторялись в нашей провинции, но, к сожалению, не в исполнении их авторов. Не менее популярными стали песни бардов, сильно подвинувших эстрадных кумиров. Они были не теми песнями, которые пели у костра туристы и студенты. Это было новое слово в песне, насыщенное социальным смыслом, но в то же время понятное всем, и академику, и рабочему. Многие из них сразу становились народными. Впервые я услышала песни Окуджавы, когда в гости к моим друзьям приехал тогда ещё очень молодой ленинградский «битник», неофициал, Алёша Хвостенко, поэт и художник, по тогдашним формальным определениям — «тунеядец». Песни Визбора, Кима, но особенно Окуджавы и Высоцкого, пелись громко всеми, даже если не было намёка на голос. Они все были очень разными, и каждый как бы поворачивал к нам по-новому грани нашей жизни. Но главным среди них, по крайней мере, для меня и моих друзей, оставался Александр Галич. Если Высоцкий был зеркалом нашей советской повседневности, раскрывшейся благодаря ему в своей исковерканной сути, то Галич, на мой взгляд, самый горький и глубокий, открывал не только античеловеческую сущность этого режима, калечившего жизни и души, но и противостояние этому человека. Для многих из нас он был и остаётся до сих пор символом и примером человеческой совести. Говоря о бардах, я употребила слово «песни», что не совсем верно, потому что их тексты — это прекрасная поэзия, проникнутая глубокими мыслями, просто представленная людям в музыкальной форме. Влияние на нас бардов было огромное, хотя, опять же, мы, в Риге, могли слушать их только в весьма несовершенных магнитофонных записях, а были магнитофоны совсем не у многих. Повсюду, где только можно было собираться, были споры и обсуждения — в кафе, например, в «Юности» на Стрелковой, в клубах, везде, откуда не разгоняли. Я помню с какой горячностью проходила дискуссия в мединституте вокруг «Звёздного билета» Василия Аксёнова, когда он приехал в Ригу. Чуть ли не до драки дошло.

Но в то же время всё было не так просто. Параллельно всему новому и необычному советская система продолжала функционировать, подвергая постоянным преследованиям и различного рода наказаниям всё, что называлось «инакомыслием», то, что на самом деле было не более чем попыткой свободного выражения творческой мысли или гражданской совести. Людей, позволивших себе отнестись критически к системе, лишали работы, арестовывали, сажали в тюрьмы или высылали из страны. Их жизни безжалостно коверкались. Были разгром искусства Хрущёвым в Манеже и известно-печальной Бульдозерной выставки. Об этих событиях много написано и сказано. У нас в Риге по улицам ходил странный по виду человек, который на самом деле был одним из лучших, ярких латышских художников, гонимый властями живописец Янис Паюлюк, «самый главный формалист», как его называли, в 50-е и даже

60-е годы буквально голодавший из-за выстроенных вокруг него творческих ограничений. Рижане встречали и фигуру другой знаменитости, популярнейшего композитора, «короля танго», как называли Оскара Строка, отвергнутого воротилами от искусства и тоже обречённого на жалкое существование. Я сама не была знакома с этими людьми, просто много слышала о них и встречала на улицах и в кафе. Но, кроме тихого «задушивания», было и откровенное преследование, безжалостное и тупое. Я знала, и горжусь знакомством с вернувшимся в Ригу после четырёх лет лагерей талантливым поэтом и благородным человеком Мишей Красильниковым. В тюрьму Миша попал в уже вроде бы «мягкий» период, в 56-м году, когда во время демонстрации 7 ноября вместе с другими студентами-рижанами Ленинградского университета выкрикивал призывы к свободе России, Латвии и Венгрии. Его арестовали тут же, на Дворцовом мосту и осудили на четыре года. Работая в Рижском экскурсионном бюро, одном из немногих мест, куда его допустили после освобождения, до самой своей смерти Миша помогал всем нуждающимся, как мог. Нас с мужем он в тяжёлое для нас время оформил экскурсоводами, вопреки всяким формальным правилам. Помог он и своему другу, ленинградскому литературоведу Леониду Черткову, с которым они в лагере выпустили два рукописных альманаха, «Троя» и «Противоречие», по воле властей оказавшемуся в Риге, в совершенно чужом для него городе, в первые дни после освобождения. В тюрьму посадили и моего хорошего знакомого Бориса Шперлинга только за то, что он задавал преподавателю на университетском семинаре неудобные вопросы о Югославии.

Было бы неправильным сказать, что так называемый «железный занавес» ещё до оттепели совсем отрезал нас от культуры других стран. Интерес к ней был достаточно силён, другое дело, что не мы сами выбирали западные ценности, а нам просто милостиво разрешали прикасаться к тому, что было дозволено. Таким постоянным источником всегда была классика. Мы могли сколько угодно наслаждаться литературой и искусством прошлого, чем более далёкого, тем лучше. Древние Греция и Рим, Средние века и Ренессанс, Индия, Китай, Япония, но всё останавливалось, когда мы подходили к XX веку. Мы могли читать и обсуждать, смотреть в театре и кино только так называемых прогрессивных авторов, осуждавших капитализм, рассказывающих о бедности и несчастьях, или коммунистов, таких как француз Луи Арагон или поэт Пабло Неруда и им подобных, хотя мы знаем, что даже с Пикассо было не так. Несмотря на его голубя мира, ставшего ханжеским символом соцлагеря, его живопись была нам официально недоступна.

Первой ласточкой новых веяний, неким своеобразным мостом между Россией и Западом стали после войны заграничные фильмы. Сначала это были трофейные картины и те, которые власти показывали, угождая, по-видимому, своим американским, английским и французским союзникам. Только поэтому мы могли видеть драматическую Зару Леандер в роли Марии Стюарт и любимицу Гитлера, огненную Марику Рокк, высоко поднимающую свои элегантные ноги в танце. Затаив дыхание, смотрели мы американские фильмы о приключениях благородного Робин Гуда с Флином в главной роли и радовались сногсшибающей улыбке американской дивы Дины Дурбин в «Сестре его дворецкого» и ловким проделкам актёров в «Тётке Чарлея»; разглядывали интерьеры непомерно больших гостиных и спален, огромные машины, скользящие по гравиевым дорожкам или несущиеся по немыслимо широкой глади шоссе, и понимали, что эта жизнь так же далека от нас, как жизнь на Марсе или Венере. С них как бы начинался этот процесс нашего прозревания.

Совершенно ошеломляющими были впечатления от французских фильмов новой волны и итальянского неореализма. Они доходили до нас потому только, что в 60-е годы марксистские идеи, обильно поддерживаемые советскими деньгами, стали необыкновенно популярны в Европе, а работы таких блестящих режиссёров как Росселлини, Де Сика или Феллини, показывавшие страдания бедных, изнурённых войной людей, как нельзя лучше соответствовали в тот момент советской идеологии. Впечатления от таких французских картин как «Их было пятеро» и «Мари-Октябрь», фильмов с Симоной Синьоре и Ивом Монтаном или итальянских «Генерал Делла

Ровере», «Ночи Кабирии», «Дорога», «Похитители велосипедов», заставлявших нас не только чувствовать, но и думать, думать, постоянно думать, были так сильны, что и сегодня я помню их. У меня нет цели перечислять их, я просто хочу хоть как-то передать ту атмосферу, в которой мы жили, сказать, что они были в большой степени нашими воспитателями. Каждый раз, собираясь в кино, мы ждали не развлечения, а открытия. То, как они понимали добро и зло, любовь и ненависть, правду и ложь, учило и нас. Именно тогда я задумалась об известной, лозунговой фразе, что жалость унижает человека, и поняла всю её лживость и даже жестокость. Мне кажется, что мы тогда в СССР понимали эти фильмы серьёзнее и глубже и что они значили для нас больше, чем на их родине.

Надо сказать, что в этом потоке всего нового и непривычного, буквально захлёстывавшего нас, мы не всегда были готовы правильно всё переварить в себе. Нам, воспитанным на реализме XIX века или образцах соцреализма, не всё сразу становилось понятным. Нам надо было привыкать к иным формам и новому языку искусства, неизвестному нам до того. Такими были для нас многие произведения Серебряного века или картины авангардистов. Не могу сказать, что это было просто. Мы не сразу же были очарованы деформированными фигурами того же Пикассо или сюрреалистическими композициями Сальвадора Дали. То же было с Кафкой, Ремарком и Сэлинджером, чьи картины мира не всегда совпадали с нашим привычным пониманием вещей. Мы воспринимали их и интерпретировали с чувствами, в которых захватывающий интерес смешивался с любопытством и воодушевлением. Их совершенно новый образ мыслей влиял не только на наши взгляды, но и на наше поведение. Мы часто слепо следовали их вкусам и привычкам и при этом чувствовали себя более значительными, как будто мы становились выше ростом и плечи наши распрямлялись.

Нашими кумирами в то время были, конечно, Ремарк, Хемингуэй и Пикассо, и, как это ни смешно звучит, мы стремились подражать им во всём. Когда мы узнали, что Пикассо пил пятнадцать чашек кофе в день, мы тут же стали поглощать этот ещё не очень привычный горьковатый чёрный кофе без сахара и молока в огромных количествах. К счастью, в то время чашка кофе в кафе стоила где-то около двадцати копеек, и это было вполне доступно даже нам при наших весьма ограниченных средствах. Хоть совсем недосягаем был для нас любимый героями Ремарка кальвадос, но мы успешно заменяли его сухим болгарским или грузинским вином. К тому и другому надо было себя приучать, по крайней мере, мне, и это давалось не без усилий. Молодые интеллектуалы отпускали бороды, ходили вразвалочку, как «старик и море», раздобывали грубые свитера ala Хемингуэй, покуривали, кто мог, трубку и смотрели вдаль отсутствующим взглядом. В доме каждого уважающего себя такого молодого человека висел портрет писателя. Все эти детали нашего искусственно создаваемого быта стали символами нашего духа.

Быт этот, а проще говоря, наша повседневная жизнь, каждый час её и каждая минута осложнялись и окрашивались тем, что у большинства моих сверстников не было своего угла, и поэтому неудивительно, что в нашем языке не было прекрасного английского слова privacy. Мы всегда были все вместе, папы, мамы, дети, бабушки и дедушки. Не редкостью было, что семья занимала одну комнату в коммунальной квартире, реже — две. Было достаточно обычным, что два, а то и три поколения жили все в той же одной комнате, отгородившись от других шкафом или буфетом. У многих ванная служила своеобразным чуланом, и горячая вода была буржуазной роскошью. Отнюдь не шутками были разговоры об утренних очередях в уборную и к раковине на кухне. В иных квартирах, как зайдёшь, бывало, то со всех сторон в коридоре и на кухне на тебя смотрели отдельные у каждого жильца розетки, счётчики и плитки. Я была счастливее других, потому что квартира была отдельная, но понятие «своя комната» оставалось сказочной мечтой.

Хронически безденежные, потому что маленьких зарплат ни на что не хватало, мы строили себе собственный иллюзорный мир, где было почти всё, чего недоставало в реальной жизни и, как могли, стремились жить красиво. Чаще всего этот наш мирок был не столько внешним, сколько тем, что было в нас самих. На наше счастье Рига была в то время городом, где уютные кафе существовали чуть ли ни на каждом углу. Мы оккупировали, иначе это ни назовёшь, несколько мест в центре города. Нашими излюбленными были сначала, до строительства гостиницы «Латвия», «Айвазовский» — называвшийся так на нашем языке, потому что там висел какой-то морской пейзаж, а потом мы облюбовали «Дубль» (там подавали вкусный двойной кофе-эспрессо) и знаменитую «Веранду» летом. Они-то и становились нашим искусственным домом, местом, где протекала наша настоящая жизнь, где можно было сидеть среди друзей часами, обняв одну и ту же чашку кофе.

В рижских кафе тех лет все знали друг друга или друг о друге. Там узнавались последние новости, там можно было оставить записку или передать что-то важное на словах. Всё срабатывало безотказно. В кафе начинались романы, переживались драмы любви, соединения и разрывы. Кафе было местом, где кипели страсти споров, как правило, ни к чему не приводящих; местом, где мы многому учились и мужали. Кафе были нашими своеобразными свободными университетами. Принято много говорить и писать о московских кухнях и их роли в формировании неформального мышления. В нашей жизни ту жс роль играли рижские кафе. Мы подчёркнуто отделяли себя от остальных и жили там своей особой жизнью, со своими правилами и кодексом чести, жизнью, в которой культивировалось понятие дружбы, взаимной поруки, и отрицались и презирались мелочность и рассудочность. Мы, завсегдатаи кафе, были молоды и больны всеми грехами юности. Мы, конечно, вели себя нахально и вызывающе, раздражая безмерно других посетителей без всякого повода. Мы разрушали все правила и насаждали в достаточно грубых формах наши собственные, эгоистичные и бесцеремонные.

Были эти кафе небольшими, на толпы не рассчитанные, но мы превращали их в арену военных действий. Обычные посетители, особенно в часы обеденного перерыва или после рабочего дня, справедливо рассчитывавшие на свою чашку кофе и булочку, ненавидели нас люто. Все столики оказывалось занятыми и надежды, что они освободятся, не было никакой, потому что мы со своей одной чашкой сидели часами, раздражая и посетителей, и работников, которых мы лишали нормальной торговли. За каждым нашим же одним столиком усаживалось постоянно в несколько раз больше народу, чем полагалось. Разговаривали мы громко, много смеялись. Что только ни делали в борьбе с нами буфетчицы и официанты — кричали, обзывали нас тунеядцами, не принимали наши заказы и призывали в поддержку общественность, но мы были непоколебимы, как крепости в осаде. Избавиться же от нас каким-нибудь формальным способом было невозможно — таких правил не было, чтобы можно было нас выгонять. Мы существовали как два непримиримых лагеря. Конечно, это было унизительно, но поскольку мы своих противников воспринимали как скучных обывателей, не считали равными себе, то и не принимали их враждебность близко к сердцу. Под нелицеприятные реплики наших «врагов» мы играли в любимые «буриме» и «20 вопросов». Это было фрондой, нашей своеобразной формой протеста против правил и ограничений нашей жизни; против всего, чего мы были лишены.

Рядом с нами, русскими и евреями, была схожая группа молодых латышей. Они были нашими своеобразными союзниками, но несмотря на хорошие отношения, мы всё же существовали как бы параллельно, разделённые невидимым барьером. Среди них было много художников и поэтов. Во многих смыслах они были смелее нас, и они гораздо откровеннее, чем мы, проявляли свою оппозиционность любой официальщине. Да это было и неудивительно, потому что в отличие от нас они были политически и национально гораздо более однородны и лучше понимали, чего они хотят. Среди нас же было много тех, чьи родители были искренне советскими людьми, от которых их дети болезненно стремились оторваться и пойти своим путём. Свою отъединённость от окружающего латыши подчёркивали даже внешним видом. Их одежды были причудливы и фантастичны, великолепны своим сочетанием бедности и артистичности одновременно и откровенно эпатировали публику. Я помню, сколько декадентской элегантности было в высокой фигуре Майи Табака, появлявшейся в неизменном чёрном бархатном берете и закутанной в экзотические шали из бабушкиного сундука. Замысловатые старые шляпки, сборчатые юбки и экзотические шарфы женщин, куртки и кашне мужчин завораживали, но у нас не хватало смелости такое повторять, хотя и в нас не только не было интереса к аскетичности, но, наоборот, было очень явное стремление к экзотике и непохожести в любой форме. Но духу не хватало. Если смуглый и черноволосый график Дембо поражал своим демонически-отрешённым видом, то Янка Рейнберг, плакатист, выглядел эдаким Чайлд Гарольдом, несущим на своих плечах все тревоги мира. Многие из этих молодых людей стали потом известными художниками, даже знаменитостями не только в Латвии, но и заграницей, как это произошло, например, с Майей Табака. Но тогда мы всё ещё были никем, мы ещё только хотели кем-то быть, и наша жизнь в кафе была составной частью нашего осуществления.

В нашей Риге, хоть и отделённой от главных событий столиц, были свои особенности, даже в некотором роде преимущества. Так получилось, что ещё издавна Рига была местом, где политические и культурные влияния России и Европы, особенно Германии и Польши, смешиваясь, выражали себя во множестве форм, создавая своеобразный культурный сплав. К тому же в силу своего географического и политического положения, Латвия избежала большевистского разрушения и сохранила свою особую атмосферу свободы и необычности, которую приезжие из других городов Союза называли европейской. И хотя дух этой свободы был сильно приглушён последующими годами советской власти, он, в большой степени и к счастью, возродился во годы оттепели. Эта европейская аура ощущалась в архитектуре, в культуре общественного быта — чистоте улиц и парков, аккуратности не только фасадов домов, но их дворов, ресторанов и кафе и магазинов с их красивыми витринами даже в то время, когда прилавки были почти пустыми. Никому не приходило в голову сорить на улицах или плевать в подъездах. Дворники ещё многие годы после войны старательно подметали тротуары утром и вечером. Особым вкусом отличались цветочные магазины. Разнообразие цветов поражало, но в них никогда нельзя было увидеть пестроты беспорядочно смешанных букетов. Проходить мимо цветочных рядов, расположившихся неподалёку от магазина подарков «Сакта», было своеобразной экскурсией, поднимавшей настроение. Я помню, что, когда я ещё была студенткой в 50-е, мужчины на улице, встречая знакомого, приподнимали фетровую шляпу, приветствуя друг друга. Но помимо внешних моментов европейскости, латвийская культурная жизнь, находясь на пересечении разных влияний, складывалась достаточно своеобразно. Так как я лучше всего знала русско-еврейскую часть жизни моего родного города, то пишу только о том, что сама в годы жизни там переживала.

В 20-е и 30-е годы, после революции, когда в Ригу хлынуло большое число эмигрантов из Российской империи, русское влияние оказалось особенно значительным. Город был полон знаменитостями во всех сферах жизни, особенно науки и культуры, и даже те, для кого Рига была просто транзитным пунктом, оказали существенное влияние на её интеллектуальную жизнь. Они сильно изменили духовный уровень уже существовавшей и достаточно старой русскоговорящей общине, повлияв на школьное образование, искусство и повседневную жизнь. До этого русское население Латвии состояло в большой степени из староверов, осевших здесь давно, купцов и рабочих таких предприятий как Ливонская пивоварня, Кузнецовский фарфоровый завод, табачная фабрика «Майкапара», завод металлических изделий «Братья Поповы» и каких-то ещё мелких предприятий, и селились они чаще всего в отдельном районе на окраине, известном как Московский форштадт. Каков был дух, привнесённый к нам эмигрантами, мне посчастливилось испытать на себе, когда я училась после войны в начальной школе, о которой уже много говорила. Именно от них, от этих большевистских «врагов», учителей этой школы, я получила самые главные моральные уроки.

Эмигранты, осевшие в Латвии после Октябрьской революции, стали активной частью местной общественной жизни, чего не случилось с ними в других центрах Европы, таких как Прага, Париж или Берлин. Эмигранты в Латвии имели право голосовать, в Риге выходили две ежедневные газеты, «Сегодня» и «Сегодня вечером», и с 21-го года работал русский театр, в котором какое-то время играл знаменитый Михаил Чехов. В городе давали концерты прославленные музыканты и певцы, среди которых был и Фёдор Шаляпин. Известная балерина Мариинского театра оперы и балета Александра Фёдорова поставила в Риге восемнадцать балетных спектаклей. Выступала там и любимица Николая II Надежда Плевицкая. Особой страницей культурной жизни были выступления Петра Лещенко в 1933 году в кабаре «Альгамбра», где он впервые исполнил романс-танго «Чёрные глаза» Оскара Строка, помогавшего ему сделать карьеру. А в 1938 году в Риге звучал джаз Эдди Рознера, чья музыка стала впоследствии популярна и в Союзе. Она, кстати, прозвучала в фильме «Карнавальная ночь» в 56-м. В начале 30-х была основана фабрика пластинок «Беллакорд», наводнившая город классической и современной музыкой со всего света.

Я помню приезжавших в Ригу уже в шестидесятые собирателей этих запрещённых в Союзе пластинок, особенно почему-то их привлекал Лещенко. Один из этих людей случайно встретился и мне, оказался непомерно надоедливым и остался в памяти под кличкой «синий беретик». Оседали здесь и художники, среди них популярный академист Николай Богданов-Бельский. Большой популярностью в Латвии пользовался художник Николай Рерих. У меня нет цели подробно рассказывать и перечислять все подробности русской культурной жизни в это время. То, о чём я говорю, просто некий набросок, фон того духа, которым люди жили.

В эти годы латвийской независимости не были прерваны окончательно и контакты с Советским Союзом. Между прочим, как это ни странно, но мои бабушка с дедушкой именно в этот период сумели съездить в Москву и Ленинград повидать родственников. Оживлёнными были и культурные связи. Например, в Ригу приезжал с гастролями хор Александрова, в 1927 году в Риге дал двадцать пять представлений знаменитый эстрадный коллектив «Синяя блуза», в театре выступал Василий Качалов и в том же году приезжал Леонид Утёсов.

Одним из самых серьёзных видов общения между странами были книги. Когда я говорю «книги», то имею ввиду газеты, журналы, в общем — всякое печатное слово. Книги на русском языке, поступавшие из России ещё с довоенных времён, играли не меньшую роль в жизни русскоговорящего читателя, чем книги, привозимые с Запада, из Берлина и Праги. Большой книжный шкаф в нашей столовой был заполнен новейшими советскими изданиями для взрослых и детей, включая разные журналы. Особенно я помню «Красную новь», которую читали родители, и мою любимую «Мурзилку». Благодаря этой страсти моего папы я выросла на тех же изданиях, что и все советские дети. Я рано начала читать, и поэтому ещё до войны успела узнать всех русских знаменитых детских писателей — Барто, Чуковского, Маршака. Почему-то я особенно хорошо помню «От двух до пяти», хотя сама недалеко ушла от её персонажей. И ещё запомнилась мне грустная история о том, как ребёнок мечтал покрутить бабушкину швейную машинку, когда она умрёт. Мне было жалко бабушку, и я плакала.

Книги уже тогда, и, конечно же, благодаря папе, навсегда стали обязательной частью моей жизни. Поэтому мне было особенно легко влиться в тот поток книжных любителей, который в годы оттепели стал не просто увлечением, но прямо какой-то эпидемией. Все, кто не особенно-то и любил читать, стали собирателями книг, коллекционерами. Особенно модными стали дефицитные подписные издания. Для некоторых они стали обязательной частью интерьера, и их даже расставляли, подбирая по цвету. С одинаковым энтузиазмом шли все подписки подряд, известных и никому неизвестных авторов. Обмен одних на другие стал чуть ли ни своеобразным бизнесом, книги становились валютой. На кого только ни подписывались, простаивая ночи напролёт и являясь на переклички. Не явившийся на перекличку терял свою очередь. Моя подруга Нина и я так простояли целую ночь, чтобы получить вожделенного Ромена Роллана. Надо, правда, сказать, что всё это было для нас и большим развлечением. Среди людей в очереди оказывались и те, с которыми хотелось дружить, разговаривать, встречаться. Как всегда в подобных случаях, завязывались и романы.

Период «книжной болезни» выходил за рамки подписных изданий. Мы искали и покупали книги как и где только могли. На них тогда тратилась большая часть моей стипендии. Спасибо родителям за это. Одним из таких мест были букинистические магазины. Они напоминали нам пещеру Алладина, в которой совсем не трудно было отыскивать сокровища. Один их лучших был совсем близко от нашего филфака, и заходить туда каждый день после лекций стало правилом. Стоило только переступить порог и войти в полумрак этого небольшого помещения, как ты попадал в иной мир. Продавцы там были совсем особенные, что называется, «старорежимные», «из бывших». Это были, как правило, пожилые, хорошо образованные люди, знавшие не только мир книги, но и чувствовавшие покупателя, и прекрасно понимавшие, что и кому можно было предложить. Но особенно хорошо с ними было постоянным посетителям. Сами они, их одежда, причёски, очки и даже манеры, иногда сливались с образами из книг, стоящих на стеллажах.

Я особенно хорошо помню слегка согнутую фигуру одной пожилой дамы, иначе её трудно было назвать, в её черно-сером выцветшем рабочем халате, с её всегда безукоризненно уложенными седыми буклями и приветливой улыбкой на лице. Особенно хорошо она относилась к нам, молодым энтузиастам. Она и её коллеги поражали нас своей «архаичной» вежливостью, настоящим уважением к нам, таким неотёсанным, и это создавало вокруг такую атмосферу, будто мы оказывались в другом мире в другое время. Магазин был своеобразным клубом, где собирались самые разные люди, любящие книгу не только для того, чтобы купить её или продать, но и для того, чтобы обсуждать с другими различные издания, качество перевода или просто поделиться тем, что они читали или разыскали. Собиравшиеся там завсегдатаи представляли собой интересную, но в то же время своеобразную группу людей. Большинство из них было настоящими любителями и ценителями книги, но постепенно в магазине стало появляться всё больше людей, которые научились зарабатывать деньги на торговле ими. Это было, безусловно, результатом советской системы «дефицита», постоянной нехватки всего на свете.

Эти люди неутомимо выискивали на чердаках, в подвалах, на заброшенных дачах, в домах у стариков всё, что могло залежаться или затеряться с довоенных времён. И, надо сказать, им очень везло, находок было много.

Мы с моей подругой Ниной любили приходить в антикварку, даже если ничего и не покупали в этот день. Некоторые из постоянных посетителей, с которыми мы уже успевали подружиться, даже приглашали нас к себе, и там всё было совсем не похоже на дома, где мы привыкли бывать. Как правило, это были люди, живущие на непонятно какие крохи. И у каждого из них была своя история, часто похожая на роман. Большинство этих историй были печальными, зачастую драматическими и даже порою трагическими, но всегда захватывающими и полными удивительных впечатлений. Для этих, как правило пожилых и одиноких людей, мы были желанной аудиторией, готовой слушать их рассказы с искренним интересом, что скрашивало их жизни. Наряду с нашими разговорами, они были счастливы приобщить нас к сохранившимся осколкам их бывшей жизни. Они варили нам кофе и подавали его в маленьких чашечках тонкого фарфора из Германии, Англии или Франции, показывали остатки тонких брюссельских кружев или полуистлевшее свадебное платье. Они раскладывали перед нами старые открытки и концертные программки, вечерние перчатки для бала и невероятного фасона шляпы, коробки со старыми пуговицами и разные веера, чаще из перьев. Но самым интересным были фотографии в тяжёлых бархатных альбомах. Каждая, даже самая маленькая деталь этой ушедшей жизни была нам невероятно любопытна, особенно, когда она сопровождалась историями. Иногда это были просто мелочи быта, но необычные для нас. Одна старая женщина, долго жившая в Америке, рассказала, что там люди уже давно отказались от носовых платков, а используют бумажные салфетки «Клинекс». Другая уверяла нас, что в Париже она могла покупать клубнику круглый год. Мы только поглядывали на них, слушая такое и не имея ни малейшего представления, что такое клинекс и как можно в январе есть клубнику. Эти сами по себе совсем незначительные мелочи ушедшего прошлого становились для нас символами иного мира, неведомого нам и, вероятнее всего, недоступного никогда.

И тут я опять должна вернуться к тому, как мы пытались приблизить Запад к себе, к процессу этого сближения, который сопутствовал нашей жизни постоянно. Особую роль в этом тогда играла Польша, где правила и запреты на всё западное были существенно мягче. Но была у поляков ещё одна удивительная особенность: они с воодушевлением воспринимали всё, что приходило к ним из-за границы, но в то же время они не были простыми подражателями, а вносили в каждое явление нечто своё и весьма своеобразное. Оно соединялось и осмыслялось с прежним, например, с поэзией Ярослава Ивашкевича, Юлиана Тувима, с новыми талантами, такими как Станислав Лем, Ежи Лец и многими другими молодыми именами. Мы выхватывали из рук друг у друга журнал «Польша» с репродукциями удивительно талантливых плакатов и всегда интересными статьями. Через Польшу доходили до нас и новые веяния быта и моды, которые поляки перепечатывали у себя из парижских журналов. Но всё-таки самым сильным впечатлением тех лет были польские фильмы. Большинство из них было осмыслением войны, её неизжитой болью. Своеобразные, как правило наполненные трагизмом, они открывали нам мир, полный горькой правды, разочарований, потерь и мужества без всякой аффектации. Откровением был Анджей Вайда и его «Пепел и алмаз» с рано погибшим необыкновенным Збигневом Цибульским. Фильмы Вайды, Ежи Кавалеровича, Кшиштофа Занусси оставались в нас навсегда.

Вся эта проникавшая к нам культура не всегда носила чисто интеллектуальный характер. Были всякие перекосы, иногда смешные, а порою грустные, вроде уже сказанного про подписные издания. Это было интересное время, эти 60-е и позже, когда люди, даже далёкие от культурных интересов, повально увлеклись не только книгами или модными пластинками, но и искусством изобразительным и одновременно стариной. Несмотря на разнобой интересов, всё соединялось в какой-то фантастической гармонии. Была какая-то эйфория приобретательства, хотя официальные доходы людей были в целом не слишком высоки. Стало хорошим тоном украшать квартиры эстампами и керамикой и покупать янтарные украшения в салонах художественных изделий. Во многих домах фарфоровая посуда заменялась керамической. Места, где все эти вожделенные вещи продавались, ломились от самых разнообразных покупателей. Ну что уж было говорить об их страстной погоне за джинсами и кожей. Однако, не хуже шли дела и в антикварном магазине в самом центре на улице Ленина, где полки ломились от старинного фарфора, бронзы и хрусталя, хотя там как раз было больше людей старшего поколения. Именно тогда те, кто были подальновиднее, составляли свои коллекции.

Увлечения всем современным включали и огромный интерес к украшению домов в новом стиле, к простоте, удобству и скупости деталей так называемой скандинавской мебели. Прекрасные образцы работы по дереву, спальные и столовые гарнитуры, даже вещи, сделанные известными мебельщиками прошлого, выбрасывались и заменялись легковесными треугольными кофейными столиками и неудобными стульями без спинок. Считалось хорошим вкусом красить стены комнаты в разные цвета. Доступными нам источниками новейших веяний была всё та же Польша и ещё болгарский журнал «Наш дом». Я, конечно же, принадлежала к молодёжному крылу и тоже не избежала этой суеты, когда, следуя моде, уговорила моих родителей отнести в комиссионный магазин всё, что было в доме из фарфора и хрусталя и всего, что я тогда посчитала мещанством и дурным вкусом. Я потом не переставала удивляться тому, что они меня слушали, и очень сожалела о тех немногих красивых вещах, которые у нас были.

* * *

Конец 50-х и начало 60-х были для меня годами очень непростыми во всех смыслах. Они были наполнены постоянными изменениями, когда радости были перемешаны с неладами и даже горестями. В них было много противоречий, я часто чувствовала себя одинокой, хотя именно в эти годы вокруг меня были друзья с их теплом и пониманием, люди, память о которых мне очень дорога. Эти годы были наполнены разочарованиями, когда и вокруг, и в моей жизни правда всё больше превращалась в осколки и грозила потонуть во лжи и лицемерии. Популярен был анекдот о бабушке, стоящей на вокзале и глядящей на рельсы. «Почему», — спрашивает она, — «эти рельсы такие широкие здесь и такие узкие, когда смотришь вдаль?» — «Потому, бабушка, что это оптическая иллюзия». — «Что?! Иллюзия?! Иллюзия и здесь тоже, на вокзале? Значит всё вокруг нас есть только иллюзия!!» И в то же время отголоски идеи о социализме с человеческим лицом всё ещё витали в воздухе и верилось, что если постараться, можно сделать что-то лучшим.

В конце 50-х я окончила университет, но ещё студенткой я вышла замуж за моего школьного друга и родила девочку Софочку, названую так по моей убитой в гетто бабушке. С моим будущим мужем мы познакомились на катке, когда были в восьмом классе. Это была настоящая романтическая первая любовь, казалось, на всю жизнь. Вокруг меня было тогда много таких пар, поженившихся очень молодыми после школьной дружбы. Как ни странно, но многие браки оказались крепкими. Да и мой поначалу был вполне хорошим. Муж мой учился в Москве, а я оставалась в Риге, но ничто не омрачало наших отношений. Письма приходили каждый день, они были полны нежности и желания увидеться поскорее, и ни один из нас не хотел ни с кем встречаться даже для простого времяпровождения. Я, как верная Пенелопа, сидела дома, не поддаваясь ни на какие искушения, хотя соблазнов было много. Вокруг меня было достаточно много молодых людей, которые хотели встречаться и дружить. Особенно настойчив был молодой военврач их Абхазии, который даже пошёл к моему папе просить моей руки. Многие годы потом его сватовство и моя воображаемая жизнь на озере Рица, где у него был дом, были предметом наших домашних шуток. Он был очень красив, этот доктор! Но принцип верности был для нас с Ильёй непоколебим, хотя, должна я честно признаться, мне иногда очень хотелось пойти на настоящее свидание. Вокруг меня было тогда много таких пар, поженившихся очень молодыми после школьной дружбы. Как ни странно, но многие браки оказались крепкими. Да и мой поначалу был вполне хорошим.

К сожалению, очень скоро после нашей свадьбы всё пошло не так. Реальная жизнь всё усложнила, особенно после рождения ребёнка. Так как мой муж ещё учился в Москве, то я была без него и в момент очень трудных родов, спасения от смерти новорождённой девочки, проблемы с кормлением и, ко всему прочему, неимением собственного угла. Мы кочевали из одного родительского дома в другой. Но слава богу, во время всего этого времени мои родители были моей настоящей и единственной опорой. Ребёнок родился с тяжёлой инфекцией, занесённой щипцами во время родов. В течение двух недель незабвенный доктор Фриш приходил каждый день и делал уколы пенициллина в голову этой едва родившейся крошке. Надо помнить, что пенициллин тогда не был ещё широко доступен и стоил больших денег на чёрном рынке. Каждый раз, когда доктор приходил, мы клали ребёнка на большую подушку на столе в столовой, и мой папа держал крепко маленькое тельце плачущего ребёнка, пока Фриш делал укол. Мама и я уходили в другую комнату и стояли там, обнявшись и плача. Было совсем неясно, чем всё это кончится и не останется ли ребёнок инвалидом. К счастью, этого не произошло. Мой ребёнок выздоровел совсем, и спасли его энергия и забота моего отца, и золотые руки доктора. От всех этих переживаний у меня пропало молоко, да и из-за грудной инфекции с высокой температурой не могло быть и речи о том, чтобы кормить ребёнка.

Несмотря на боль и слабость, мне пришлось два раза в день в течение двух месяцев ходить к молодой женщине-донору, у которой от обилия молока были свои неприятности. Она была очень бедной и совершенно одна в чужом городе, пока её муж служил в армии. Деньги, которые она брала с меня за молоко, были серьёзным подспорьем в её бюджете. Но характер у неё был далеко не простой, ей доставляло удовольствие мучить меня, вымещать на мне обиды за свои беды. Она заставляла меня ждать подолгу моей желанной бутылочки с драгоценной желтоватой жидкостью, а пока я ждала, она всё время жаловалась на свою жизнь и осыпала меня упрёками за моё, якобы, благополучие. Удивительно, но я не сердилась на неё, а только мысленно благодарила Бога за то, что за моей спиной были папа с мамой. Получив бутылочку, я с неимоверной скоростью бежала домой, крепко прижимая её к груди и не замечая ничего вокруг, снег ли, дождь ли или первые признаки весны. Все эти обстоятельства совпали с весенней сессией в университете, которую я не хотела откладывать. Мой муж был далёк от всего этого, так сложилось, да и оказалось, что он, будучи очень молодым человеком, не был готов к этим испытаниям буднями и бытом. Он многого не понимал и многого инстинктивно старался избежать. Это привело к тому, что мы всё дальше уходили друг от друга, и, довольно скоро стало ясным, что наш брак не удался и развод неизбежен.

Моё положение осложнялось ещё тем, что я не работала, не считая нескольких частных уроков, и зависела от родителей. Это продолжалось и после университета, потому что город был переполнен ищущими работу гуманитариями. Но если где-то каким-то чудом и находилось место, то обойти преграду «пятого пункта», моего еврейства, было почти невозможно. Сколько раз повторялся один и тот же сценарий, когда, явившись в какую-нибудь школу, где, я знала, нужен был учитель, я открывала дверь в кабинет директора или завуча и попадала в комнату, где за столом сидел улыбающийся человек, женщина или мужчина. Но по мере моего приближения к этому начальственному столу, улыбка постепенно сходила с лица хозяина кабинета, фигура его как-то по-особому выправлялась и напрягалась, и на меня смотрели глаза, в которых неприязнь смешивалась с большим недовольством от того, что я ставила этого человека в такое двусмысленное положение. Быстро взгляд этот переходил с меня на мои лежащие на столе документы и с ледяным выражением возвращался ко мне. Часто мне даже не предлагали сесть. Объяснения были всегда одни и те же: пришла слишком поздно, место уже занято, мне позвонят. Я помню ощущение унижения и горечи, с которым я уходила из этих кабинетов. Дорога от стола до двери казалась бесконечной, а наглый или равнодушный взгляд сидящего за столом начальника впивался в спину.

За моей спиной не было никого, кто мог бы помочь, и надо было как-то кормить себя и ребёнка, и поэтому я уже готова была пойти на любую работу. Оказывается, что этой готовности было недостаточно, на «любой» работе говорили, что моя сверх-квалификация не подходит. Об этом говорило специальное постановление. Взять на простые работы человека, только что окончившего институт, навлекало на работодателя ненужные проблемы. Однажды мой папа уже вроде бы договорился, что меня возьмут на фабрику галстуков, но и тут отдел кадров не сплоховал и от меня отказался.

Известно, конечно, что жизнь, как зебра, и чёрные полосы чередуются с более светлыми. В какой-то день мне повезло, и я нашла работу. Это была так называемая школьная продлёнка, организованная при текстильной фабрике «Лента» для её работников. Забавный нюанс был в том, что до войны эта фабрика принадлежала отцу моего мужа, и если бы судьба повернулась по-другому, то я бы могла быть в числе её законных владельцев. Удивительным было, когда некоторые работницы, забирая детей домой, слышали мою фамилию, спрашивали, не родня ли я бывшему хозяину, а узнав, что да, тепло вспоминали его и рассказывали всякие истории. Я должна сказать, что хотя я совсем недолго знала его, я успела полюбить этого доброго и умного человека, окружавшего меня заботой и не перестававшего вслух удивляться тому, что я полюбила его сына. К моему большому сожалению, он рано умер.

Продлёнка оказалась грязноватой и тёмной комнатой, где дети и я сидели за несколькими обшарпанными столами. Дети приходили туда прямо из школы, и тоже были грязными и неухоженными. Большинство из них было из бедных рабочих семей, где много пили и жили совсем не в комфортабельных условиях. Горячая вода, ванная комната и детская были для большинства из них роскошью. После шума перегруженных классов им тоже хотелось немного тишины и покоя, но этого не было, и, перевозбуждённые, они бегали по комнате, тыча друг в друга вымазанными фиолетовыми чернилами пальцами, прыгали и кричали, не обращая на меня ни малейшего внимания. Их ничего не интересовало, учиться им не нравилось, у них не было ни терпения, ни внимания. Я пробовала им читать, надеясь их увлечь, но они совсем не умели слушать. Домашнее задание они просто отказывались делать. У меня часто не хватало терпения к этим несчастливым детям, привыкшим к постоянным нехваткам, грубости и безответственности. Глядя на них, мне вспоминалась старая шутка о том, как учитель рассказывал детям об ужасной стране Америке, где из-за отсутствия денег родители никогда не покупали им ни конфет или мороженого и не водили их в кино. А вот в другой стране, которая называется Советский Союз, говорил учитель, люди счастливы, и они покупают своим детям всякие вкусности и водят их в кино и зоопарк. Услышав всё это, маленький мальчик Вовочка заплакал, и на вопрос, почему он плачет, всхлипывая, сказал, что хочет в Советский Союз. От ощущения своего бессилия я чувствовала себя ужасно, и я стыдилась себя, своего неумения с ними справляться. Мне пришлось признать, что я плохой преподаватель, а мне так хотелось быть настоящим, ведь я выбрала эту профессию с любовью. Возвращаясь домой в трамвае, который медленно полз мимо красивого парка «Аркадия», я готова была плакать, вспоминая, как прошёл день, и представляя себе следующий, когда мне придётся возвращаться в продлёнку.

К счастью, судьба сжалилась надо мной, и это длилось недолго. Неожиданно меня перевели на другую текстильную фабрику, где мне дали должность библиотекаря. Мне показалось, что я очутилась в раю, хотя читатели заходили сюда редко и зарплата даже по тем временам была мизерная, но я была среди книг. Среди тех, кто в библиотеку приходил, было много побитых жизнью, и книга была для них возможностью уйти от реальности. Они любили не только поговорить о том, что прочли, но и связать это со своим собственным опытом, с историями своей жизни. Эта доверительность между нами появилась не сразу, прошло какое-то время, прежде чем они стали откровенными со мной. Женские истории были похожи друг на друга. Их постоянной темой были унижения и побои, которые им приходилось переживать, да ещё при детях. Я часто могла видеть на их лицах сине-желтые синяки и подтёки.

Такая домашняя обстановка была обычным фоном их жизни, и они рассказывали об этом с удивительным спокойствием.

В мои обязанности входило покупать новые книги в специальном складе для библиотек. Это были дни настоящего удовольствия. Придумала я ещё себе раз в неделю ходить по цехам во время обеда и рассказывать о книгах, привлекая читателей. Цехи отличались друг от друга, всюду было тяжело и плохо, но по-разному: пыль стояла столбом в прядильном цехе, в то время как в ткацком был невероятный шум. Самым плохим был красильный, где вода поднималась по щиколотку и хлюпала под ногами, и ходить там можно было только в резиновых сапогах, а головы работающих там женщин, а это были в основном только женщины, были так закутаны платками, что видны были только глаза. Вокруг что-то бурлило и кипело в огромных котлах, пар из которых поднимался до высокого потолка, не давая возможности людям разглядеть друг друга, и надо всем этим сюрреалистическим местом висел тяжёлый запах горячей краски. Обычно, когда я рассказывала о развлекательных или романтических книжных историях, люди слушали меня со странным любопытством, смешанным с некоторой иронией. Я могла довольно часто слышать, как они, глядя на меня, добродушно посмеивались и перемигивались, хотя были очень доброжелательны и далеки от желания меня обидеть. Мои приходы к ним в эти грязные цеха и мои книжные сентенции были далёкими, как луна, от их жизни и только забавляли их. Я была для них человеком из другого, далёкого от них мира. Они видели во мне очень молодое, наивное и очень безвредное создание, не знающее сторон их жизни, и в этом они были правы. Их реальность была далека от моей, и их реакция открывала мне всю абсурдность и бесполезность этих моих приходов и разговоров, никому не нужных.

Потом было ещё несколько мест, где я работала без всякого чувства удовлетворения и за очень маленькие деньги, но постепенно я начала понимать, что мне необходимо изменить свою жизнь и что никто, кроме меня самой, этого сделать не сможет. Я подолгу бродила по улицам и паркам моего города, в котором я знала и любила каждый камень, где любая погода воспрининималась, как благо, проходила мимо зданий, чьей архитектурой я не переставала восхищаться, шла по мощёным улочкам старого города и мимо ярких и нарядных зданий арт-нуво. Но теперь, вместо привычного успокоения, душа моя приходила в смятение, потому что в этом городе для меня не было места, где я испытала бы чувство удовлетворения. С каждым днём всё вокруг всё больше окрашивалось в серый цвет, и он становился всё темнее. Я чувствовала, что если моя жизнь будет так продолжаться, то это разрушит меня. Я чувствовала, что мне необходимо уйти от бесцельной рутины каждого дня, от моих равнодушных, циничных и часто совершенно непристойно и откровенно пристававших начальников, от бессмысленности того, что я делала каждый день (например, писала сценарии-методички для проведения вечера отдыха на каком-то заводе или фабрике под названием, скажем, «Радость труда» или «Слава женщине»), от моего душевного одиночества и незащищённости. Но куда было уйти, если даже смотрителем зала в музее было не устроиться.

И как-то в один из дней я вспомнила библиотекаршу в Союзе писателей, ту, которая трагически потеряла своих детей. Я вспомнила её историю о том, как, пытаясь найти успокоение, она уехала из Риги в Якутию. Она рассказывала мне о тамошних людях, которые оказались добрыми к ней и тёплыми в отличие от жгучего мороза тех мест. В мои тяжёлые минуты я вспоминала её рассказы и начала думать о Сибири. Надо помнить, что всё это происходило в 60-е, когда глупая романтическая вера в лучшее ещё была жива. К тому же в это время проводилась интенсивная официальная пропаганда того, как велика нужда в образованных людях в тех далёких краях.

Но в это время моих сомнений и колебаний (главное из них было — беспокойство о благополучии моего ребёнка) жизнь вдруг сделала один из её удивительных поворотов, и радость и любовь пришли ко мне, когда я совсем этого не ждала. Я встретила человека, который стал вскоре моим любимым мужем на всю мою дальнейшую жизнь. Он тогда был моряком торгового флота, но это не нравилось ему, и он, как и я, искал своего места в жизни. Я, конечно, рассказала ему о своих планах, и он воспринял их с энтузиазмом. Я не знаю, что произошло бы дальше, но как раз в этот момент одна из моих подруг пригласила нас на обед по поводу приезда мужа её сестры из Новокузнецка, города в Западной Сибири. Он и его жена были профессорами-медиками, выброшенные туда сталинскими гонениями 53-го года на врачей-евреев. О том, что такой город существует, мы знали по стихам Маяковского: «Я знаю, город будет! Я знаю, саду цвесть..!» И действительно, крупный горнодобывающий и металлургический центр вырос из маленького городка Кузнецк и стал известен как Кузбасс. Приехавший родственник моей подруги так нам о нём рассказывал и был так убедителен, что у нас не осталось никаких сомнений, куда мы должны ехать.

Наши приготовления к отъезду начались с покупки в комиссионке тёплых зимних сапог для Алика. Покупка была очень удачной и служила верой и правдой много лет. Все дальнейшие сборы проходили очень быстро. Очень тяжёлым было расставание с родителями и дочкой, которая пока оставалась с моей мамой. Они, как и все наши друзья, совершенно нас не понимали и не одобряли, считая, что поступок наш безумен. Но мы были за пределами здравого смысла, и ничто не могло нас остановить. Мы уезжали, полные надежд и больших ожиданий. Мы были молоды и очень любили друг друга.

Итак, в феврале 1964-го года началась наша сибирская Одиссея, успешное и счастливое путешествие по жизни.

МОЯ СИБИРЬ

Во время наших недолгих сборов ошеломлённые друзья и родственники пытались над нами недоуменно и нервно подшучивать, повторяя старые байки, что «за Уралом жизни нет», а Сибирь — это сторона, где по улицам гуляют медведи и где на обед едят то, что успели утром застрелить. Ну, действительно, какие нормальные советские люди добровольно отказывались от прописки в таком столичном городе как Рига и ехали бог знает куда и зачем. При этом все вокруг нас совершенно забывали, что Сибирь издавна была не только местом ссылок и лагерей, но и краем огромных богатств, сильных и ярких людей, немало сделавших для её процветания. В той Сибири, в которую приехали мы, давно уже не было ни богатых сёл, как на полотнах Сурикова, ни вольного духа её завоевателей и покорителей, но был город, известный на всю страну как один из крупнейших центров по добыче угля и металла.

Когда рано утром мы вышли на привокзальную площадь Новокузнецка, то она показалась нам большим круглым блюдом, окружённым, как бордюром, высокими домами сталинского типа, по которому сновали машины и люди. Всё — здания, грузовики и легковушки, лица и одежда людей — было серо-сизо-коричневым. Но самым удивительным был воздух: застывший и туманный от тридцатиградусного мороза, он в то же время был густо пропитан жирной пылью, поднимавшейся, как мы узнали, от заводов и шахт. Со всех сторон над площадью плыл пар: холодный — от лотков с мороженым и горячий — от киосков, с жарящимися беляшами. Мы тогда не знали, что такое беляши, но их аромат заставил нас сразу почувствовать острый голод. Со смешанным чувством удивления и зависти смотрели мы на едящих на ходу и лижущих мороженое в такой мороз на улице. Всё это было ново для нас — в Риге снег зимой мгновенно таял, превращаясь в хлюпающую слякоть, и никто, как правило, не ел на улице. Другой экзотической подробностью были толпы цыган, взрослых и детей, громко и непрерывно кричащих.

Удивились мы и тому, как были одеты горожане. Вместо закутанных по уши в тулупы, телогрейки и шали, женщины, даже продавцы на улице, были в импортных пальто под надетыми поверх белыми халатами, финских или югославских дефицитных сапогах. На многих были собольи шапки, бесценные в европейской части страны. Шапки все были одного фасона — с обязательно торчащим вверх хвостиками зверюшки. Не хуже обстояло дело и с мужчинами. Многие из них тоже были в дорогих меховых, пыжиковых или ондатровых, шапках, мохеровые шарфы аккуратно обвивали шеи, а в руках были плоские портфели-кейсы. Такая одежда была символом статуса и говорила о социальном положении личности. Сразу было видно — начальник. Свой стиль был и у молодых рабочих. Их отличали довольно длинные полу-расстёгнутые куртки из толстой ткани с, чаще всего, шалевыми цигейковыми воротниками, а под небрежно наброшенным шарфом-самовязом можно было увидеть расстёгнутый ворот рубашки и часть открытой груди. Весь этот облик завершался кепи самых разнообразных фасонов, обязательно задвинутых на затылок и открывающих лоб и часть головы.

Единственными знакомыми людьми были родственники моей подруги, и не зная, куда же нам отправиться с привокзальных ступеней, мы позвонили им. Они радостно приветствовали нас и, не спрашивая ни слова о том, где мы и что собираемся делать, пригласили нас к себе вечером на пироги с рыбой. До этого обеда с пирогами мы оказались предоставленными самим себе в этом чужом месте, не имея представления, где же провести ночь. Надо к этому добавить, что у меня в это утро была температура 39, и я еле держалась на ногах. Простуда навалилась в Новосибирске, где мы бесприютно болтались целый день, пересаживаясь с самолёта на поезд до Новокузнецка. Значительно позже профессор О. — свояк моей подруги — ставший потом и нашим другом, объяснял, несколько извиняясь, что их равнодушие к нам в момент нашего приезда было его и его жены принципом оценки людей, проверкой, насколько они умеют справляться с трудностями без помощи посторонних. При этом он исходил из собственного опыта, когда он, прошедший всю войну полевым хирургом на передовой, защитивший две диссертации, вынужден был бежать, бросив всё, от сталинских преследований евреев-врачей, и работать в пункте скорой помощи Новокузнецка, спасая от смерти порезавших друг друга уголовников, которыми тогда кишел город. Мы, конечно же, понимали его, но, к сожалению, этот принцип сильно усложнил нашу жизнь.

Но, как бы то ни было, нашей главной задачей было найти место, где можно переночевать. Лучшая и она же единственная тогда гостиница стояла внушительным краснокирпичным зданием в виде буквы «П» на центральной улице — проспекте Металлургов. В торжественно оформленном, но пустом холле не было никакого намёка на присутствие постояльцев, и тишина, нарушаемая нашими шагами, глухим эхом отзывалась в конце уходящего в бесконечность коридора. Лицо дамы-администраторши в окошке не сулило ничего хорошего. В ней не было ничего, отличающего её от её сестёр по цеху на всём пространстве страны. Всё та же высокая, густо залитая лаком причёска, напоминающая субботнюю халу, и лицо, казавшееся высеченным из гранита с застывшим выражением непреклонности. Ни одна черта или мускул не двигались на этом лице, и только губы, как бы совершая насилие над собой, чуть раздвигались, чтобы, сложившись, произнести сакраментальное — «мест нет!» Окошко захлопнулось перед нашим носом, и за ним началась своя, отъединённая от внешнего мира жизнь, где железный администратор на наших глазах превратившись в очаровательную милашку, заливалась смехом в телефонном разговоре с кем-то из иного мира. Мы понимали, что за определённую мзду администраторша бы смягчилась, но мы были в совсем незнакомом нам крае и не знали местных правил. Нам не оставалось ничего другого, как, потоптавшись, отступить к двери. На наше счастье, женщина-уборщица, подметавшая в это время, прошептала нам, чтобы мы отправились в Дом колхозника.

Им оказалось расположенное недалеко ещё одно мрачноватое здание. Это было пристанище, где останавливались крестьяне, приезжавшие торговать на базар. Дом состоял из двух огромных комнат, мужской и женской, плотно уставленных кроватями, и небольшой прихожей между ними, где располагались директор этого заведения и неизбежная дежурная. Каждому из нас выделили койко-место в спальне, соответствующей нашему полу. В моей половине народу было немного. Несколько женщин спали, остальные, сидя на своих кроватях, громко переговаривались и в то же время что-то чинили или зашивали. Когда я вошла, они, окинув меня беглым и равнодушным взглядом, продолжали заниматься своим делом. В воздухе стоял густой запах немытых ног, разношенных валенок и кирзовых сапог, пота и водочного перегара.

Несмотря на высокую температуру, я чувствовала, что не могу находиться здесь, где нечем было дышать, да и некогда было отдыхать, нам надо было немедленно налаживать нашу новую жизнь. Но не успели мы сесть на протёртый дерматиновый диван в «холле», чтобы поговорить и обсудить наши планы, как к нам тут же подлетела дежурная. Громким и сердитым голосом она прокричала, что здесь строго-настрого запрещается женщинам и мужчинам вместе рассиживаться. «Почему же?» — с искренним недоумением спросил мой муж. Ответ был: «Не положено и всё! Вы должны немедленно разойтись!» Видя наше смятение, она продолжала: «Если такое разрешать, то тут начнётся безобразие!» — и кричала ещё громче. «Но мы муж и жена», — возражали мы. «Тогда покажите ваши документы!» Скрупулёзно исследовав каждую закорючку в наших паспортах, она тяжело вздохнула и более спокойно добавила: «Всё равно! Нельзя! Если разрешить, так и другим будет повадно!» Долго стоять на морозе было бы невозможно, и нам не оставалось ничего другого, как искать какого-нибудь места, где можно было бы спокойно посидеть в тепле, съесть что-нибудь и скоротать время до вечера.

Эти поиски превратились в экскурсию по близлежащим магазинам и забегаловкам, оказавшихся полными неожиданностей и открытий. На каждом шагу во время этой первой прогулки обнаруживались и демонстрировались нам абсурдные противоречия советской жизни. Прежде всего нас поразило невероятное разнообразие сортов водки, невиданной даже в столице. Ещё одной особенностью были стоящие повсюду как украшение неработающие дорогостоящие венгерские кофеварки «эспрессо». Ответом на наши вопросы, почему они не работают, были или презрительный взгляд и равнодушное пожатие плечами или откровенная насмешка над непонятливыми идиотами. В гастрономах на прилавках лежала в большом количестве отменная свежемороженая севрюга, толстая и мясистая, а на табличке было написано — «тело севрюги». «Доступ к телу продолжается», — пошутил как-то через несколько лет наш друг, увидев очередь за этой благородной рыбой, уже ставшей дефицитом и здесь. Сердце моё забилось сильнее, когда в магазине одежды я увидела рядом с жуткими произведениями «Москвошвея» импортные туфли самых разных стран и фасонов, за которыми у нас дома бились в очередях и переплачивали спекулянтам.

Ближе к вечеру, собираясь в гости несмотря на бивший меня озноб и усталость моего мужа, напившись лекарства и кофе и надев самое лучшее, что у нас было, мы отправились в один из элитарных домов сталинского типа, в котором жили наши новые знакомые. Не было большего контраста, поразившего нас в первый день, чем различие между всепроникающим морозом улицы, унынием Дома колхозника, и нарядностью и комфортом профессорского дома, двери которого открыли перед нами. Мы оказались среди довольно большого общества чужих нарядно одетых людей, встретивших нас несколько настороженно, но приветливо. Для них, наверно, тоже было загадкой, что же нас сюда занесло. Просторные комнаты большой квартиры были красиво убраны и обставлены, за стёклами стеллажей стояли прекрасные книги, а на столике перед диваном лежали последние номера популярных журналов. Большой стол был сервирован со вкусом и вниманием к мелочам, и грани бокалов и серебряные приборы красиво переливались, освещённые хрустальной люстрой. Постепенно отогревшись в этой уютной обстановке и убедившись, что неведомые нам пироги с рыбой оказались вкуснятиной, я стала вглядываться в окружающих меня людей, прислушиваться к разговорам и отвечать на вопросы. Оказалось, что я была единственным гуманитарием среди собравшихся, которые в большинстве своём были врачами, оказавшимися в Новокузнецке не по своей воле. За каждым лицом за этим нарядным столом была своя история, чаще всего невесёлая, а иногда и просто трагическая. Большинство из них были из Института повышения квалификации врачей, созданного здесь в сорок седьмом году, когда в городе оказалось много медиков самого высокого уровня, ускользнувших от сталинского произвола в город его имени, ибо Новокузнецк назывался Сталинском до 1961 года.

Следующий день был полон сюрпризов, когда рассказы и предсказания нашего профессора начинали сбываться. Первой неожиданностью, когда я переступила порог Отдела культуры Горсовета, было необыкновенно приветливое выражение лица его заведующей, Зои Гусевой, ставшей потом моим близким другом. Она задала мне вопрос, показавшийся мне фантастическим: «Где Вы хотели бы работать?» Я была настолько ошеломлена его невероятностью, что даже не сразу могла ответить. А когда я довольно робко сказала, что хотела бы работать в музее, она, обрадовалась, потому что там, оказывается, очень нужны специалисты-искусствоведы. Мне понадобилось несколько мгновений, чтобы поверить в реальность происходящего.

Дело было в том, что после университета я всерьёз стала интересоваться искусством. Мне уже было недостаточно просто ходить в музеи и на выставки, мне теперь уже больше, чем преподавать литературу, хотелось заниматься историей искусства. Для этого я поступила в Репинский институт живописи, скульптуры и архитектуры в Ленинграде и стала искать в Риге работу уже по этой специальности. Но и здесь дело обстояло не лучше. Даже на работу смотрителя в зале меня не брали.

Мой «пятый пункт» оказывался гораздо менее подходящим, чем едва ли не падающие со стула, вечно дремавшие глубокие старушки, из-под носа которых ничего не стоило унести любой экспонат. Вся история моих попыток найти работу по какой-либо из моих специальностей, была похожа на игру, исход которой был заранее известен обеим сторонам. Я уже сначала знала, чем кончится моя очередная попытка, и испытывала в который уже раз чувство горькой иронии. Моему нанимателю было даже хуже, чем мне: он ведь не всегда был законченным циником, и поэтому ему приходилось в этом дуэте лицемерить, выкручиваться, а иногда и всерьёз превозмогать себя. Не скрою, мне не было его жалко, хотя я его понимала. Я даже испытывала злорадное удовлетворение от того, что ему было так неприятен весь этот момент. После Зоиных слов я готова была нестись в музей сию же минуту.

В день, когда я действительно шла на работу в первый раз, меня остановил какой-то весьма обшарпанный субъект и попросил у меня рубль. «Чего это я должна давать тебе рубль?» — спросила я, не то удивившись, не то развеселившись. «Как это — почему?» — последовал его не менее удивлённый ответ — «Я же шкаф!» — «Шкаф?! Ну и что?» — сказала я, обалдев, и пошла себе. Позже, в разговоре со своими новыми коллегами, я рассказала им о своей встрече. Тут уж посмеялись они. «Шкаф» — пояснили они мне — «это человек, у которого нет денег на водку, и поэтому он пьёт политуру!» Вот таким событием ознаменовался первый день моей долгой и счастливой работы в Сибири. Много раз за годы жизни там я встречала на улицах людей с синими лицами от того, что они пили политуру, одеколон и всякие другие такие же изысканные напитки.

* * *

Через несколько дней после меня мой муж тоже уже работал, но прежде надо рассказать немного о самом городе, в котором мы провели около пятнадцати прекрасных лет. Оказалось, что он одновременно старый и очень новый. Всё начиналось несколько веков тому назад со строительства острога в этом месте, когда в Сибирь пришли казаки. Это не вызывало радости у местных народов, отнюдь не готовых отдавать русским свой край, и острог, а потом и крепость были защитой от их нападений. Единственно мирными в этом месте были шорцы, которых казаки стали называть кузнецами, потому что они славились как мастера выделывания железного оружия и предметов быта. Следы их существования сохранились в названии Абушка, небольшой речушке, протекающей по центру города. В 1618-м году в этом месте были построены тюрьма и крепость, которая защищала русских завоевателей. Но, ни наличие крепости, ни найденные уголь и руда, не способствовали быстрому росту этого района.

Большинство в России знало о Кузнецке, небольшом провинциальном городе на правом берегу реки Томь потому, что он оказалось связанным с растущей известностью Фёдора Михайловича Достоевского, который провёл там двадцать два дня своей жизни во время одного из самых драматических своих романов. Во время своей ссылки в Семипалатинск Достоевский встретил Марию Дмитриевну Исаеву, замужнюю женщину, в которую он влюбился. Вместе со своим мужем она переехала в Кузнецк, где он вскоре умер от пьянства. Писатель навещал вдову несколько раз в 1856 и 1857-м годах, и, в конце концов, она стала его женой.

Настоящая трансформация Новокузнецка в крупный промышленный центр произошла в период сталинского индустриального плана, нуждающегося в металле и угле. И тут-то вспомнили о богатствах Западной Сибири. Строительство Кузнецкого металлургического комбината началось в 1929 году, в конце зимы, когда температура ещё редко опускалась ниже тридцати градусов. Родственники тех, кто работали на заводе в те годы, вспоминали их рассказы о том, что день и ночь на строительстве горели костры, обогревая землю, через которую сразу же проступала болотная жижа. Строили там заключённые, ссыльные и совсем небольшая группа энтузиастов. Условия жизни были самые беспощадные. Не хватало еды, одежды и лекарств, и люди умирали без счёта, но, несмотря на это, в апреле 1932-го завод выпустил первую плавку. Вокруг огромного котлована построили первые деревяных бараки, в которых, конечно же, не было никаких удобств, даже просто отопления. В некоторых комнатах жило по насколько семей, но и дома, построенные для начальства, были далеки от комфорта. И только приезд министра Серго Орджоникидзе и его вмешательство несколько изменило обстановку, и стали строиться дома с туалетом и отоплением.

Но ещё мы застали эти первые бараки, в которых жили люди в ожидании квартир. В 1932-м левая и правая часть города была объединена под названием Новокузнецк, но уже в мае этого же года его переименовали в Сталинск. В начале Второй мировой войны многие заводы и предприятия были эвакуированы сюда с оккупированных территорий, и с тех пор город стал быстро расти, став поставщиком почти половины военной продукции. Кузнецк произвёл 50 тысяч танков, 45 тысяч самолётов и 100 миллионов снарядов.

В 57 году началась стройка огромного комплекса — Западно-сибирского металлургического комбината, ЗАПСиб. В этом случае строители старались не повторять ошибок КМК и не строили завод так близко к городу, избегая теперь уже его невероятной загазованности. Оставаясь на многие годы одной из самых серьёзных проблем Новокузнецка, загазованность постоянно обсуждалась на всех уровнях, но сколько мы там жили, улучшения было не заметить. Над городом постоянно висело серо-желтое огромное облако, а чёрная пыль была повсюду — на улицах, в домах на подоконниках и мебели и на всём, что можно было увидеть. Белое становилось серым через ночь. Надо было прилагать много усилий, чтобы содержать дома в чистоте и аккуратности, и я должна сказать, что новокузнецкие женщины с этим очень достойно справлялись.

Однажды, когда мне невероятно повезло и я смогла купить своей дочке розовое пальтишко, радость моя быстро испарилась, как только я представила себе, как часто мне придётся его стирать и во что оно быстро превратится. Болезни сердца и лёгких, как и рак всех видов, были обычным явлением. Оборудование шахт и их вентиляция были в большинстве случаев ненамного лучше, чем до революции. Хорошие зарплаты, которые платили металлургам и шахтёрам, давались им высокой ценой. Мы обо всём этом узнали гораздо позже. Во время любых разговоров о загазованности и болезнях города, будь то лекция или формальное выступление, выступающий никогда не забывал сказать: «Если бы, товарищи, вы могли видеть, что происходит в таких городах Америки, как Чикаго, например, вы перестали бы так жаловаться на нашу ситуацию!» Людям ничего не оставалось как молчать, слушая это. Только много лет спустя, когда эмиграция привела нас именно в Чикаго, мы смогли по-настоящему оценить всю ложь и бесстыдство советской пропаганды, и мы испытывали горечь и сочувствие к тем людям, которые продолжали жить в Кузбассе.

Новокузнецкое общество представляло собой многослойный пирог, где каждый слой был отражением того, как и чем жила страна. Здесь оседали люди самых различных специальностей и судеб из самых разных частей Союза. Бывшие заключённые, политические и уголовные, оседали в этом городе во все времена, просто не имея больше места, куда возвращаться. Одним таким был режиссёр местного театра Амаспюр, человек с глазами, в которых застыла печаль даже, когда он смеялся, просидевший в лагере семнадцать лет и оказавшийся забытым всеми, кого он оставил в Армении. Ссыльных было много — политических, кулаков, немцев Поволжья, жителей Прибалтики и Западной Украины. Да кого тут только не было! Ну конечно, сюда приезжали и молодые специалисты из разных вузов. А вот в конце 40-х и в 50-е город наполнился безродными космополитами, еврейскими интеллектуалами всех профессий, искавших в Сибири убежища. Среди них-то и были наши новые знакомые, гости на ужине в профессорском доме.

Мы оказались в этом городе в годы его расцвета, когда жизнь кипела, повсюду нужны были люди, которых тепло встречали и привечали. Эта ситуация была совершенно не похожа на то, что происходило в больших городах Европейской части страны. Моему мужу понравилось предложение работы на ЗАПСибе, особенно потому, что они тут же давали нам жильё. Жилая часть завода, так называемая Антоновская площадка, была далеко от самого производства, не повторяя ошибки КМК, и по плану этот район должен был потом слиться с городом. В наше время это был сравнительно небольшой участок посреди огромного снежного пространства, на котором одиноко стояли десять или двенадцать пятиэтажных зданий, общежитий для рабочих и жильё для семейных, которое называлось загадочно римские общежития, и так писалось даже в официальных документах, что нас ужасно забавляло. Наше римское помещение было маленькой девятиметровой комнатой с кухонькой, где два человека могли встать только впритык друг к другу, и туалетом. Ни умывальника, ни душа не было, и текла холодная вода из-под кухонного крана. Готовить можно было только на электрической плитке. Спали мы на обшарпанном узком и жёстком дерматиновом диване, главным украшением которого были две полочки по бокам высокой деревяной спинки. Эти полочки выполняли декоративную роль в этом странном дизайне, и их чаще всего украшали вереницей гипсовых слоников, обычно семь, мал-мала меньше — на одной, и вазочкой с искусственными цветами — на другой. Диван и стол, на котором были пятна самой разной засохшей краски, нам выдали из музея, и они служили нам мебелью довольно долго. Вдоль длинного общего коридора было много похожих «квартир», в которых жили семьи с детьми всех возрастов. Поэтому крик и плач не умолкали до глубокой ночи.

Особенно оживлёнными были выходные дни, когда в каждой из этих квартирок шло весёлое сборище с выпивкой. Выпивка сопровождалась сначала пением, а потом плавно переходила в возбуждённое выяснение отношений и заканчивалась чаще всего скандалом, семейным или соседским. Были даже случаи, когда приходилось вызывать милицию. Сценарий этот нарушался редко. Наш же образ жизни не нравился и настораживал окружающих, и относились они к нам весьма сдержанно. Их раздражение росло от того, что мы не выпивали и не ссорились, громко крича, но достигло оно своего пика, когда выяснилось, что пол в общем коридоре в нашу очередь моет мой муж, а не я. И всё равно — ничто не мешало нам чувствовать себя очень счастливыми, нет, не просто счастливыми, нам просто казалось, что мы на седьмом небе от счастья, и ничто не могло этого изменить — ни отсутствие комфорта, ни то, что суп был из бульонных кубиков, ни то, что с мясом всегда были перебои, а суповой набор, часто выступавший под именем рагу, состоял из одних костей и был удачей, а к остановке автобуса или к школе нашей дочки надо было идти через огромный, занесённый снегом пустырь, где девочку буквально сносило ветром. Чтобы не опоздать, мне надо было выезжать в часы пик и ехать до музея ещё полчаса в переполненном автобусе. Давка начиналась ещё на остановке, где никто не хотел стоять в очереди, а все, особенно рослые мужчины, стремились прорваться вперёд и занять сидячие места. Для меня это стало настоящей ежедневной пыткой из-за моей беременности, и мой муж стал приходить на остановку со мной, и, крепко держа меня за руку, пробивал дорогу вперёд. В конце концов проблемой стало не втолкнуть меня в автобус, а ему вовремя выйти из него до отправки под натиском входящих пассажиров.

Самым интересным человеком в музее была наш директор Антонина Владимировна Першина, характер, созданный советским режимом. Прежде чем стать директором, она много лет была партийным бюрократом в довоенном и блокадном Ленинграде, а потом в Новокузнецке, куда её эвакуировали в 43-м году. Мне потребовалось много времени, чтобы понять, что за неприглядным фасадом скрывается несчастный и страшно испуганный человек. Маленькая, очень худая, со странно деформированным лицом, которое вынуждало её держать голову всегда повёрнутой слегка в одну сторону, она была похожа на серьёзно раненую птицу. Глядя на неё и разговаривая с ней, у меня всегда создавалось ощущение, что она много страдала. У неё были странные привычки в еде, наверно, как результат блокады: она ела с хлебом всё, даже кашу и картошку, как люди, голодавшие не на шутку. Её небольшие, но остро смотрящие глаза выражали постоянно некую смесь любопытства и недоверия. Она была исключительно подозрительна ко всем и ко всему. Несмотря на то, что она встретила меня тепло и дала мне возможность по-своему планировать мою работу, она меня серьёзно проверяла, и уже через несколько дней она пригласила меня в кабинет и сказала, что некто хочет со мной поговорить. Этим «некто» оказался человек из местного КГБ. Приятным голосом он представился капитаном таким-то и спросил, не против ли я ответить на несколько его вопросов. Разумеется, я была не против. Вопросы, надо сказать, были поверхностными и простыми, и мне не стоило никакого труда на них отвечать. После этого случая улыбка А. В. стала менее настороженной, и она уверила меня, что будет хлопотать о квартире для нас в первом же сданном в эксплуатацию доме. Но вскоре был ещё один забавный эпизод, когда она опять же пригласила меня к себе и, наклонившись ко мне через стол, шёпотом спросила: «А скажите мне честно — у вас в Риге те же деньги, что здесь, советские?»

Хотя уровень образования А. В., особенно в искусстве, был весьма невысок, она обладала качествами и опытом советского администратора, которые помогали ей руководить музеем успешно. Она умела слушать начальство беспрекословно и пунктуально выполнять все его требования. Часто это шло вразрез со здравым смыслом, не говоря уже о фактических ошибках, но она была непреклонна. Я помню, как однажды, организовывая очередную экспозицию, она настаивала на включение в неё картины на тему подвига Александра Матросова, который, как известно по легенде, бросился на амбразуру немецкого дзота (дерево-земляная огневая точка) и закрыл её своим телом. Этих секунд хватило, чтобы батальон пошёл в атаку. Картина была огромная, написанная в грязно-серо-коричневых тонах, совершенно бездарная. В центре её лежало распростёртое тело героя, а вокруг толпой стояли унылые красноармейцы. А. В., долго вглядываясь в это сомнительное произведение, спросила меня, что же я думаю. Моё мнение было коротким — работа должна вернуться в запасник. «Знаете что?» — сказала мой директор. — «Идите-ка Вы на обед, а мы тут за это время её спрячем». На том и порешили.

Но когда я с обеда вернулась, то увидела, что картина основательно водружена на стену, а А. В. сидит, запершись, в своём кабинете и на мой стук не отвечает. Когда я позже всё-таки потребовала объяснения, она, отводя глаза в сторону, ответила, что содержание работы гораздо важнее, чем её художественное достоинство. Спорить было бесполезно.

Другой случай произошёл, когда нам прислали выставку китайской средневековой гравюры. Произошло это, когда отношения между СССР и Китаем были достаточно напряжёнными. Возник вопрос, как написать о выставке в брошюре-каталоге. И опять А. В. спросила моё мнение. Я вопросу удивилась, потому что у меня не было ни малейшего сомнения, что выставка может называться только Выставкой китайской гравюры такого-то времени, а как же ещё? Она посмотрела на меня долгим взглядом и ничего не сказала. Я по глупости приняла это как согласие со мной. Но не тут-то было! Когда через неделю каталог привезли из типографии, то я увидела, что у нас открывается выставка гравюр с Дальнего Востока. Её объяснение было коротким: «Использовать слово Китай в нынешней обстановке было бы политической ошибкой!» Вот и всё.

К счастью, я была не одна, а была у меня в музее верная союзница в противостоянии нашему директору, Таня Стромская, ставшая другом всей моей жизни. Тогда ещё очень молодая, она радовала соей любовью и преданностью искусству, и меня совсем не удивило, что она потом стала директором такого необычного и известного музея как Невзоровский музей в Казахстане. Надо сказать, что отношение начальства к любому провинциальному музею, подбор выставок, которые присылали и как росла постоянная коллекция в очень большой степени зависело от того, каков был директор, а наша Антонина, надо отдать ей должное, знала, как вести этот «корабль». Именно её умение беспрекословно слушать начальство, улавливать малейшие его настроения и намёки, часто бывать в Москве и даже трижды видеться с Министром Культуры Екатериной Фурцевой приводило к тому, что одна прекрасная выставка сменялась другой в нашем музее, и запасники всё время пополнялись новыми и очень неплохими поступлениями из центральных фондов.

У музея была и своя интересная история. Она начиналась с того, что директор уже существовавшего Краеведческого музея, Полина Васильевна Кононова, однажды, в 56-м году, обратила внимание в ресторане Москва на три висящие там картины: *Вечер в Альпах* (1908) немецкого художника Юджина Брахта (Eugen Bracht), *Нимфы* (Nymphs) неизвестного мастера (предположительно школы Коррраджио) и *У ручья* (1803) голландского живописца Коеккоека Баренда Корнелиса (Koekkoek Barend Cornelis). Она добилась того, что их передали в музей и повесили в отдельной комнате, написав на двери — «Картинная галерея». Так начинался первый в области художественный музей. Среди интеллектуалов города к этому времени оказалось достаточно много художников-профессионалов: оставшиеся здесь бывшие эвакуированные, освободившиеся из лагерей и, наконец, местные таланты, выпускники разных художественных училищ. А в 1957 году сюда приехала по распределению группа выпускников Репинского института в Ленинграде. Эти события совпали с особым вниманием, которое уделялось Новокузнецку как одному из важнейших индустриальных центров страны. Город оказался на особой культурной программе, когда с 57-го по 61-й год Министерство культуры выделило в три приёма ценные работы из Художественного фонда РСФСР.

Среди всего этого богатства были работы русских и советских мастеров, работы Куприна, Осмеркина, Машкова, Никонова и Жилинского. В то же время Министерство закупало для нас произведения с республиканских выставок, и к нам пришли картины и скульптуры Вутетича, Никогосиана, Файдыш-Крандиевской, я просто перечисляю тех, кто остался в памяти. Из своих фондов нас одаривала и Третьяковская галерея. Более того, для нас закупили и личные коллекции известных собирателей — Л. М. Розенфельда, Я. Е. Рубинштейна и наследников семьи Невзоровых. Все столичные музеи с удовольствием и посылали нам свои выставки. К тому же мы сами покупали и прямо из мастерских художников, особенно местных, среди которых было несколько интересных имён. Я с удовольствием написала тексты к каталогам живописца А. Кирчанова и графика В. Ананьева.

Так как местные художники не были избалованы вниманием, то они с благодарностью принимали любое его проявление. Иногда это принимало весьма забавные формы. Однажды, придя в музей, Ананьев, сильно волнуясь, попросил меня выйти с ним в соседний пустовавший кабинет. Шорец по национальности, выросший в удивительно красивой Горной Шории на юге Сибири, он был человеком очень близким к природе, и, хотя давно уже жил в современном городе, но обожал рыбалку и охоту. Его народ и его жизнь в этом краю были основной темой его гравюр. Он тепло относился ко мне и моему мужу и настоятельно приглашал нас в его дом в горах. К сожалению, дело не пошло дальше наших обещаний приехать. Сам Ананьев был колоритной фигурой — высокий, широкоплечий, он говорил громким голосом, как человек мало привыкший к четырём стенам, и его приход всегда собирал нас всех вокруг него, и мы с удовольствием слушали его забавные истории. В тот раз, о котором я говорю, меня заинтриговал и несколько смутил его конфиденциальный тон. Глядя на меня как-то необычно, он вынул из большого портфеля пакет и положил его передо мной. Увидев моё насторожённое лицо, он сказал: «Не волнуйтесь, пожалуйста! Это не взятка! Это просто знак моего уважения к Вам! Просто я охотился и убил сурка. Я был бы счастлив, если бы Вы согласились его принять и сделать из него тёплую шапку. Я видел, что Вы мёрзнете в Вашей европейской экипировке!» Я очень растерялась и, честно говоря, не знала — сердиться или растрогаться, но выражение его отрытого раскрасневшегося лица не дало мне возможности сказать «нет». Я взяла грех на душу и приняла его подарок. Должна сказать, что этот сурок, превратившись в не очень элегантную, но тёплую шапку, долго служил мне верой и правдой.

Мне повезло быть в Новокузнецке, когда там жил художник Эдуард Зеленин, имя которого сейчас хорошо известно на Западе. Урождённый сибиряк, он уехал в Ленинград, где в Репинском институте учился вместе с Михаилом Шемякиным и Олегом Григорьевым и был отчислен оттуда за формализм в 59-м. В том же году американский журнал *Look* опубликовал о нём статью *There is no place for the individual* (Там нет места индивидуальности). Зеленин вернулся домой, но продолжал участвовать в нонконформистских выставках в Москве и заграницей: *Nuove correnti a Mosca* в Лугано (1970); *Progressive Stromungen in Moskau 1957–1970* в Бочум (1974); и всем хорошо известная Бульдозерная выставка в Москве (1974). Его искусством интересовались многие иностранные коллекционеры, а у себя на родине его преследовали и даже арестовали. Он эмигрировал в Париж, где и умер от инсульта в 2002 году. Самое большое собрание работ этого оригинального мастера находится там в галерее Paul Newkheil'a, который выкупил многие не только у наследников, но и из Новокузнецкого музея. Я была до его отъезда в двухкомнатной хрущевке, где он жил с семьёй, и там же была его мастерская. Квартира была заставлена картинами, и для жены и ребёнка места оставалось очень мало. Сам он в те годы не выглядел таким элегантным, как потом на парижских афишах, каталогах и фотографиях. Тогда он сам и обстановка квартиры были в страшном контрасте с его живописью. Очень немногословный, Зеленин совершенно менялся, когда показывал свои работы. Он говорил с нами, как с близкими друзьями, которые, он был уверен, понимают его. Символизм его картин, его особое видение и яркая образность поражали горькой эмоциональностью. Было ясно, что перед нами незаурядный талант. У меня и сейчас, десятки лет спустя, перед глазами его картина «Самовар», которую я так и не смогла найти ни в одном из его каталогов. Висит, наверно, в гостиной какого-то коллекционера, невидимая тем, кто знает и любит Зеленина.

Мне трудно сказать, какая часть работы в музее нравилась мне больше. Многие вещи в нашей коллекции требовали атрибуции, и приходилось писать в разные музеи и архивы, просить документы и искать ответы на множество вопросов. Одновременно мы составляли каталог, и это было не только интересно, но и очень, можно сказать, поучительно для меня с моим в общем-то доморощенным искусствоведческим образованием. Но больше всего я любила экскурсии. Зрители были, конечно, самые разношёрстные, но это всегда была очень благодарная публика. Рабочие, горняки и металлурги, самые разные чиновники, ученики и студенты, учителя, начальники и профессора, рядовые медики и инженеры — у них действительно было желание понять смысл искусства и зачем оно нужно человеку. Бывали и всякие курьёзные истории, иногда просто смешные, но иногда и огорчительные. Самыми придирчивыми и дотошными были почему-то военные-отставники. Их раздражало малейшее отступление от буквальности и особенно — обнажённая натура. Но подобные инциденты не могли восприниматься серьёзно, и каждый день работы в музее был для меня праздником.

Самым удивительным было, что жизнь складывалась прямо по схеме нашего профессора. Оказалось, что он ничего не преувеличивал, и через год, даже чуть меньше, мы въезжали в квартиру в новом хрущёвском доме. Он вырос, как одинокий пень на краю снесённой деревни, и, судя по его обитателям, принёсшим сюда её дух, он, казалось, состоял из поставленных один на другой их домишек. Для многих из этих людей переселение было ломкой их обычного жизненного порядка, к которому надо было привыкать, что оказалось далеко не просто для многих из них. У каждого раньше был огород возле дома, курицы, бегающие по двору, и поросёнок в сарайчике. Это хозяйство было основным источником мяса и овощей. В подвале хранились все запасы на зиму. Бесчисленные банки с домашними соленьями стояли на полках, а в бочках попыхивали квашеная капуста и сибирский деликатес — солёный арбуз, к которому мы так никогда и не привыкли. И теперь, с переселением, приходилось все эти давно сложившиеся привычки менять, и для некоторых это было более существенно, чем круглосуточно текущая из крана горячая вода. Был даже момент, когда кто-то из этих новосёлов набросал в ванну заготовленную впрок картошку.

Наши соседи были простыми, тяжело добывающими свой хлеб людьми. Большинство из них работало в шахтах или в накалённых цехах металлургических комбинатов. Надо сказать, что работа их неплохо оплачивалась, они легко могли покупать холодильники, стиральные машины, цветные телевизоры, импортную мебель и даже машины — всё, что тогда считалось роскошью и высоким уровнем благосостояния. Мы много лет жили бок о бок с этими людьми, но нам ни разу не пришлось усомниться в их отзывчивости, человеческой честности или способности быть благодарными. У нас даже была такая семейная шутка, что, живя в нашем доме, не надо никуда обращаться за любыми услугами. Всё было тут же, рядом. Фрида, немка из ссыльных Поволжья, и Галя, соседка сверху, были обе прекрасными медсёстрами, всегда готовыми прибежать тут же и знающими, как помочь, будь то ребёнок или взрослый. А зубной врач Таня с третьего этажа никогда не скупилась на укол новокаина, хотя это тогда не разрешалось при лечении, только если зуб надо было вырывать. А когда тёк кран или случалось что-то с электричеством, то тут же были свои мастера и помощники. Благодаря нескольким актёрам театра, мы всегда попадали на премьеры и гастроли и всегда занимали лучшие места. В нашем же подъезде жила и заведующая почтовым отделением Лида, и поэтому подписки на дефицитные журналы никогда не становились проблемой. Но самое главное во всем этом было то, что всё доброе делалось совершенно бескорыстно и безвозмездно. Да и чем могли им отплатить мы, кроме как откликаться на все просьбы написать официальное письмо, составить прошение, сделать перевод, помочь с анкетой или просто выслушать и дать совет.

※ ※ ※

Среди женщин нашего дома самыми интересными были бабки, как их все называли. Я хорошо узнала их, потому что к моменту нашего въезда в квартиру родилась наша вторая дочка, и я, выгуливая её, сидя на скамеечке перед домом, хорошо их всех узнала. Но сначала я должна рассказать обо всём, что было связано с рождением девочки. Хоть между моими двумя дочками разница в десять лет и расстояние между Ригой и Сибирью весьма значительное, но медицинская система оставалась всё такой же далёкой от желаемого. Мы, женщины, кто рожали тогда, хорошо помним эти драконовские правила, когда ни муж и никакие другие родственники близко не подпускались к палатам роддома. Их место было под окнами или в предбаннике. Попав в больницу, роженица, испуганная, с сильной болью и совершенно потерянная от полной неизвестности, оставалась одна-одинёшенька в мире чужих, для которых она была просто другим случаем в их практике. В этот второй раз, когда посреди ночи я оказалась одна на койке в слабо освещённом коридоре родильного отделения, единственное, о чём я могла думать, были те страшные моменты, которые я пережила при первых родах, когда врачи сорок восемь часов боролись за жизнь ребёнка и мою. Но там, по крайней мере, вокруг меня толпились врачи и сестры, а тут не было ни души. Я чувствовала себя слабой, беспомощной, и мне было очень страшно. А боль становилась всё сильнее. Наконец, мимо меня в полутьме проплыла чья-то тень, оказавшаяся моей соседкой (так совпало!), услышавшая мои стоны и поспешившая за акушеркой, которая раньше велела не тревожить её до утра. Но на этот раз она, прибежав, преобразилась, стала очень серьёзной и велела мне быстро идти в родилку, сама же она немедленно исчезла в глубине коридора, который показался мне бескрайним тоннелем. Держась за стенку, я поползла туда же, о «быстро» не могло быть и речи.

Дорога казалась мне бесконечной. Когда я потом при дневном свете увидела этот коридор, то он оказался до смешного коротким. Но это потом, а тогда, добравшись до родилки и вкарабкавшись на родильный стол, покрытый холодной и скользкой клеёнкой, и приготовившись к новым испытаниям, я вдруг почувствовала, что моя девочка уже здесь, что она уже появилась на свет. Прошло всего пятнадцать минут. Я поверить не могла в своё счастье, что всё кончилось так неожиданно быстро и что ребёнок нормальный и здоровый. Но запыхавшаяся акушерка, не дав мне толком взглянуть на неё, схватила ребёнка в охапку и убежала, не накрыв меня даже одеялом. Так я и пролежала до утра, дрожа и плача не то от холода, не то от радости, что всё позади, пока ни пришла другая смена и вспомнила обо мне. Много лет спустя, уже в Америке, я однажды, сидя с молодыми мамами на дне рождения моей внучки и слушая их разговоры, рассказала об этом случае. Мой рассказ был встречен удивлённым молчанием и, я бы сказала, даже с некоторым недоверием, а я, глядя на них, порадовалась за этих женщин, которые не испытали таких переживаний, всего, что выпадало на долю женщины на нашей родине.

Но лёжа там, заброшенная, несколько часов, я не могла не слышать громкие крики, которые доносились из соседнего помещения. Впечатление было, будто там кого-то пытают. От этих криков мне становилось ещё холоднее. Уже утром, отогревшись в палате и придя немного в себя, я из любопытства спросила, кто же и почему так страшно кричал ночью. Сестра от души рассмеялась и сказала, что это была цыганка, рожавшая десятого ребёнка, который выскочил из неё, как теннисный мячик, и что кричит она так каждый раз просто так, для куража. В тот же день мы, все, кто были в палате, опять услышали крики, но теперь уже с улицы, и кричал мужчина. Сгрудившись у окна, мы увидели пожилого красивого цыгана и перед ним на траве расстеленное одеяло, на котором были разложены бусы, серьги, одежда — подарки мужа родившей жене. Он выглядел очень довольным, гордым, и всё оглядывался на других цыган, стоящих неподалёку, наверно, родственников. Теперь они уже кричали все вместе и требовали, чтобы их жену, мать, дочь, сестру — кем она там им была — немедленно отпустили домой. Крики прекратились внезапно в тот момент, когда только что родившая цыганка с ребёнком на руках бодро вышла к ним, и вся эта пёстрая толпа с шумом и пением удалилась. Случилось так, что через несколько недель я оказалась на привокзальной площади, и ко мне подошла моложавая цыганка с ребёнком на руках, предлагая погадать. Она была довольно настырная, и мне захотелось пошутить. Поглядев на неё, я предложила, что сама расскажу ей о её жизни. Она засмеялась, а я напомнила ей, что такого-то числа она родила мальчика, своего десятого ребёнка. Было очень смешно, но и достаточно глупо получить большое удовольствие, глядя на её изумлённое, даже испуганное лицо и на то, как быстро она бросилась от меня бежать.

Жизнь роддома была полна приключений. Они начались к концу первого дня, когда мужья стали приходить под окна. Среди нас в палате была женщина, очень слабая после кесарева, она даже без помощи не могла подойти к окошку, где внизу стоял её муж, крепкий здоровый парень в белой нейлоновой рубашке, которая тогда была на пике моды, и смотрел недоверчиво-презрительно на измученное лицо своей жены, а потом сказал: «Ну и долго ты собираешься здесь валяться? Дома белья целая куча нестираного, да и нормального обеда я уж сколько дней не ел, а ты тут без толку лежишь!» Она начала плакать и несколько раз всё спрашивала, куда это он собрался в новой рубашке, которую она ему подарила на день рождения. «Куда я иду?! Да в клуб! Там танцы сегодня! Ты что думала, что я буду один дома сидеть, пока ты тут прохлаждаешься?!» После ещё нескольких таких же слов он ушёл, оставив её в слезах, а к вечеру у неё поднялась высокая температура. Хоть такой откровенно жестокий разговор был крайностью, но, прислушавшись в моей многокойковой палате к рассказам женщин о своей жизни, я поняла, что грубость, отсутствие нежности, теплоты наряду с руганью и даже побоями были чуть ли ни нормальной обстановкой во многих семьях. В мужьях, которые вроде бы были приличными людьми в общении с соседями, друзьями, товарищами по работе, поражала какая-то бесчувственность, даже безжалостность по отношению к жёнам, особенно когда они выпивали.

Мои собственные неприятности наступили на следующий день. Началось с того, что мне не принесли на кормление мою дочку вместе со всеми другими детьми. Я очень расстроилась и обеспокоилась, вспомнив все проблемы с ребёнком при первых родах. На мои вопросы сестры только смущённо пожимали плечами. В конце концов в палату вбежала раздражённая врач-педиатр, крича громко авторитетным голосом: «Мамаша, Вы что себе тут позволяете и всех беспокоите? Ваш ребёнок болен, у неё болезнь крови!» — «Какая болезнь крови?! О чём Вы говорите?! Врач сказал, что у меня родилась здоровая девочка! Что вы собираетесь делать?!» — «Как что? Мы выкачаем её кровь и перельём ей другую от донора» — при этих словах со мной случился обморок. К счастью, мой муж и моя старшенькая стояли в это время под открытыми окнами, и всё слышали. Они тут же стали звонить нашим друзьям-профессорам. Прошло довольно мало времени после этого, и в комнату опять влетела ещё более разъярённая педиаторша, ещё громче, чем раньше крича, что какое право я имела жаловаться, что у них не один мой ребёнок, и ошибки возможны и ещё много всяких противных и обидных слов, но самое главное, что я поняла из всего этого, было то, что произошла ошибка, и, вопреки всему этому ужасу, мой ребёнок здоров. Кончилась вся история тем, что на следующий день во время всеобщего кормления, когда в палатах наступает тишина, и мамы наслаждаются теплом ребёнка у своей груди, мой муж, подкупив сестричку шоколадными конфетами, незаметно увёл нас из роддома. По сути, это было похищением, но, совершив это преступление, нас не мучили угрызения совести.

Эти события предшествовали моему сидению на лавочке и разговорам по душам с нашими бабушками — бабками. Одна из них была Баба Вера из соседнего подъезда. Узнав, что я не знаю, как быть, когда придётся идти на работу, она тут же предложила свои услуги. Была она вся круглая, мягкая и сильно хромала. Когда Баба Вера смеялась, её большое плоское лицо, истыканное оспинами, становилось молодым и светилось добротой. С ней в её однокомнатной квартирке жил неизвестно кем ей приходящийся мальчик-подросток Сашок, которого она из жалости, невзирая на крохотную пенсию, взяла из детдома. Была Баба Вера человеком неграмотным, но и далеко не глупым. Хоть она и не слишком разбиралась в политике, но любила вспоминать свою девичью жизнь в богатой сибирской деревне, которая в её рассказах представлялась мне похожей на полотна Сурикова. Говорила она нараспев, и речь её текла плавно и складно. Когда я по утрам, уходя на работу, передавала девочку на долгие часы в её большие и с виду неловкие руки, я была почему-то совершенно спокойна, что всё будет в порядке. Бывали, правда, иногда несовпадения, мягко говоря, в нашем понимании ухода за детьми, но мне приходилось их не замечать. Так было, когда я робко сказала Бабе Вере, что, наверно, пора уже девочку чем-то прикармливать, а она, посмотрев на меня, как на несмышлёныша, ответила: «Милая ты моя, да я уже с месяц ей борщ даю!» А было ей месяца четыре.

Доброй и славной была и тётя Дуся с пятого этажа, но у неё была одна слабость — она страшно любила пересуды и всё знала обо всех в нашем доме. Не скрою, иногда было очень интересно её слушать. Именно тётя Дуся однажды сильно нас насмешила, рассказав, как она покупала кефир в соседнем молочном магазине. «У нас сегодня только Таллинский кефир. Будете брать?» — спросила её продавщица. «Что?! Сталинский кефир?! Батюшки мои!» — воскликнула тётя Дуся. Девушка за прилавком рассмеялась и сказала: «Да не, не Сталинский, бабушка, а Таллинский, это город такой на Балтийском море» — «Это что же, его оттуда, что ли, везли, а он ещё всё свежий? Нет! Вы мне голову не морочьте!» И ушла тётя Дуся, ничего не купив в тот день. Дуся была высокая крупная женщина и рядом со свои низкорослым и тощим мужем дядей Федей они выглядели немного смешной парой, но жили они дружно, ладно. Поэтому было настоящим сюрпризом услышать Дусин рассказ о том, как родилось их семейное счастье. Это было однажды, когда, сидя на скамейке, мы обсуждали, как лучше подымаются пироги, а в это время Федя, высунувшись из окна, позвал жену обедать. Махнув презрительно в сторону окна рукой и наклонившись ко мне, Дуся тихо проговорила: «Ты думаешь, что он всегда такой был? Ан нет!» И она рассказала, что сразу после женитьбы Федя много пил и часто её бил. «Это невозможно!» — воскликнула я. — «Вы же намного больше его, как же Вы это допускали?» При этих моих словах тётя Дуся встала во весь рост, приняв позу императрицы, и торжественно ответила: «Так вот! В один день такой я взяла скалку на кухне и отдубасила Федю изо всех сил! Вот с тех пор и наступили у нас мир да любовь», — торжественно заключила моя соседка и отправилась обедать со своим дорогим мужем.

Совсем другим характером была ни с кем не сравнимая Геня Абрамовна. Ещё молодой женщиной она овдовела, и никакой личной жизни у неё с тех пор не было, но оставалось много нерастраченной силы и жажды впечатлений. Свою энергию Геня Абрамовна тратила на семью своей дочери, с которой она и приехала в Новокузнецк и которые были её единственными близкими людьми на всём свете. Она служила им беззаветно, обожала их всех, особенно, конечно, внучку Милочку, пухлую, холёную и очень избалованную девочку с двумя длинными косами, за красотой которых бабушка ревностно следила. Чуть что не по ней, и Милочка тут же залезала под стол, где бы она в это время ни была. Вся семья в таких случаях собиралась вокруг стола, и каждый Милочку соблазнял чем-нибудь лакомым. Но так случилось, что зять Изя (на мой вопрос, какое у него полное имя — Израиль или Исаак, гордо ответил — Изяслав) с женой и дочерью отправились работать в Монголию, что считалось невероятной удачей, ибо оттуда люди возвращались прекрасно обеспеченными, и одинокая теперь Геня Абрамовна стала буквально изнывать от скуки. Но так как по натуре она была настырная и безмерно любопытная, то иногда становилось довольно тяжело её переносить.

Очень она любила, например, встречать нас из отпуска. Минут через пятнадцать после того, как мы появлялись в доме, она уже стучала в дверь, под каким-то благовидным предлогом входила и тут же усаживалась на стул посреди комнаты так, чтобы всё было хорошо видно и слышно. Её небольшое лицо с остреньким носом собиралось как-то в плотный комок и маленькие глазки загорались большим оживлением. Главным интересом Гени Абрамовны было рассмотреть, как мы раскладываем вещи. Увидев там что-то новое, она тут же спрашивала, сколько эта вещь стоит и где мы её купили. И только всё хорошенько рассмотрев и разузнав, она с чувством глубокого удовлетворения отправлялась домой. Но была у неё ещё другая особенность — она была очень суеверна. Однажды, когда подруга привезла нам из Узбекистана ведро черешни, я угостила ею Геню Абрамовну, насыпав ягоды в кухонную миску, которую я часто использовала в своём хозяйстве. Но прошли неделя, другая, а миски моей всё нет, несмотря на то что видела я соседку чуть ли ни каждый день. В какой-то момент я вежливо её спросила, как поживает моя мисочка и нельзя ли ей ко мне вернуться. Хитро сощурившись, Геня Абрамовна хихикнула и сказала, что в её представлении никакая посуда не должна быть возвращена пустой, а у неё, вот, ничего подходящего для меня не было. В другой раз Геня Абрамовна насмешила нас, когда её пьяный сосед по лестничной клетке в хрущевке, где стены были из папиросной бумаги, сломал входную дверь и долго бил жену, она сказала милиционерам, что так спала, что ничего не слышала. И это было сказано после того, как весь двор каждый день слыша её жалобы на бессонные ночи.

Но самой колоритной фигурой нашего двора была Ираида Сергеевна. Она сильно отличалась от других. Это была очень старая, высокая и худощавая женщина, держащаяся необычайно прямо, нисколько не сутулясь, несмотря на возраст, она всегда ходила с гордо поднятой головой, не глядя под ноги. Выразительный профиль с длинноватым носом и заострённым подбородком, делавшие её похожей на пушкинскую Пиковую Даму, всё ещё сохранял следы былой красоты. Она сразу создавала впечатление бывшей красавицы с аристократическим прошлым. Ирония заключалась в том, что была она бедной-пребедной и мало образованной белошвейкой в Петербурге, и работала она в большой мастерской, где хозяйка ставила швейные машины близко к окнам так, что работниц было видно проходящим по улице. Однажды таким прохожим оказался молодой и богатый офицер, который, увидев Ираиду, влюбился без ума и скоропалительно на ней женился. Это была история Золушки, но, к сожалению, недолгая. Офицер сгинул в революцию, оставив её с тремя детьми и в абсолютной нищете. Каким-то образом они выжили, и в конце концов Ираида Сергеевна оказалась в Сибири с семьёй своей внучки. Людям она казалась высокомерной из-за этой своей горделивой осанки, и никто не вступал с ней в беседы, а я с ней очень даже подружилась, и оказалось, что у неё светлая голова, прекрасная память, и её рассказы о предреволюционной жизни были яркими и увлекательными. Она, конечно, любила критиковать нынешние нравы молодёжи, и её самой большой гордостью было повторять мне, что, несмотря на страстную с мужем любовь, он никогда не видел её обнажённой. Вместо понимания и умиления, эти её слова вызывали у меня грустное сочувствие. Меня восхищала душевная стойкость этой женщины, которая прошла через беды жизни с невероятным достоинством.

Всеобщей бедой нашего дома, как и всей страны, были пьянство и водка, постоянные спутники жизни, и горе от них было повсюду. Человек непьющий в глазах окружающих казался ущербным или больным. Начиналось всё с дружеского или семейного застолья в праздники или по выходным, с пения и весёлых шуток, и, надо сказать, редко, но иногда тем и кончалось. Но даже самое мирное поначалу сборище нередко завершалось руганью и даже потасовкой. Возбуждённые голоса мужчин и плачуще-увещевательные мольбы женщин часто были слышны через тонкие входные двери. Похуже было с теми, кто обязательно пили в день получки, собравшись с такими же где-то поодаль от дома, и к приходу домой денег от полученного оставалось у них значительно меньше. Самыми же страшными были пьющие каждый день, где угодно и с кем угодно. Такие, у кого у самого не хватало на бутылку, ждали возле магазина, когда появится подходящий напарник. Чаще всего собирались по трое. «Третьим будешь?» звучало, как пароль. «На троих» было известным всем выражением в нашем советском быту. В одну из командировок моего мужа в Москву к нему подходили какие-то незнакомые люди и спрашивали: «Башашкин?» — «Нет!» — говорил он удивлённо, а потом спросил у москвича, на кого же он так похож. «Да не похож ты! Просто Башашкин играет третьим в хоккейной команде, вот он и стал кодовым словом для алкоголиков!»

Обычно пьяный муж или папаша, напившись, не ложился мирно спать. Начиналось всё с ворчания и придирок, но постепенно в ответ на урезонивания жены, которые иногда звучали как подстрекательство, начиналось битьё посуды и мебели, а потом и побои даже спящих уже детей. Многие жёны выходили с синяками под глазами, особенно по понедельникам. Удивительным было то, что воспринималось это всё довольно равнодушно, как нечто обыденное, и, более того, иногда эти пьяницы вызывали даже сочувствие у родни и соседей. У них находилось тысяча доводов оправдывать питьё, грубость и всякую жестокость. Вина возлагалась на кого-то, на начальника, тёщу или жену-дуру, но, что самое интересное, что в ней никогда не было политического компонента. Всякие сложности жизни, эксплуатация, недоплата, несправедливость — всё воспринималось как должное, как само собой разумеющееся. Если глава дома заходил слишком далеко, жена и дети убегали из дома и искали у кого-нибудь убежища. Таким убежищем часто была наша квартира, где эти соседи чувствовали себя спокойно и в безопасности, устроившись спать на одеялах на полу. Самыми частыми нашими гостями была семья электрика Николая, человека тихого, когда он был трезв, но случалось это слишком редко. Обычно он появлялся на пороге своего дома в состоянии, которое не оставляло никаких сомнений. Дальнейший сценарий всегда был одинаковым: сначала он окидывал мутным взором всех в комнате, затем, сделав несколько шагов вперёд, опускал тяжёлый кулак на стол или на чью-нибудь голову. Если он оставлял дверь открытой за собой, то можно было легко выскочить, и последствия были незначительные. В других случаях жена оказывалась сильно побитой, а дети дрожащими и плачущими. Летом они прятались за старой будкой во дворе, которую не успели убрать строители. Освобождение наступило для Нины, когда Николая посадили, потому что он оставил опасный провод в неположенном месте, и из-за этого погиб ребёнок. Только после этого мы все увидели к нашему полному изумлению, какой привлекательной Нина была и как замечательно она растила своих детей. Не все, конечно, случаи были столь драматичными, но домашние преступления были серьёзным изъяном жизни. У женщин, правда, была возможность получить поддержку, жалуясь на работу мужа или в милицию, особенно хорошо это помогало, если человек был партийцем. И такие жалобы иногда помогали, но по разным причинам многие терпели и молчали.

Иногда в качестве доводов, объясняющих пьянство, приводились не самые лёгкие условия сибирской жизни. Зимой было тяжело дышать на морозе ещё и потому, что низкая температура смешивалась с загрязнённым воздухом, который щедро поставлялся заводами и шахтами. Сибирский холод действительно совсем не похож на то, что мы знаем по европейской части России. Минус двадцать градусов по Цельсию считался тёплым днём в Новокузнецке. Остановиться на улице поболтать решались только самые смелые или очень закалённые. Выйти на улицу в чулках капрон было просто опасно — капрон въедался в кожу. Для нас, женщин, шерстяные рейтузы зимой были просто необходимостью. Для меня самым уязвимым местом был лоб, поэтому я надвигала шапку до глаз, а иначе голова ломилась от боли. Роскошью было и снять перчатку, и многие, мужчины и женщины носили меховые варежки, найти которые было нелегко. Однажды мой муж Алик спросил у Бабы Веры, где бы ему купить такие варежки. Спросил просто так, из любопытства, но она тут же ответила: «Убей собаку, и я тебе их сразу сошью.» Алику быстро расхотелось их иметь. Зато дети обожали этот мороз. Им всё было нипочём. Закрытые по поводу холода школы не останавливали их от игры в снегу или катания на санках. Домой прибегали раскрасневшиеся, очень довольные и очень голодные. Простужались они в такие дни реже, чем от сырости и дождя. Зато летом жара доходила до тридцати пяти градусов, и холодный воздух сменялся горячим, насыщенным густой и вязкой пылью, оседающей на людях, на вещах и продуктах. Каждый день надо было эту пыль вытирать во всём в доме.

* * *

Как я уже говорила, несмотря на тяжёлые условия работы на заводах и в шахтах, люди в Новокузнецке зарабатывали сравнительно неплохо. Нам всем платили пятнадцатипроцентную надбавку, что делало заработки больше, чем заработки в европейской части страны. Возможность приобретать у людей была, проблема скорее заключалась в том, как все эти желанные вещи купить. И тут начиналась хорошо знакомая моим соотечественникам советская волокита с очередями, записями, перекличками и, наконец, с вечным всемогущим блатом. Я оказалась на особом положении, потому что была на тот момент единственным специалистом-искусствоведом не только в городе, но даже в области, и люди хотели слушать мои лекции. (Кстати, этот факт говорит больше о людях, чем обо мне, о том, что при всей сюрреалистичности советской жизни духовные запросы были). Я никогда ничего не просила, и, должна сказать не потому, что была такая идеально честная, а потому, что не приходилось. Так получалось, что мне предлагали и услуги и вещи. Смешно сказать, но, когда всех в городе взволновало известие, что в Центральном универмаге появились японские джинсы, я и глазом не успела моргнуть, как мне позвонила САМА директор этого универмага и спросила, не хочу ли я джинсы для своего мужа. Конечно, я хотела. А когда я пришла за ними к ней в кабинет, она извиняющимся голосом доверительно сказала мне, что может выдать мне сапоги, меховую шапку и ещё Бог знает что, и духу у меня, грешной, не хватило от них отказаться.

Начальство понимало, что рабочий человек, чтобы быть полезным, не должен недоедать, особенно на предприятиях тяжёлой индустрии, и поэтому существовали разные формы помощи и поддержки. В определённые дни и часы на предприятия приезжали автобусы, продававшие пакеты с мясом, яйцами, рыбой, маслом, за которыми в магазинах стояли длинные очереди. Иногда к этому ассортименту добавлялись дефицитные растворимый кофе, импортный джем и конфеты, а в Новый год мандарины и апельсины. В специальном магазине для новобрачных «Сервис», который в народе назывался просто «Сервиз», молодожёнам по талонам выдавали «всякую красоту», необходимую в их хозяйстве. Но и тут простые смертные могли завести блат и делать покупки. Продавцы в Сервисе, универмаге и в единственном ювелирном магазине щедро награждались жаждущими и пользовались огромным уважением. Они были надменными, и было интересно наблюдать, как менялись их выражение лица и поведение в зависимости от того, с кем они разговаривали. Иногда было трудно поверить, что это один и тот же человек. На работах лучшим раздавались талоны на машины и ковры, а кто лучший и кого поддерживать и осыпать милостями, решало начальство. И тут тоже надо было суметь добиться особой милости: иметь возможность выбрать машину или ковёр того цвета или узора, какой был по душе. Отказаться от предложенного можно было только один раз.

Особой формой поощрения были продуктовые распределители, ассортимент которых резко отличался от обычных магазинов и рабочих пакетов. Вместо суповых наборов, где были в основном кости, слегка покрытые тощим мясом, куски свиного жира, а иногда синюшные курицы, которые носили название «синяя птица», в распределителе можно было купить приличное мясо, колбасу и сосиски, рыбу. Бывала там даже икра. В какой-то момент я тоже удостоилась попасть в списки избранных, но это было потом, когда я вернулась из аспирантуры. А до того я была среди тех, кому доставались крошки с барского стола. Это значило, что если я читала лекцию в месте, где был дефицит, то мне преподносили то необычные яблоки, то жёлтенькую курицу, шоколад или ещё что-нибудь вкусненькое, до чего не было доступа обычному покупателю. Я в таких случаях чувствовала себя крайне неловко, но отказаться не могла, думая о детях, и единственное, на чём я настаивала, это на том, что я платила за эти продукты сама, но даже это не снимало неприятного осадка, противного и липкого смешанного чувства стыда и вины. Это же ощущение было у меня и позже, когда я сама стала «привилегированной особой». По тому, как люди отводили глаза, если встречались в этих «злачных» местах ненароком, я понимала, что и они ощущали всю унизительность ситуации. Но, к сожалению, как и ко всему, люди привыкали и к этому и воспринимали всё, как независящее от них должное. Я очень хорошо помню случай, когда мне привезли заказ в тот момент, когда я задержалась на работе. Его приняла моя соседка, вдова нашего же профессора, которая при его жизни сама получала эти пакеты, а сейчас бегала целыми днями по магазинам на своих больных ногах. Меня поразило, что, передавая мне заказ, в её голосе и поведении не было и тени досады.

Был ещё один случай, о котором я не могу не рассказать. Это случилось в начале 70-х, когда мясо совсем исчезло из магазинов. Институтское начальство решило как-то поддержать наш коллектив и присоединилось к тем, кто распределял продукты по предприятиям. Как раз в это время я на полгода заменяла Славу Педича и была заведующей кафедрой в тот момент, когда кафедрам по талонам раздавали мясо. Получив талоны, я решила посмотреть, что же на самом деле происходит. Такое даже Оруэллу в голову, кажется, не приходило. У дверей небольшой столовой для преподавателей стояли две длинные, чуть ли ни во всю длину коридора очереди. В одной стояли уважаемые профессора и доценты, а в другой — все другие сотрудники. Дело было в том, что первой группе, группе «высшей касты», полагались бараньи рёбра, внушительно покрытые красивым мясом, а остальным — всё то же рагу в пакетах. Мне показалось, что обстановка так накалена, что взаимная неприязнь людей в этих очередях ощущалась почти физически. Избранные стояли молча, потупив головы и стыдливо отводя глаза и друг от друга и от своих коллег в другой очереди, в то время как из второй очереди в первую летели презрительные и гневные взгляды, и довольно громким шёпотом бросались едкие фразы. Получившие свою порцию профессора и доценты, молча и опустив глаза ретировались, неся свою добычу. Но так как обёрточной бумаги или пакетов не было, то нести эти рёбра приходилось в обрывках газет, а у «второсортных» было преимущество — их рагу было в пакетах. Все понимали, что происходит нечто постыдное, глубоко аморальное. Это чувство усугублялось ещё тем, что в коридоре толпились студенты, для которых это зрелище превратилось в пикантное развлечение. Они откровенно смеялись и тыкали пальцами в своих преподавателей, несущих свои бараньи рёбра, веером торчащие из кусков бумаги. Увидев всё это, мы решили на нашей кафедре поступить по-другому: всё, что нам, всем и каждому, полагалось, мы сложили вместе, а потом все раздавали по билетикам, как в лотерее. Так нам хоть как-то удалось сохранить лицо, хотя и это было сомнительным выходом. Вот так бывает, что как-то вдруг именно эти два случая оказались толчком, давшим мне особенно ясно осознать, как сильно режим умудрился замутить наши мозги и удушить наши моральные представления, заменив их фальшивыми лозунгами пропаганды, несущими на своих щитах несправедливость и предательство, и заставляя их принимать как нечто нормальное.

Некоторые продукты, как, например, картошку, мы покупали на рынке. Продавали её вёдрами, и хватало этого где-то на две-три недели нашей небольшой семье. Сибирский рынок был своеобразным местом, особенно зимой, когда ничего

Памятник
В.В.Маяковскому.
Новокузнецк

Легендарный танк Т-34, стоящий на пьедестале перед зданиями Кузнецкого металлургического комбината (КМК)

Так это все начиналось...

Первые строители Новокузнецка -- спецпереселенцы

Бараки, в которых жили рабочие

Облако загрязняющих отходов над городом

Очередная смена торопится на работу

Типичная застройка заводского района

Здание Краеведческого музея

Один из многих кинотеатров города

Памятник Победы

Здание городского Театра

Типичный жилой дом

свежего там купить было нельзя. Даже молоко продавалось замороженным, чаще всего принимая форму миски, в которой его держали. Покупателю это своеобразно упакованное молоко тоже вываливалось в какую-нибудь посудину. Много было всяких моченостей и солений — яблок, ягод, квашеной капусты, и был солёный арбуз, очень популярная закуска к выпивке, но у нас не получилось привыкнуть к этому сибирскому деликатесу. Мясо лежало на прилавках чаще всего большими частями туши, но можно было купить и целого барана и держать купленное на балконе, что мы несколько раз и делали в содружестве с друзьями. Мы любили ходить на рынок не только за покупками, но и потому, что там проходила своя, очень своеобразная жизнь, и много было интересного в поведении как продающих, так и покупающих. Ещё интереснее была воскресная барахолка, где мы искали старые самовары и просто интересную всякую всячину. И находили. Только жаль, что пришлось потом самовары оставить (как предметы искусства они вывозу за рубеж не подлежали.) Раздолье было тем, кто любил старые инструменты или просто кустарные вещи прошлого, всякие самоделки. Как-то попались нам старинный барометр, несколько складней и бронзовые часы, правда, сломанные, но зато красивые.

Читать лекции по всему городу было для музейных сотрудников обязательным, и я очень любила эту часть своей работы. К этому времени у меня уже был рижский опыт, который начался сразу после университета. В отличие от тех, кто читал лекции на темы, связанные с идеологией и политикой, я говорила об искусстве и о вопросах обычной человеческой жизни. Вместо карт и диаграмм, я показывала людям картины и скульптуры больших мастеров и не клеймила «нашего злейшего врага — проклятый капитализм». Десятки любопытных глаз смотрели на меня из глубины зала и десятки ушей слушали, что я говорю. Я видела их лица, очень разные — простые и умные, лица образованных людей и совсем малограмотных, совсем молодых и пожилых — и я понимала, что должна говорить с ними так, чтобы они мне верили. И я, делая это, была счастлива. Постепенно я училась, как преодолевать страх перед аудиторией, переходить барьер между нами и находить верные слова. Это очень помогло мне потом, в Америке. Меня спрашивали, не боюсь ли я американской аудитории, и, может быть, даже не всегда верили мне, когда я говорила, что нет, не боюсь. И это было правдой. Боялась я только того, хватит ли мне знания английского, чтобы сказать так, чтобы меня поняли и так, как я этого хотела. А не боялась я потому, что была у меня прекрасная закалка.

В самом начале моего лекторского опыта было три случая, ещё в Риге, которые оказались для меня особенно важным уроком. Первое «крещение» было, когда меня, как котёнка, не умеющего плавать, бросили в воду и отправили читать лекцию в тюрьме. Тюрьма была не простая, а для рецидивистов-уголовников, о чём сообщила мне сопровождающая меня инструктор райкома комсомола. Она передала меня с рук на руки молодому весёлому офицеру, ожидавшему нас перед воротами у пропускной будки. Через длинные и плохо освещённые коридоры, где на каждом шагу были железные двери и лязгающие замки, мы с офицером отправились в кабинет начальника. Начальник, добродушный с виду мужик, встретил меня тепло, но стал как-то подозрительно меня разглядывать. «А что, девушка, Вы всегда такая бледная?» — спросил он довольно встревоженно. До этого момент я считала, что щёки у меня всегда вполне розовые и что вообще я совершенно спокойна, но после его вопроса вдруг почувствовала, что немного нервничаю. Он опять взглянул на меня и сказал лейтенанту: «Знаешь? Я тут, было, решил сходить побриться, но передумал, пойду-ка я лекцию послушаю.» После нескольких пустых фраз офицеры пригласили меня в зал. Мы прошли прямо на сцену, где на столе, покрытом кумачевой скатертью стоял графин с водой и несколько стаканов, а рядом возвышалась огромная кафедра. Я заметила, что на заднике сцены виднелись три больших отверстия, через которые в зал смотрели дула пулемётов. Со сцены мне было видно, что зал был полон одинаково одетыми людьми. Наголо остриженные головы и жёлтые лица, поднимающиеся над воротниками тёмных роб, сливали их всех в одну безликую массу. Только глаза, горящие ничем не скрываемым вожделением, выделялись и пронизывали меня так, что я сразу почувствовала себя раздетой. В этот момент я не просто занервничала, а не на шутку испугалась, не зная, правда, чего. Начальник представил меня залу, потом проговорил ещё что-то, но что, я от оцепенения просто не расслышала, и пригласил меня к трибуне. Тут мне стало ясно, что если я пойду на эту трибуну, то при моём маленьком росте только голова будет торчать сверху, и это лишит меня всякой связи с аудиторией и будет просто смешно. Выход был один. Не обращая внимания на выражение ужаса на лицах офицеров, я спустилась с этой «баррикады», подошла к краю сцены и стала говорить с залом. Тема лекции, которую мне навязали, даже тогда, в рамках советского просвещения, звучала и так-то фальшиво — «О пошлости и мещанстве в быту», но уж совсем цинично было предлагать её заключённым, которые многие годы не увидят ни своего дома, ни близких. Всё это мгновенно пронеслось у меня в голове, и я вместо «правильных» слов стала их спрашивать, как часто им пишут родные; кто их дома ждёт; откуда они и ещё о многом я постаралась с ними говорить. Я не очень-то хорошо помню, как и что было потом, всё было, как в тумане — пожатия рук, много слов благодарности и похвал. Когда я вышла из ворот тюрьмы, то, пройдя несколько метров, увидела знакомого. Я его окликнула, а он, услышав меня, побежал в мою сторону с распростёртыми руками, крича: «Боже! Что с тобой!? Куда ты идёшь!?» Я не сразу могла ему объяснить, в чём дело, и просто упала, что называется, ему в объятья. Только чашка крепкого кофе и рюмка коньяка в ближайшем кафе привели меня в нормальное состояние.

Мой следующий опыт был гораздо менее драматичным, скорее даже забавным. Мне предстояло объяснить правила этикета членам советской команды, которые тренировались в Юрмале под Ригой перед отправкой на Олимпийские игры в Риме в 1960-м году. Была середина лета, и погода была просто замечательная. Тренировочный лагерь был расположен в лесу на берегу залива. Лёгкий ветерок, запах сосен и моря вызывали непреодолимое желание лежать на песке и греться под солнцем. Вместо этого, спортсмены-бедолаги должны были сидеть и слушать, что я им расскажу. Они встретили меня дружески, но снисходительно посмеиваясь, открыто показывая, как им забавна эта затея с лекцией. Их было немного, но, как мне объяснили, каждый из них был выдающимся в своём виде спорта. Они представились мне поочерёдно, и я видела, что они ожидают от меня восторженную реакцию поклонницы, но этого не произошло, потому что я была совершенно невежественна и никаких спортивных знаменитостей не знала. Сама же я была смущена другим, тем, что мне, ни разу заграницу не выезжавшей, надо было рассказывать им, много раз там бывавшим, как себя вести. Я им сразу же об этом сказала и попросила их, наоборот, рассказать мне что-нибудь особенно интересное об их поездках. Этим они были очень довольны, и после нескольких незамысловатых историй и безобидных шуток я предложила: «Вы сами понимаете, что я не могу уйти, ничего вам не сказав. Так вот, я уверена, что на предстоящих вам приёмах вы будете держать нож в правой руке, а вилку в левой, не перекладывая их туда-сюда, но ещё посоветую не хрюкать, когда едите суп и не чавкать, жуя мясо. И было бы вовсе замечательно не пользоваться пальцами, когда нужен носовой платок. А теперь, друзья мои, я думаю вы не откажетесь от моего предложения забыть обо всём и пойти на пляж».

Мы расстались на этом, очень довольные друг другом. Несколько человек пошло провожать меня до вокзала, и по дороге один из них, указывая на высокого интересного блондина сказал: «Вы, девушка, запомните его! Это Юрий Власов, Вы о нём ещё немало услышите!» — «Очень приятно, Юрий!» — был мой вежливый, но сдержанный ответ. Прошло немного времени и, сидя уютно на своём диване и читая, я услышала, как по радио передали, что в этот день Юрий Власов стал чемпионом мира по тяжелой атлетике на играх в Риме. Как всякий может понять, это сообщение дало мне полное основание хвастаться перед моими друзьями своим знакомством с ним, что я, признаюсь, и делала. Как я позже узнала, Власов с 1957-го по 1964-й установил тридцать один мировой рекорд и сорок один рекорд Советского Союза, так что хвасталась я не зря.

Спустя много лет я всё ещё испытываю некоторое смущение, когда вспоминаю третий случай моих лекторских начинаний. В этот раз я должна была пойти вместе с командой в рейс на танкере, который перевозил лошадей в Голландию. Их должны были загрузить в Клайпеде, и я должна была идти с ними только до этого пограничного пункта. Мы отплыли из Рижского порта ближе к вечеру и утром следующего дня должны были быть в Клайпеде. Моя задача была очень простой — вечером две лекции, для каждой вахты, а утром сесть на поезд и вернуться домой. На деле всё оказалось совсем не так. В момент, когда танкер отчалил от берега, я стояла на палубе в компании нескольких моряков и даже самого капитана и любовалась необыкновенно красивым закатом. Море было зеркально-спокойным, и вода переливалась мягкими зеленовато-синими тонами. Всё казалось весьма романтичным, и мои спутники были веселы и галантны.

Но вопреки всему этому я вдруг почувствовала сначала лёгкую, а потом всё становившуюся сильнее тошноту. Что-то крайне неприятное нарастало у меня внутри, но всё же я спустилась в комнату, которая называлась кают-компанией, и начала свой разговор с сидящими там моряками. Уже через несколько минут я поняла, что не могу продолжать. Тошнота от морской болезни становилась всё сильней, и, забыв обо всём, я в панике бросилась вверх, на палубу. Я не стану подробно рассказывать, сколько раз, прервав свой разговор на полуслове, я бегала туда-сюда и как плохо и неловко мне было. В конце концов пришлось лекцию прервать и отправиться в свою каюту. Надо сказать, что в эти моменты на лицах моих несостоявшихся слушателей не было и тени насмешки, а было только выражение некоторой тревоги и сочувствия. Ко мне в каюту весь вечер наведывался кок, приносил, как спасение, солёные огурцы, но при их виде мне становилось ещё хуже. Легче стало только к утру. Зато провожали меня с танкера, как звезду экрана, и это было приятно и скрашивало мою неловкость. В годы советского дефицита они одаривали меня каким-то заграничным шоколадом, душистым мылом и ещё Бог знает чем, чего я даже и не помню. Так что к любым неожиданностям в Новокузнецке я уже была хорошо подготовлена. И там бывали всякие аудитории, но мне уже всё было нипочём. Более того, когда я приехала в Америку и меня спрашивали, не нервничаю ли перед американцами, я отвечала, что меня заботило только одно — как на моём несовершенном английском точнее выразить то, что хотела сказать и так, чтобы люди меня понимали.

*\ *\ *

* * *

Первые годы нашей жизни в Новокузнецке были полны частыми и очень положительными изменениями. Алик, муж мой, оказался очень довольным своей новой работой, перейдя в Отдел технической эстетики КМК, которая как нельзя лучше отвечала его интересу к эстетическим принципам в технике, в инженерном проектировании. Техническая эстетика тогда, в 60-е, входила в моду, и начальство охотно поддерживало начинания группы молодых энтузиастов. Их головы были полны планов и новых идей. Они поглощали всевозможные материалы по этой теме, советские и зарубежные. Лучшим результатом их работы были кресла в зрительном зале нового заводского театра, красивые и очень удобные.

Меня же пригласили читать историю искусства студентам Пединститута. Я делала это во время обеденного перерыва или после работы в музее, и приходилось тащить тяжёлую сумку, полную книг, из конца в конец проспекта Металлургов. Было очень трудно, да я к тому же ещё была беременна. А книги надо было носить, потому что тогда у нас не было, по крайней мере, в нашем городе, слайдов и прожектора, а было уродливое сооружение, которое называлось эпидиаскоп, и под его лампу надо было подкладывать репродукции. Тем не менее, эти непростые «променады» в тонком пальтишке в сибирский мороз не могли уменьшить моего удовольствия от преподавания. Моё пальто, купленное из посылки перед отъездом из Риги, о котором я уже рассказывала, заслуживает ещё одного упоминания. Оно было невероятно модным и сразу привлекало внимание, резко выделяясь в толпе, но тонкий поролон его подкладки совсем не грел, и я в этой моей «красоте» страшно мёрзла, отдавая дань тщеславию.

Однажды, вскоре после рождения ребёнка, ко мне после очередной экскурсии подошли два профессора из СМИ (Сибирского Металлургического Института), которых я знала как частых посетителей музея. Они предложили мне должность преподавателя на кафедре философии в этом институте. Это было очень неожиданно, и я была одновременно страшно польщена и сконфужена. Это предложение было, как сбывающаяся мечта, нечто, о чём я в Риге и думать не смела после того, как даже в должности смотрителя в музее мне отказывали. Так как институт не был гуманитарным, то такие курсы как искусство или эстетика моли быть включены в программу только как факультативы. Поэтому мне был предложен компромисс: я должна была читать лекции и проводить семинары и по диалектическому и историческому материализму, но при этом я могла рассматривать теоретические вопросы на материале искусства.

Философия была мне знакома ещё по университету, а приставка «марксистско-ленинская» не слишком смущала меня по некоторым причинам. Во-первых, потому, что меня пригласили в короткий период, когда люди наивно поверили в «социализм с человеческим лицом», период, который Анна Ахматова назвала «вегетарианским», и можно было позволить себе всякие вольности, особенно тогда ещё в Сибири. Так, например, я, ссылаясь на нашумевшую только что книгу «О реализме без берегов» французского коммуниста Роже Гароди, позволяла себе говорить, повторяя за ним, что границы реализма достаточно размыты, и не надо заталкивать его в рамки только критического его варианта. Это позволяло мне говорить о Матиссе и других течениях времени, в частности, о Пикассо, тем более что был он коммунистом, а Герника его превозносилась. Эти же доводы до поры до времени открывали двери для разговора и о Мире искусства, о Серебряном веке и, хоть немного, о русском авангарде. Моё решение перейти в институт поддерживало и то, что никакое выступление или высказывание на любые темы и так не проходило без ссылок на классиков марксизма-ленинизма. Во-вторых, мне невероятно повезло, потому что мои коллеги оказались людьми, которые считали, что в институтских программах мало внимания обращено на культурное развитие студентов и, всячески, как могли, восполняли это. Меня они уже к этому времени хорошо знали и считали, что у меня получится. Поэтому они дали мне *carte blanche*, открыв дверь моему совершенно неортодоксальному преподаванию идеологических дисциплин. Может показаться удивительным, но институтское начальство это поддерживало. Вот такие были времена, и такая тогда была Сибирь.

Жизнь в Новокузнецке дала мне возможность узнать особый тип русских людей-сибиряков. Неизбалованные по природе, привычные к более суровым формам борьбы за сохранение, они обладали такими чертами характера, которые отличали их от остальных. Это проявлялось во многих особенностях жизни. Так, для них, например, данное слово значило больше, чем бумажка. Слово «совесть» понималось ими всё ещё в своём первозданном смысле, без сомнительных современных послаблений и смягчений. Человек оценивался больше по своим реальным достоинствам, чем по формальному признаку. И всё ещё было уважение, а не лёгкое презрение как к лоху, к тому, кто всерьёз заботился о деле, а не только о своём благополучии. Всё это было реально к моменту нашего приезда, но позже, когда застойная система дошла и до Сибири, когда коррупция и цинизм росли и крепли, прежний дух этих мест становился тоже типично советским и разницы с центром уже почти не было. Этот процесс происходил на наших глазах.

Я пришла на нашу кафедру в мирное и гармоничное время. Среди моих коллег были замечательные люди, у которых я многому научилась, и не потому, что они были выдающимися учёными, а потому что каждый из них был достойным человеком. Они были совсем разные, но их объединяло одно — несмотря на непростые судьбы, они сохранили честность и порядочность. Настроение на кафедре создавал наш заведующий Николай Прокопьевич Болтухин, коренной сибиряк из простой рабочей семьи, открытый и мягкий, но умеющий и потребовать, если надо. Он был одним из тех начальников, кто всегда горой вставал за своих, а поправлял ошибки уже внутри коллектива. К тому же у него было прекрасное чувство юмора. Были у него, конечно же, и недостатки. У него была забавная привычка, над которой мы посмеивались за его спиной: кто бы и о чём бы ему ни рассказал, он всегда говорил — «а у меня был случай лучше.» Любил он и поговорить, и когда он был не занят, он ходил по нашей единственной преподавательской комнате и что-нибудь рассказывал. Истории его были длинные, но интересные, со многими деталями и необыкновенной гордостью за свои родных и близких, кто строили этот город. Мы прощали ему его слабости и любили его. К несчастью, он пил, и однажды, возвращаясь поздно посреди зимы, упал в сугроб и замёрз.

Другим человеком, которого я всегда помню, был Лев Николаевич Малков. Он был из крестьян. Небольшого роста, худощавый, он, никогда в армии не служивший, имел военную выправку. Это ещё и подчёркивалось формой его усов, торчащих как-то очень молодцевато. Он был ещё мягче и добрее Болтухина. Мы все были его любимые дети. Он умел увидеть в каждом особенное и ценил каждого за то, кем он был. Я не помню, чтобы он когда-нибудь кого-нибудь обидел, и всегда старался быть справедливым. Единственное, что меня в нём, таком хорошем, удивляло, это его, хоть и скрываемое, но почтительное отношение к Сталину. Может быть, он просто никогда не смог перестать его бояться.

Совсем не похожим на них был Владимир Яковлевич Розенфельд. Во всех смыслах он был чужаком в этих местах. Он родился в интеллигентной семье в Харькове и был мобилизован в армию в первые дни войны семнадцатилетним студентом ИФЛИ в Москве, колыбели многих талантливых интеллектуалов. Владимир Яковлевич, в отличие от большинства из них, выжил, но был тяжело ранен и всю жизнь от этого ранения страдал. В Сибирь его привели всё те же 50-е с их разгулом антисемитизма. Прекрасно образованный человек, с саркастическим складом ума, он резко отличался от остальных даже внешне. Хотя в нашей среде никто из мужчин не следил за модой и внешностью, никому в голову даже такое не приходило, Владимир Яковлевич всегда выглядел, как денди, несмотря на весьма поношенный костюм и ботинки. Даже далеко в конце длинного коридора можно было уже издали узнать его импозантную высокую и слегка сутулую фигуру. Выразительность его облика подчёркивала постоянно дымящаяся трубка у него в зубах. Он был всеми без исключения уважаем, но не все решались подходить к нему слишком близко, побаиваясь его острого языка и колких довольно замысловатых шуток. В теории он всегда придерживался правильных официальных взглядов, да и преподавал он научный коммунизм, но он был слишком умен и слишком хорошо понимал фальшивость всего этого. В очень узком кругу своих друзей он расслаблялся, и тогда видно было, как тяжело ему даётся быть в этой позе советского праведника, но даже среди нас, близких ему людей, он иногда доходил до абсурда, защищая свои уже погибшие принципы. Я всегда помню наши острые споры у нас или у него, при которых часто присутствовала его необычайно красивая золотоволосая собака Перри. Когда мы, совсем молодые тогда, чувствовали, что в своей экстремальности переходили в этих спорах черту, то жалели его и переходили к вкуснейшим бутербродам с ветчиной, вину или просто чаю. Розенфельд был ярким и многосторонним человеком, который всегда щедро делился с нами всем, чем мог, и было больно его терять.

Среди нас были и совсем начинающие преподаватели, выпускники Томского университета, который с царских времён имел прекрасную репутацию. Ещё до революции там оказалось много политических ссыльных разного времени, немало сделавших для развития культуры Сибири. Мои коллеги были в основном детьми простых рабочих или крестьян, интеллигентами в первом поколении. Это были целеустремлённые и способные люди, но у них почти у всех была болезнь милиционера, прочитавшего одну книгу — поднявшись над своим классом и достигнув успехов, они почему-то считали, что это даёт им какую-то особую мудрость, и были высокомерны не только с коллегами, но и со студентами, в сущности, не сильно отстававшими от них в культурном уровне. Мешало им и то, что, неплохо подготовленные в теории, они не имели никакого опыта преподавания, и это уводило их в лекциях и на семинарах в заоблачные дали, что делало занятия скучными. Они совсем не умели связывать философские положения с реальной жизнью, и в результате, их студенты, будущие инженеры, технари, в массе своей были не готовы к восприятию высоких философских материй, не понимали, зачем им всё это нужно, и, в результате, недолюбливали учителей, а сам предмет на дух не принимали.

Но был среди этих молодых Слава Педич, приехавший из Ленинграда. Талантливый и умный человек, он в отличие от остальных умел просто и понятно говорить о самых серьёзных вещах и уходить от формалистики, и студенты быстро приняли его. Был он к тому же и дипломатом и умел, не уступая своих позиций, как-то ладить с начальством. Он стал успешным заведующим после Болтухина. И было мне горько узнать, что когда для многих людей жизнь покатилась под откос, Слава стал очередной жертвой российского пьянства. Я очень старалась, но так и не смогла представить себе этого тонкого интеллигента чеховского типа умирающим пьяницей.

Из года в год я приветливо здоровалась, но близко не сталкивалась с проректором Евгением Ивановичем Корочкиным. Мне казалось, что он, крупный, высокий и по виду вальяжный человек, даже и не замечает меня, дотягивающуюся ему едва ли до локтя, но, по правде сказать, я и не пыталась обратить на себя его внимание. Иногда на каких-то заседаниях мы оказывались недалеко друг от друга, но он со мной почти не заговаривал. И так случилось, что моё впечатление о нём было совершенно ошибочным. Это произошло, когда я шесть месяцев замещала Славу на должности заведующего кафедрой. Теперь общение с Евгением Ивановичем стало гораздо более частым и гораздо менее формальным. В это же время в музее нашем была выставка местных фотографов-любителей, неожиданно для всех — интересная. Выставка к тому же показала, что в нашем индустриальном регионе осталось ещё много замечательных мест, не тронутых человеком и промышленностью, мест необычайно красивых, приносящих людям радость. Показать красоту Алтайских гор и Горной Шории было целью фотографов, и это им удалось, продемонстрировав при этом и большую артистичность своих работ. Фотографии останавливали мгновение, они показывали необычную притягательность бурных рек и мощных водопадов, альпинистов и скалолазов, рыбаков-любителей, ловящих вкусную горную форель, называемую там хариусом. Разглядывая их можно было почувствовать запахи лиственниц и высоких кедров, под которыми любили отдыхать туристы. Когда выставка подходила к концу, её руководители обратились в наш ректорат с предложением купить у них эти работы и организовать постоянную экспозицию в институте. Евгению Ивановичу эта идея сразу понравилась. Он поручил мне с ними поговорить, и вместе мы пришли к решению, что будет даже интереснее, если мы просто будем развешивать работы по стенам больших и пустых коридоров, рекреаций и других помещений. Нам показалось, что таким образом оживятся большие пространства скучной конструкции нашего нового здания, и это поднимет настроение у всех. Так как мне нравились и работы, и идея, то мне и поручили этот план осуществлять, став посредником между руководством и художниками. И тут оказалось, что Корочкин стал моим самым активным союзником. Только его упорство, настойчивость и энергия смогли переубедить нашего упрямого ректора. Результат был замечательным — фотографии стали неотъемлемой частью дизайна нашего здания, очеловечив и смягчив его безликий интерьер.

Но каким благородным человеком был Евгений Иванович я оценила по-настоящему позже, в 1979 году, когда мы решили эмигрировать. Я пришла к нему за подписью на моём заявлении об уходе. В то время в Новокузнецке было всего несколько случаев эмиграции, и этим людям хорошо трепали нервы перед их отъездом из города. Поэтому мы с мужем придумали легенду, что, якобы, он нашёл работу в Риге, ну, а я, естественно, еду с ним. Я пришла к Корочкину с тем же намерением повторить эту басню. Он, выслушав меня, как-то странновато на меня посмотрел и, ни слова не говоря, что-то на моём заявлении написал. Пока он писал, лицо у него было серьёзное и даже, как мне показалось, сердитое. Также молча, но глядя на меня в упор, он вернул мне бумагу. С большим смущением я прочла его резолюцию. Там было написано, что он, проректор института, благодарит меня за годы прекрасной работы, и дальше было перечисление моих заслуг и достоинств. Прочитав это, я посмотрела на него, наши взгляды встретились, и мы минуту-две сидели, глядя друг на друга без слов, а потом я вернула ему бумагу, сказав: «Евгений Иванович, я это заявление порву и принесу Вам другое. Я Вам солгала. Наша дочь собирается уехать в Израиль, и мы решили следовать за ней. Поэтому я ни в коем случае не хочу навлекать на Вас неприятности за Ваши добрые слова, сказанные человеку, которого очень скоро обвинят в предательстве. Вы же понимаете, как Вас будут упрекать за то, что согрели такую змею на груди». Выслушав меня, Евгений Иванович встал и сказал: «Дорогой мой друг, Муся Моисеевна, за кого Вы меня принимаете? Я происхожу из семьи потомственных дворян, и их принципы — это и мои принципы! Я написал правду, то, что я думаю о Вас и за что Вас глубоко уважаю, и я не изменю ни слова, сколько бы раз Вы ко мне ни приходили с новыми заявлениями. И Вы, моя дорогая, отнесёте это заявление в этом виде в отдел кадров». Так всё и было. Я к этому добавлю, что дочь Корочкина, Света, уже много лет живёт в Бостоне, и когда мы встречаемся, мы с особым теплом вспоминаем её отца, этого замечательного благородного человека.

Чтобы передать моему читателю представление о том, как интересно, легко и благодарно было работать тогда в Сибири, я приведу ещё несколько примеров. В какой-то момент институтам дали приказ повышать идеологически-культурный уровень сотрудников. Дошло и до нас. Все хорошо понимали, что если сделать для преподавателей ещё одну обязаловку, вроде политинформаций, которых и так было предостаточно во многих формах, то под разными предлогами, но люди будут разбегаться. И тогда, по инициативе того же Евгения Ивановича, был создан эдакий внутренний университет культуры. Он попросил меня прочитать там цикл лекций по искусству. Это было лестное и приятное предложение. Мои коллеги приходили, несмотря на свои сложные и напряжённые расписания. Они не только слушали меня, но много спрашивали и спорили, сетовали на то, что даже самое лучшее техническое образование не давало им возможности узнавать и понимать литературу и искусство. Было хорошо. Меня радовало и в то же время был неожиданным это тяготение людей к культуре, потребность в ней. Что-то хорошее тогда носилось в воздухе, верилось, что жизнь станет светлее, добрее.

В наш промышленный город приезжали часто видные гастролёры, и всегда это становилось событием. Залы, где они выступали, оказывались переполненными и доставать билеты было нелегко. Я помню, что когда были, запомнившиеся надолго концерты молодой тогда, зажигательной и необычной Аллы Пугачёвой, а потом и пронзительного Высоцкого, то даже с билетами надо было пробиваться с большим трудом через настоящее столпотворение, и некоторым людям становилось плохо. Мы с дочкой испытали это на себе, и, сев на наши места, ещё долго не могли отдышаться. Я помню и то, как весь город был взбудоражен приездом цыганского театра «Ромэн» во главе с Николаем Сличенко. Конечно, у них не было ничего общего с теми цыганами, которые гуляли по привокзальной площади. Вместо широченных юбок и цветастых шалей артисты были одеты по последней московской моде в джинсы и фирменные маечки. Было лето, была сухая сибирская жара, но им нравилось в свободное время гулять по улицам и привлекать к себе внимание тащившейся за ними толпы. Держали они себя почему-то высокомерно, так, чтобы всем было слышно, отпускали бестактные замечания, слишком много и громко смеялись, как бы не замечая никого вокруг себя. Но вопреки их поведению, они пользовались огромным успехом, и их яркие и экзотические спектакли стали событием. Но ещё более бурными были бесконечные сплетни о них, особенно о самом Сличенко, о том, как много он пьёт и ухаживает за женщинами. Это было очень смешно слушать мне, которая в силу обстоятельств столкнулась близко с ним и его семьёй. На самом деле этот «знойный» исполнитель цыганских и русских романсов оказался скучнейшим человеком, осторожным и мнительным, полностью зависящим от своей невероятно властной и энергичной жены, которая руководила каждым его шагом. Он не пил ничего, кроме чая и минеральной воды, а уж оргии были ему известны, я думаю, только по легендам.

Я оказалась близко к цыганам так же, как оказывалась близко к любым заезжим знаменитостям: меня постоянно просили брать у них интервью для городской газеты. Это чаще всего было интересно, и таким образом мне выпала удача познакомиться и поговорить со многими известными людьми, актёрами, музыкантами, певцами, режиссёрами и циркачами, гостями нашего города. Самое большое удовольствие я получила от встречи с незабываемым Сергеем Мартинсоном, поразившим меня каким-то особым благородством манер, и скрипачом Наумом Латинским, бывшим вундеркиндом, обласканным Сталиным и известным нам по фильму «Гранатовый браслет». Его концерт должен был состояться в зимний день, когда даже по местным стандартам мороз был очень сильным. Так получилось, что в зале, где тоже было необычно холодно оказались только мы и наши друзья, Люда и Виктор. В такой обстановке играть было и неприятно, и бессмысленно. Латинский и его аккомпаниатор, милая женщина, были сконфужены и расстроены. Недолго раздумывая, мы пригласили их к нам. Люда тоже была музыкантом, и это как-то расположило их, и они согласились поехать. Было трогательно смотреть, как Латинский закутывал свою скрипку в многочисленные одеяльца — нежно и бережно, как младенца. У нас дома он сначала играл, и это было наслаждением, а потом был чудесный вечер, полный интересных разговоров, и оказалось, что наш гость не только большой музыкант, но и прекрасный рассказчик с хорошим чувством юмора. Бывали и встречи, оставлявшие смешанные чувства. Так было, когда мы ужинали с известным дрессировщиком медведей Леонидом Дубровским после его выступления в нашем новом и красивом цирке. Выпив несколько больше, он чуть ли ни со слезами на глазах стал рассказывать нам закулисные истории и жаловаться на то, как его ассистенты обкрадывают животных, забирая часть их пищи, особенно мяса.

Разговаривая с разными людьми о литературе и искусстве, я столкнулась с многими особенностями. Оказалось, что вызывать у людей, будь то зрелые люди или очень молодые — школьники, студенты — интерес к фактам и событиям, это только часть успеха. Гораздо сложнее было влиять на их вкусы, направлять и убеждать в чем-то, и особенно — менять вбитые раньше в голову стереотипы, которые мешали выразить собственное мнение, впечатление, оценку или даже несогласие. Начиналось всё ещё с советского школьного метода преподавания, когда учитель и ученик как бы играли в пинг-понг, и ученик, отвечая, возвращал знание в том виде, в каком преподал ему учитель или было написано в учебнике. Всякая самостоятельная интерпретация, собственное мнение не только не поощрялись, но иногда оказывались даже опасными. Мой хороший приятель, на семинаре высказавший своё мнение по поводу югославского вождя маршала Броз Тито, был по доносу профессора не только исключён из университета, но арестован и приговорён к трём годам отсидки в лагере. В моей повседневной работе мне с трудом удавалась попытка подтолкнуть людей к собственным выводам, высказать собственное впечатление, пристрастие или, наоборот, неприятие. Я даже однажды предложила своим студентам во время экзамена открыть учебник, хорошенько посмотреть, что там написано, а потом сказать мне, что они по этому поводу думают, привести свои примеры. Ничего у меня из этого не получилось, да ещё и неприятности с начальством были. Я, бывало, спрашивала у студента, кто из художников, артистов или музыкантов ему/ей ближе, больше нравятся, и получала в ответ: Репин, Чайковский, Пушкин, Толстой, исключения случались редко. Если я спрашивала, почему именно они, то я видела в глазах студента искреннее удивление. «Как?! Это же классики!» — «Да, но что чувствуете вы сами? Что в них такого, что сделало их классиками? Чем они отличаются от других?» Если я продолжала настаивать, то это вело к обоюдной неловкости. Особенно остро, в отличие от просто разговора, ощущалась сила стереотипов, если они были «внедрены» в печатной форме, газете, книге или произносились с трибуны. Моя мама частенько и недовольно возражала мне или Алику: «Что вы такое говорите и почему спорите, если в газете так было написано?»

Конечно, жизнь вокруг нас, как и везде, не была идеальной, в ней было много грубого, пошлого, невежественного и непривлекательного. Я говорила уже о том, что делала с людьми и их судьбами водка, но проявлялось бескультурье самого разного вида на всех уровнях, везде. Формулировка «вас много — я одна» была постоянным спутником учреждений, магазинов и любых мест, где человек сталкивался с чиновниками или обслуживающим персоналом. Я помню, как моя знакомая рассказывала с горечью о своих близняшка-дочках, которые не хотели ходить в детский сад. Одна из них, Оля, говорила: «Воспитательница кричит нам с Машей — «Петровы!!» — а мы боимся!» Их пугало, что их, таких дома любимых, не называют по имени. В детских садах выдумывали и довольно дикие формы наказания и влияния на детей: заставляли есть кашу, даже когда дети давились и доходили до рвоты, запирали в уборных, если капризничали. Люди грубо ругались друг с другом в очередях, в ход шли оскорбления. Студент, придя к врачу в институтский медпункт, мог ответить на вопрос, что с ним — «Сопли!», имея ввиду насморк. Женщин частенько называли бабой даже в общественных местах. Я упоминаю обо всём этом, о чём так много написано и сказано, потому что мне просто хочется подчеркнуть, что всё не было идеально, и Новокузнецк не был каким-то оазисом в нашем советском мире, но для меня и моей семьи он стал именно таким местом.

* * *

Осенью 67-го наша жизнь опять круто повернулась, и так получилось, что наш первый сибирский период кончился, и мы оказались в Ленинграде. Этому предшествовали разные события, в частности то, что в 60-е годы стало совершенно ясно, что на европейской части страны оказалась слишком много высококвалифицированных молодых людей, которые с трудом могли найти работу по своим специальностям, а в Сибири была чуть ли ни катастрофическая нехватка кадров. Одним из выходов из положения оказались дополнительные места в аспирантуры лучших университетов, куда отправлялись кандидаты из провинций с тем, что они вернутся к себе. Наш институт при этом получил место на кафедре этики и эстетики философского факультета Ленинградского университета. Ни одна душа у нас не имела ни подготовки, ни желания туда ехать. Для меня же такое предложение опять прозвучало как сбывающаяся мечта. Но, кроме моего согласия и поддержки моего мужа, предстояло решить ещё множество проблем. Так как мы с мужем никогда не расставались, то мы и в этот раз решили, что поедем вместе, и как там сложится — будь, что будет. Взять детей было совершенно невозможно, потому что по советским законам семьям аспирантов не давали прописки, и детей поэтому не взяли бы ни в один детсад или школу. Но всё разрешилось благодаря двум героям, моим папе и маме, которые предложили забрать к себе детей в Ригу на три года, которые я должна была пробыть в аспирантуре. Это был настоящий подвиг, моральный и физический, моей младшей было два, а старшей двенадцать, и чтобы управляться с ними, нужны были и силы, и деньги. К счастью, Рига была близко от Ленинграда, и мы могли навещать детей по меньшей мере раз в месяц, что больно било по нашему тощему бюджету. О том, как мы жили в Ленинграде, я расскажу в следующей главе этих записок.

Неожиданно для всех, мы оказались среди тех немногих, кто после аспирантской программы возвращался из столиц в далёкую Сибирь, и начался следующий период нашей жизни там. Мало кто мог понять, как можно уютной Риге предпочесть «холодную дикость» Зауралья, но мы прекрасно помнили, что красотой нашего родного города прячется его равнодушная душа, полная препон и рогаток для таких, как мы. Новокузнецк встретил нас необычайно тепло, и нам сразу стало хорошо и легко после всех мытарств прошедших трёх лет. Всё началось с вкусного ужина, искренней радости и добрых слов в вечер прилёта в доме наших самых близких друзей, Люды и Виктора. Это тёплое настроение не отступало и потом, когда к нам чередой потянулись наши соседи и коллеги, и нас буквально завалили овощами и соленьями, пирогами и домашними пельменями, предложениями о помощи в обустройстве нашего нового быта, и мы сразу почувствовали себя дома. Казалось, что жизнь потекла по прежнему руслу, но очень скоро оказалось, что изменилось очень многое, и изменилось к лучшему. Мой муж теперь работал старшим научным сотрудником в научно-исследовательском институте угольной промышленности и одновременно писал диссертацию по экономике. Очень скоро мы из своей хрущевки переехали в новую квартиру, в дом, который специально для института строили пленные немцы. Дом стоял между двумя большими улицами в алее, которая напоминала парк. Сама квартира была просторная, красивая и удобная. Жить в ней было легко и приятно. Как-то сам по себе наш статус подскочил, и мы оказались полноправной частью местной элиты. Сама собой отпала повседневная бытовая суета в поисках необходимого, не надо было теперь просить, благодарить — многие облегчающие существование услуги и удобства, разные там распределители и льготы уже просто предлагались. Эти моменты иногда оказывались весьма комическими, как было, например, когда после одной из лекций ко мне подошёл начальник ГАИ, лицо, весьма почитаемое водителями, как легко понять, и предложил отвезти меня домой, а по дороге очень серьёзно сказал, что может выдать мне вне всякой очереди талон на машину. Жившие в Союзе, наверно, помнят, чего такое предложение стоило. Надо было видеть выражение лица этого человека, перед кем все заискивали, когда я, поблагодарив его, сказала, что мне пока машина не нужна. Нам в то время можно было бы с тем же успехом предложить самолёт. Шансы на его покупку с нашими финансами были те же.

Должна признаться, что в течение долгого времени я этими новыми обстоятельствами не только пользовалась, не особенно-то задумываясь, но даже получала удовольствие от всех свалившихся на меня признаков комфорта. Но, как известно, бесплатный сыр бывает только в мышеловке, и платить приходится за всё. Наступил и мой черёд, когда подошёл срок переизбрания на должность. По правилам это происходило каждые пять лет и обычно превращалось в простую формальность. Так бывало и со мной, но не в этот раз. Дело в том, что на идеологических кафедрах все преподаватели должны были быть членами партии, и я, на все три такие кафедры оказалась единственным беспартийным человеком. Много лет мне удавалось под разными предлогами уклоняться от бесчисленных прямых и косвенных намёков и настояний вступить в ряды. Мне удалось, не будучи в партии, уехать в аспирантуру и в этом же качестве защитить диссертацию. Но вот через шесть лет после возвращения вопрос был поставлен ребром, и не в самом институте, а в Обкоме партии в Кемерово. И взялись за меня теперь не на шутку. К этому времени намного улучшился вопрос с кадрами в регионе, в них не было уже такого недостатка, а идеологические гайки закручивались всё сильнее. Мне просто предъявили ультиматум — или потеря работы, или вступление. К этому времени уже не было в живых моего отца, опоры нашей семьи, а моя никогда не работавшая мама осталась одна в Риге фактически без средств к существованию. Её мизерной пенсии иждивенки без нашей поддержки едва хватило бы на оплату квартиры и кефир с хлебом. Там же жила к этому времени наша старшая дочь, и помогать им было необходимо. Но было бы полуправдой сказать, что только это стало причиной моих колебаний. Было и другое — потерять мою работу в тот момент стало бы для меня не только фактическим, но и настоящим моральным крушением. Не только потому, что я не представляла себе, что и где я смогу делать, выгнанная с «волчьим билетом» человека, не пожелавшего вступить в ряды, но, и как бы это глупо ни звучало, я очень любила то, что я делала, и всё ещё искренне верила, что если честно делать своё дело, то кому-то это оказывается нужным.

Мой приём в партию был настоящим фарсом. Состоял он из двух частей. Несмотря на то, что меня пропустили через все предварительные формальности с необычайной скоростью, в то время как (не смейтесь, пожалуйста) длинные очереди желающих ждали месяцами, не обошлось без конфуза. Пока я ждала в приёмной, когда меня позовут, я видела, как библиотекарша Булатова, прошмыгнув мимо меня, влетела в кабинет секретаря, но довольно быстро выскочила оттуда вся в красных пятнах на лице. Увидев это, я немного удивилась, но не очень-то задумалась. Когда вошла я, то лица заседавших были хмуры, и они отводили глаза. Наконец, после нескольких ничего незначащих вопросов, зав. военной кафедрой, всегда приветливый человек, спросил неестественным голосом, где был мой отец во время войны. «В армии», — сказала я. — «В какой армии, на чьей стороне?» — опять спросил он. Воцарилось гробовое молчание, кто-то кашлянул. На меня никто не смотрел. «Как вы знаете, товарищи, я еврейка, и отец мой был еврей. Так, где, по-вашему, в какой армии мог он быть во время войны?» — был мой ответ. После этого меня сразу отпустили, опять же в полной тишине. Как выяснилось через несколько дней, Булатова донесла на меня что-то, обвинив в неблагонадёжности, не помню уже, что именно она говорила, и меня на том заседании в партию не рекомендовали. И вдруг ещё через несколько дней новый поворот — опять вызывают в партком. Я зашла, и мне показалось, что за столом сидят совсем другие люди. Все эти добрые дяди улыбались и смотрели на меня чуть ли не с любовью. Процедура заняла несколько минут, и всё было кончено в рекордные сроки.

Но моя дружба с партией длилась недолго, потому что очень скоро наша старшая дочь вышла замуж, и они решили эмигрировать. Это подтолкнуло и нас к этому шагу. И опять начался совсем новый период в нашей с мужем жизни.

МОЙ ЛЕНИНГРАД

В Ленинграде, куда мы приехали осенью 1967 года, было всё, как это описано в литературе и показано в искусстве — и стрелы улиц, соединяющие парадные площади, и величавое течение Невы, и «дерзкий» шпиль Петропавловской крепости, и весело-торжественная нарядность Зимнего Дворца. Но тут же, рядом с ними жил и дышал Санкт-Петербург Достоевского, слегка, правда, перекроенный на советский лад, но далеко не всегда к лучшему. В тех же обшарпанных домах и дворах-колодцах шла жизнь, очень похожая на прежнюю, где типажи прошлого века сменились «трудовым народом» Страны Советов. То же пьянство и драки, несчастья и проклятья царили вокруг, и те же законы управляли здесь людьми. Эта, стыдливо спрятанная за величавыми фасадами часть города была местом усталых и озабоченных людей, каждый день борющихся за своё существование. Душа этих двух противоположных сторон, причудливо и даже волшебно переплетаясь, создавали тот неповторимый облик, который, однажды восприняв, нельзя было забыть.

Но был ещё и мой Ленинград, город тех бесправных и неприкаянных, кто хотел здесь учиться. Нынешний приезд сюда был моим вторым опытом. Первое знакомство с ним произошло, когда в один из тяжёлых моментов моей жизни я поступила на искусствоведческий факультет Института живописи, скульптуры и архитектуры имени И. Е. Репина. Учиться я могла только заочно, потому что к этому времени развелась со своим первым мужем и должна была сама содержать себя и ребёнка. Я приезжала на сессии дважды в год, зимой и весной, но помногу приходилось заниматься дома, и часы этих занятий стали для меня радостью и душевным спасением в те тяжёлые годы, а когда я приезжала в Ленинград, то часами ходила по улицам и паркам, и это приносило чувство успокоения и надежды, что всё ещё может сложиться хорошо. Особенно остро это почему-то ощущалось каждый раз, когда я подходила на Васильевском острове к зданию Академии Художеств с двумя сфинксами перед ним, где располагался институт. Стоило открыть тяжёлые и неподатливые двери и войти в огромный холл, как в толстых стенах старого здания без всякого усилия возникала удивительное ощущение связи с прошлым. Высокие своды и огромные окна, пропускающие сумеречный свет в длинные коридоры с покорёженными плитами каменного пола, помещения аудиторий и студий, запах красок, мокрого гипса и клея создавали особую атмосферу. Они как бы приближали к нам тени ушедшего мира, тех кто был здесь до нас. Они, невидимые, сопровождали нас повсюду, держась на расстоянии, но постоянно присутствуя и как бы говоря нам: «Мы были, мы работали, ходили, мечтали» — и этот шёпот стен, как бы сентиментально ни звучало, создавал особую атмосферу, и будто приобщал меня, такую обычную, к чему-то значительному. Но особенно хорошо было в перерывах сидеть у воды возле сфинксов, где гранитные ступени были тёплыми и всегда чуть-чуть влажными. Вода текла бесшумно, лишь редко-редко мягким звуком возникал отдельный всплеск. Сфинксам, повисшим над серой Невой, не было до нас никакого дела, они вечно смотрели куда-то вдаль. Снизу хорошо были видны лишь кончики их широких лап. Здесь, у воды, хорошо говорилось, доверялось, слушалось. Здесь рождались дружбы, привязанности и память друг о друге. Я и сейчас вижу и слышу их, моих друзей, след которых затерялся в жизни. Забылись многие фамилии, даже некоторые имена, но остались их лица и голоса, их слова и жесты, и всё, что делало нас близкими.

В один из дней уже после зачисления я пришла в административный офис факультета, где очень милая, исполненная важности девушка Галя объясняла мне все правила и обязанности студента. Во время нашего разговора дверь открылась, и в комнату вошёл человек. По тому, как он вошёл и как поздоровался, можно было сразу понять, что он здесь свой и всегда желанный гость. Был он красив и значителен. Красота эта была особая. Она выражала себя не в чертах лица, а в чём-то внутреннем, придающем всему его облику нечто своеобразное и очень привлекательное. Седые волосы, чуть волнистые, ироничный прищур довольно узких глаз, умных и цепких, лёгкость и сухость фигуры, медлительный поворот головы и движение рук, в которых было то-то кошачье. Он выглядел аристократом, в чьих жилах из поколения в поколение текла голубая кровь. Когда он, пококетничав с Галей и схватив глазами всё вокруг, вышел, я, конечно, тут же спросила, кто же это был. «О!» — воскликнула она. — «Это профессор Абрам Львович Каганович!» Она тут же рассказала мне, какой он был замечательный преподаватель и как его все любят, особенно женщины. Дон-Жуан, естественно, человек с такой внешностью не мог не быть им, одарённый, яркий — он был одной из самых значительных фигур факультета. Когда он читал курс искусства XVIII века, то, помимо всего интересного, что он говорил, оставалось ещё ощущение присутствия тех далёких времён. Лекции Кагановича запоминались без особого заучивания. Он сам, его чрезвычайно красивая речь, его манеры создавали некий мост между ним и тем, о чём он рассказывал. Я хорошо помню его, стоящего перед нами, собравшимися со всех концов страны, слышу его голос, рассказывающий о странном, необычайно талантливом архитекторе князе Львове, вошедшем в русскую историю многими своими ликами, от мистика до мыслителя, так, что казалось, будто он вошёл к нам в аудиторию. Годы спустя я совершенно неожиданно встретила Кагановича в Риге. Он шёл мне навстречу по улице и, к моему несказанному изумлению, остановил меня. Я поверить не могла, что он меня узнал, но так было. Я была настолько смущена, что, как последняя дура, онемев от школярского восторга, не предложила ему показать получше город, хотя, по-моему, он именно этого ожидал. А потом дошли вести, что Каганович умер, и, как рассказали мне ленинградцы, его хоронили очень многолюдно, и многие горько и искренне плакали. Уже в Америке я нашла на полке в небольшой библиотеке его книгу, изданную на английском в Ню Йорке, и вспомнилось всё и подумалось, что никому она не расскажет об этом замечательном человеке.

Мои заочные занятия в Репинском дали мне больше, чем пять лет университета. Мне повезло быть там в то время, когда ещё живы были и учили нас профессора «старой гвардии», наследники и последователи больших мастеров, уничтоженных или гонимых советским режимом. Вместе с любовью и преданностью искусству они сумели сохранить и передавать молодым особенности и остатки уходящей петербургской культуры. Они отличались не только высокой требовательностью, но и уважением к студенту и отношением к нему, как к равному. У них не было цели поставить плохую оценку за незнание, наказать нерадивого, они хотели и старались научить понимать искусство. Стыдно становилось не провалить зачёт или экзамен, а показаться безмозглым дураком. Опытные преподаватели, они даже в советских условиях прекрасно умели превратить лекцию из набора сведений и фактов в источник человеческих ценностей. Анализируя работы социалистического реализма с его бесконечными ограничениями, этим преподавателям удавалось, смягчая идеологическое давление, сконцентрировать наше внимание на таланте, художественном вкусе и особенностях мастерства того или иного художника. Большинство из них руководствовалось в жизни отзывчивостью и пониманием людей. Алла Глебовна Верещагина однажды рассказала нам, что когда она училась в этом же институте, ей отказали в стипендии, потому что она во время войны оказалась на оккупированной немцами территории. Она была в отчаянии и собиралась всё оставить и уйти куда-нибудь работать, но, узнав об этом, известный историк искусства, профессор Алексей Николаевич Савинов, предложил ей стать его секретарём и помощником, и это спасло Аллу Глебовну, дав ей возможность учиться дальше. Это был не единственный случай, когда преподаватели, как могли, словом и делом поддерживали студентов, особенно в годы войны, когда институт был в эвакуации в Самарканде.

О необычном характере Савинова, о его глубокой порядочности в институте много говорили. Известно среди прочего, что уже в последние годы, когда он написал книгу о давно забытом художнике Иване Алексеевиче Ерменеве, его просили внести какие-то идеологические поправки, не соответствующие истине, но он категорически отказался, и книга вышла только в 82-м году, после его ухода из жизни. Это был именно он, кто сразу же после смерти Сталина с большими трудностями разыскал в эмиграции искусствоведа Сергея Эрнеста, художницу Зинаиду Серебрякову и знаменитого Александра Бенуа и регулярно с ними переписывался. Когда он входил в аудиторию, держа в руках листочки очередного письма, мы знали, что он будет нам рассказывать о мастерах, о которых многие из нас слышали впервые, о своей молодости и встречах с ними. В этих рассказах Савинов переносил нас в далёкий мир Серебряного века.

На Савинова был совсем не похож декан факультета вальяжный Игорь Александрович Бартенев с его барским обликом и манерами. Он, в отличие от других, нас не различал и, видимо, был к нам вполне равнодушен, но зато, когда он водил указкой по карте Парижа, а потом показывал в слайдах и рассказывал о знаменитых книжных лавках на берегу Сены, о парках и зданиях, о великой перестройке города, то в огромной аудитории была полная тишина. А ещё он любил говорить о парижских кафе, сравнивая их с венскими кондитерскими, и при этом он ещё называл адреса и объяснял, как к ним лучше добираться и даже что заказывать. Слушали мы его с двойственным чувством восхищения и раздражения, потому что мало верили тогда, что когда-нибудь сможем там побывать.

Каким человеком был Бартенев, характеризует один случай, когда мне пришлось с ним столкнуться. В какой-то год я вынуждена была сдавать экзамены на месяц раньше, потому что ждала ребёнка. В таком же положении оказалась и одна моя сокурсница. Обе мы вовремя пришли к Бартеневу, но пришлось довольно долго ждать в приёмной, и мы, конечно же, очень волновались. Когда мы вошли, то увидели его стоящего к нам вполоборота и смотрящего куда-то вдаль. Была довольно долгая пауза, во время которой мы стояли и ждали, что он пригласит нас сесть, но этого не происходило. Мне стоять было тяжело, потому что, в отличие от своей худенькой сокурсницы, у меня был огромный живот, не дававший мне возможности даже подойти слишком близко к его столу. Наконец Бартенев повернулся к нам и, окинув нас беглым взглядом, сказал, что плоховато себя чувствует и экзамен сегодня принимать не может. Самое смешное во всей этой истории было то, что происходило это в день 8 марта, в день советского праздника Международного женского дня, и все предсказывали нам, что Бартенев, не спрашивая ни о чём, просто поставит нам, двум беременным женщинам, оценку. Больше я к нему не пошла и сдавала экзамен другому преподавателю.

В этот же приезд у нас был совершенно противоположный опыт с профессором Валентином Яковлевичем Бродским, которому надо было сдавать экзамен по восточно-европейскому искусству. Список стран, входящих в этот обзор, был бесконечен — Польша, Германия, Чехословакия, Венгрия, Болгария и т.д. Вот тут-то мы нервничали всерьёз, уж очень велик был объём материала. Бродский пригласил нас к себе домой. Надо было видеть выражение лица профессора, когда он, открыв дверь, увидел наши расплывшиеся фигуры, а рядом ещё и молодого человека, моего мужа. Мы, продрогшие и мокрые, пришедшие с улицы, где был сильный ветер и лил дождь, действительно представляли собой довольно жалкое зрелище. Ни слова не говоря, Валентин Яковлевич пригласил нас в свой уютный кабинет и тут же принёс горячий чай и тарелку домашнего печенья. Выпив чаю и отдышавшись, мы уж было приготовились отвечать, когда профессор без всяких прелюдий попросил у нас зачётки. Он даже готов был поставить зачёт моему мужу, приняв его тоже за студента. Можно себе легко представить, в каком замечательном настроении мы ушли от него.

Наверно многие, кто в 60-е и 70-е учился в Репинском, помнят Киру Викторовну Корнилович, которая сумела тонко сохранять баланс между запретным и дозволенным, рассказывая о религиозных образах в лекциях по древнерусскому искусству. Обходя сугубо религиозные аспекты, она всё же доносила до нас величие и красоту церквей, и духовное богатство русской иконы. Худенькая с большими глазами на тонком лице, весь её облик как-то хорошо совпадал с тем, о чём она говорила. Она была руководителем одной из моих курсовых работ, и несмотря на то, что мы не часто виделись, я смогла многому у неё научиться.

Приезжая два раза в год на сессии в Ленинград, я всегда шла к старому дому на Греческом проспекте № 7, где жил Алёша Хвостенко и где уже давно живут чужие люди, не имеющие ни малейшего представления о том, какие здесь мелькали лица и какие звучали голоса. Я познакомилась с Алёшей, когда он приезжал в Ригу, и именно он впервые пел нам песни Окуджавы. Его квартира была местом, где в период *оттепели* собирались его друзья, поэты и художники, артисты и музыканты, чьё творчество, незнакомое широкой публике, создавало неофициальное искусство тех лет. Многие из них впоследствии стали известными именами постсоветской культуры. Дверь в квартиру была всегда открыта, люди приходили и уходили в любое время. Я бывала там обычно по вечерам после занятий и библиотеки, и к этому моменту узкая комната, кабинет Алешиного покойного отца, известного переводчика, был переполнен. Гости сидели повсюду, и если не хватало места на диване, на стульях и на широком подоконнике, то сидели даже на полу. Кто-то спорил, другие, тихо переговариваясь, что-то обсуждали или читали стихи, а многие просто ходили вдоль книжных полок, занимавших все стены, и останавливались то там, то тут, заглядывая в разные томики. Кто-то постоянно играл на гитаре. Хотя все были хорошо и давно знакомы, новый человек, как я, например, принимался приветливо и легко включался в круг присутствовавших. Такая атмосфера создавалась в первую очередь самим Алёшей, его доброжелательностью и мягкостью в общении. Было видно, что его любили и уважали. Его высокая худощавая фигура с тонкими, слегка женственными чертами узкого лица напоминала мне образы Бердсли. Люди в Алешином доме отличались от тех, кого я знала в Риге или в Сибири, и я просто впитывала всё, о чём они говорили, и всё это было необычайно ново для меня. В 70-х Алёша, как и большинство его друзей, эмигрировал и жил в Париже, где и умер. Алёша Хвостенко был известным бардом и интересным художником.

Известно, что города, как и люди, имеют душу. Душу Ленинграда открыл мне один из Алёшиных друзей, Яша Виньковецкий, геолог по профессии, но на самом деле оригинальный поэт и художник. В его рассказах Ленинград переставал быть Ленинградом, а становился С.-Петербургом, отброшенным этим названием в другой, неведомый мне век, где, вероятнее всего, не было бы места мне и моим собратьям, включая Яшу. В моей памяти годы не изменили Яшу. Я ясно вижу его лицо с слегка отсутствующим выражением, и, по контрасту — его глубокие, горящие, угольно-чёрные глаза, в которых, казалось, всегда был вопрос. Они смотрели на собеседника долго и не отпускали. В моём представлении с Яшей не вязалось будничное, приземлённое. Когда потом, многие годы спустя, я узнала его жену и детей, мне было трудно связать его, Яшу Виньковецкого, и обычную жизнь семьи, полную повседневных забот и хлопот. Привлекательный внешне, крепкий, он в то же время был для меня как бы вне плоти, в каком-то ином духовом измерении.

Это не я, другие, могут вспоминать о его широких знаниях, уме и таланте, о его постоянном поиске смысла жизни. Об этом я знаю мало и больше с чужих слов. Для меня он был и остаётся человеком, с кем ходить по Ленинграду было подобно открытию новой страны. Яша вовсе не был хорошим гидом или знатоком истории, полным увлекательных рассказов о каждом уголке. Вовсе нет. Просто он умел увидеть всё по-другому, и знакомое, до того обычное, наполнялось особым смыслом и настроением, становилось неповторимым, ни на что не похожим, и навсегда оставалось с тобой. Так было с Новой Голландией. Я всегда назову именно это место, когда захочется не в памяти, нет, а в сердце вызвать Ленинград. И это будет из-за Яши, с которым мы стояли там, а он тихо говорил, как будто и не о ней, но и о ней тоже, о Новой Голландии. Говорил обычно, просто, не подыскивая специальных, а тем более красивых слов. Новая Голландия стала той дверью, через которую открылось мне потаённое очарование, душа этого города. Однажды он пригласил меня посмотреть его работы. Мы пришли в хрущёвскую квартиру-распашонку, где приветливые и интеллигентные мама с папой пили чай в столовой. Пригласили, как водится, и меня, но я совсем не помню, пили ли мы его или я всё же отказалась. А потом, в своей комнате, Яша показывал мне свои картины. По тем временам совсем необычные, они мне запомнились. Необычным было всё — что он писал, как он их писал и чем. Тёмные линии на интенсивном, но не радостном фоне складывались в сложные комбинации абстрактных фигур и переплетений, создающих ощущение силы и уверенности. Нитрокраска, которой он пользовался, усиливала впечатление весомости и устойчивости. Это было самое начало шестидесятых, и всё в Яшиных композициях было непохоже ни на что прежде доступное, всё было ново и значительно, как значительными мне казались слова его друзей, их пристрастия и вкусы, их жесты и даже неулыбчивость, которая странно сочеталась с остроумием и даже весельем. За всем этим стояло нечто своё, противопоставленное времени и навязанной нам форме жизни, и в этом стойком утверждении своего было много достоинства и смелости. Когда уже в Америке я узнала, что его уже нет, я почувствовала потерю друга.

Однажды, когда я уходила от Алёши довольно поздно, несколько человек вызвалось меня проводить. Мы шли через пустые улицы при ясном свете белой ночи, и тихая гармония этого вечера, создавая меланхолическое настроение, сводила наши разговоры к коротким замечаниям. Среди моих провожатых был рыжеватый молодой человек в весьма потрёпанном коричневом костюме, которого я раньше не встречала. Я заметила, что все относились к нему с некоторым почтением и спросила, кто же он. «Да это же Иосиф Бродский!» — был ответ. Тогда мне его имя не говорило ни о чём, и я как-то пропустила его, легко забыв. Второй раз я увидела его, уже всемирно известного поэта, на выступлении в Гарварде, после которого его густой толпой окружили почитатели. Даже издали я могла заметить, что ему всё это было в тягость и хотелось скорей уйти. Его лицо выражало равнодушие и скуку. К этому времени знакомством с ним хвастались слишком многие, и я посчитала неуместным напоминать ему о себе и о том далёком вечере, ночной прогулке по ленинградским улицам, облитым молочным светом, и нас, таких молодых. Я стояла вдалеке и просто думала о том, о чём он наверняка не помнил.

Если моя первая встреча с Ленинградом была окружена светом и чувствами тех, у кого вся жизнь была впереди, то мой следующий период, связанный с этим городом, был окрашен в свинцово-серые тона осени, времени нашего приезда туда. В этом городе «отверженных» жёны были разлучены с мужьями, а дети с родителями. В нём не сдавали комнату с детьми, и детей не брали без прописки в детские садики, особенно у приехавших невесть откуда аспирантов, у которых денег не было даже на приличную взятку. В аспирантуру официально не разрешалось привозить ни супругов, ни детей. Независимо от того, из какой бы дали аспирант ни приехал, свою семью ему надлежало оставить дома. Правда, самому аспиранту университет предоставлял общежитие. Наше, например, было в Петергофе, примерно в часе езды от города. Селили аспирантов по четыре в одну комнату, стены которой были выкрашены синей или зелёной масляной краской в уровень человеческого роста. Железные койки застилались серыми и жёсткими солдатскими одеялами. Я помню, как однажды на одной из этих коек горько рыдала аспирантка из Швеции. На все наши участливые расспросы она отвечала ещё более громким плачем, сквозь который прорывались слова — «Хочу домой!» Мы, привычные ко многому советские женщины, смотрели на неё со смесью жалости и лёгкого презрения, не понимая, какого рожна ей надо. «Не сиди дома, иди куда-нибудь! Ну, в Эрмитаж пошла бы, что ли!» — сказала одна из нас, Миля, всю жизнь прожившая по общежитиям и коммунальным квартирам. Шведка, услышав это, перестала плакать, посмотрела на Милю как-то странно, помолчала, а потом опять залилась слезами, приговаривая: «Чего я в вашем Эрмитаже не видала?» Это уж было для нас чересчур. Как? Не видеть всю неповторимость лучшего в мире музея? А она сквозь слёзы пыталась объяснить, что объездила весь мир и обошла там все возможные музеи.

Мы с мужем решили, что чего бы это нам ни стоило, но мы будем вместе. Так и сделали. Дети согласились взять на это время мои мама с папой. Один Бог знает, как это им далось, но когда речь шла об образовании, они не признавали никаких преград. Мой папа в эти годы не отказывался ни от какой работы, чтобы содержать семью, потому что мы в этот момент мало чем могли ему помочь. Стипендия моя была аспирантская, сто рублей в месяц, и примерно столько же мог заработать мой муж. Этого еле-еле хватало, чтобы кое-как, впроголодь в буквальном смысле слова, свести концы с концами в чужом и негостеприимном Ленинграде. Чтобы жить вместе и снять комнату, надо было найти Алику работу, но, как известно, на работу нельзя было устроиться без прописки, а прописку нельзя было получить, не имея работы. Поэтому мы стали искать работу и жильё одновременно. Оказалось, что было совсем непросто снимать комнату в перенаселённом городе. По чьему-то совету мы отправились к месту около Львиного мостика, где собирались сдававшие и ищущие. Так как это было совершенно нелегальное сборище, то все прогуливались с видом праздных людей, наслаждающихся отдыхом. Проходя мимо очередного встречного, и те, и другие шёпотом обменивались сведениями. Мимо нас часто проходил довольно облезлого вида человек, цедящий сквозь зубы: «У меня есть то, что вам нужно». «Ну и что же это?» — спросили мы, и он ответил с искренней гордостью: «Как же! Графский угол!» У нас даже не хватило духу спросить, что он под этим шикарным названием подразумевает.

Если и когда вы в конце концов находили подходящую комнату, то её хозяева становились полными владельцами вашей жизни. Ваши вкусы, привычки и привязанности теряли всякий смысл. Правила диктовались владельцами вожделенных квадратных метров. Как правило, хозяева обладали какой-то дьявольской прозорливостью и очень быстро узнавали, что вы любите и что вам дорого, и тогда наносили удар. Били безошибочно по самым больным местам. Если вы любили театр, то вам запрещали возвращаться домой позже десяти, когда ни один спектакль к тому времени ещё не оканчивался. Если у вас были друзья, то вам запрещалось приглашать их в гости. Если вы пили кофе по утрам, то вам запрещали его готовить на кухне.

Здание Академии Художеств. Ленинград

Знаменитые Сфинксы

Одна из жемчужин Ленинграда — Зимний дворец

Российская национальная библиотека

Новая Голландия

Греческий проспект

Дом Кшесинской

Торговая империя Жоржа Бормана

На квартире, что была возле Пискаревского кладбища, запреты были особенно суровыми, и от всей обстановки в этом жилище веяло холодом. Мне иногда казалось, что это от того, что рядом столь печальное место, кладбище, где похоронено большинство, умерших в блокаду, и где стоит скульптурная группа, сделанная в духе обезличенности и помпезности социалистического реализма. Ещё одна Мать-Родина, якобы скорбящая о своих детях, от которой веяло равнодушием казёнщины. В семье, в которую мы попали, не было ни счастья, ни лада. Основная забота некрасивой и неумной хозяйки была следить за своим мужем, ещё молодым и вполне привлекательным на вид, но принадлежащим к тому типу мужчин, которые привыкли всегда лгать своим жёнам. Рита, хозяйка, жила в состоянии борьбы с мужем и дочкой, и ссоры и крики были по любому поводу. Это была какая-то непрекращающаяся война, в которой видимый перевес, казалось бы, был на стороне жены, а откуда-то внезапно выплывшая победа всегда доставалась мужу, с виду тихому и податливому. Что съедало мою хозяйку изнутри, мне стало понятно сразу после того, как однажды утром её муж, оказавшись почему-то дома, постучал в мою дверь. С чем он пришёл, не оставляло ни малейшего сомнения, стоило только посмотреть на его необычайно оживлённое лицо, бегающие глаза и быстрый подступ к моей кровати.

Визит закончился неприятными объяснениями, но мне стало очень жаль нелепую, большую и неуклюжую Риту, вечно дрожащую за своё семейное благополучие, которого на самом-то деле и не было. Она без конца рассказывала мне истории из жизни своих несчастливых подруг, о мужской неблагодарности и жестокости. Мы с Аликом и наше отношение друг к другу раздражало Риту безмерно. Мы старались как можно меньше попадаться ей на глаза, но придирки следовали одна за другой. Ей почему-то больше всего не нравилось, что я провожала Алика на работу и готовила ему завтрак. Было это обычно в пять утра, потому что ехал он на работу через весь город до вокзала, а оттуда уже дальше. Её терпению пришёл конец, когда я однажды, «роковым» утром, в полной темноте, мелкими перебежками пробиралась на кухню, держа в руках венгерскую кофеварку, и со всей силой врезалась в дверь Ритиной комнаты. Нам тут же было предложено съехать. Но это было уже через некоторое время после эпопеи с первой работой.

Поиск работы начался не с самой работы, а с людей, которые помогли бы прорваться сквозь этот замкнутый круг работа–прописка. Такой человек нашёлся довольно скоро, но ему нужно было вознаграждение. Лучше всего, конечно, было денежное, но, снисходя к нам и к тем, кто его рекомендовал, он согласился на что-нибудь другое. К счастью, у меня был «страшный дефицит», новенький костюм джерси горчичного цвета из американской посылки, как раз подошедший по размеру препротивнейшей его жене и понравившийся ей. Аккуратно уложив костюм-подношение в портфель, этот маленький, толстый и важный человек по имени Матвей, не пригласив нас даже присесть, перешёл прямо к делу. «Значит так», — сказал он, — «поедете строить электростанцию в Вознесение». Алик согласно кивнул. Выбора не было. Я думаю, что в тот момент он совершенно не понимал, о чём шла речь, что такое это Вознесение, где оно находится и, главное, что там надо делать. И кивнул он просто потому, что никогда ни от чего не отказывался, если речь шла о работе.

Без особых разъяснений ему было велено назавтра в такой-то час прийти на вокзал, встретить там напарников и отбыть тут же по месту назначения. Потом он рассказал мне, что когда он пришёл на Северный вокзал, то его действительно ждали там два человека. Оба уже с раннего утра были абсолютно пьяны. Один из них был просто мальчишка, совершенно неумелый на вид, и другой — тоже не внушавший доверия. Как оказалось вскоре, он был не только пьяницей, но и тяжёлым эпилептиком. Пришлось тут же отправить их восвояси и ехать одному. Задача, с которой ему предстояло справиться, состояла в том, что в этом дальнем углу Ленинградской области, в посёлке Вознесение, где не было ни электричества, ни воды, он должен был построить электростанцию, пусть даже очень маленькую, только для нужд больницы, задача, за которую до него никто не брался. Забегая вперёд, скажу, что каким невероятным это могло бы показаться, но он один, тогда молодой судовой механик, смог это сделать, больница электричество получила.

Всё это происходило ещё до того, как нас выбросила Рита, и я осталась там одна, когда Алик уехал в Вознесение. От того, что все мы, дети, муж и я, оказались в разных местах, мне было особенно грустно, и когда в занятиях появился перерыв, я решила навестить Алика в его «ссылке». Вознесение было довольно далеко, ближе к Карело-Финской границе, и попасть туда можно было только на местном маленьком самолётике, который вылетал из аэропорта «Смольное», тогда никому неизвестного, а через три года прославившегося в мире знаменитой попыткой угона. Я собиралась туда, как и подобает настоящей «декабристке»: взяла с собой кофеварку, казанок для жаркого, которое Алик очень любил, и всякие мелочи, чтобы его порадовать, и затолкала всё это в большую дорожную сумку, ставшую неподъёмной. Самолётик дребезжал, как старая телега на неровной дороге, и пассажиры во время полёта клонились то вправо, то влево на скамейках, служивших сиденьями. Со мной летели ещё три молодых командированных, которых очень интересовало, зачем же я-то лечу в эти отдалённые места. Им особенно хотелось узнать, что же там такое в моей тяжеленой сумке, а узнав, комментировали мой ответ словами, в которых лёгкая насмешка над моей супружеской преданностью смешивалась с неприкрытой завистью.

В какой-то момент я поняла, что мы стали приземляться, но вокруг было только поле, покрытое глубоким снегом. Увидев моё недоумение, мои попутчики подтвердили, что — да, мы прилетели именно туда, куда надо. Ещё больше я заволновалось, увидев, что никакого трапа нет, и надо прыгать довольно высоко из кабины прямо в снег, от чего я почувствовала себя беспомощной и глупой, потому что прыгуном была более чем слабым. Однако, видя моё замешательство, мои попутчики пришли на помощь. Два из них выпрыгнули и сказали, что подхватят меня. Закрыв глаза и с громко бьющимся сердцем, я прыгнула! Последний, оставшийся в самолёте молодой человек выкинул вслед мою сумку, сказав, что скоро за мной приедут, а сами они, все трое, снова каким-то таинственным образом оказались в самолёте и тут же улетели. Не успела я оглянуться, как поняла, что стою одна в чистом поле по колено в снегу, а вокруг меня лес. Почему-то мне совсем не было боязно, и действительно, скоро появилась машина-вездеход, доставившая меня в центр, где ждал мой муж.

Вознесение оказалось большим посёлком на берегу реки Свирь с одной широкой главной улицей и несколькими отходящими от неё боковыми, центром жизни которого были несколько хорошо оборудованных судоремонтных мастерских, куда заходили на поправку большие речные суда, часто стоящие здесь подолгу. Кроме мастерских, в посёлке было несколько административных офисов, школа, клуб и даже больница, но бедой этого места было отсутствие электростанции и водопровода буквально везде. Воду возили на чём кто может из реки. Целый день по главной улице тянулись большие сани и маленькие салазки, на которых стояли самые разные ёмкости, начиная от бочки и кончая бидончиками для молока, наполненные водой из Свири. Вот сюда-то, в эту своеобразную смесь веков двадцатого и семнадцатого, известного нам по картинам Рябушкина, и поехал работать мой муж.

До моего приезда Алика, как бывшего моряка, приютили на одном из судов на приколе. Жизнь там была роскошная, там было всё — горячая вода, тепло и весёлая компания. По вечерам, конечно же, пили. В этом смысле всё было продумано: днём кто-нибудь прятал в снегу несколько бутылок водки про запас, а когда вечером водка кончалась, то очередной дежурный выбегал за заначкой. Часто в темноте оказывалось, что все сугробы одинаковые, и несчастный, заблудившись, бывало, до посинения рыскал в поисках бутылки, разгребая снег руками и громко матерясь.

* * *

С моим приездом эта роскошная жизнь закончилась, и нам пришлось устроиться в частном доме. На самом деле это была просто изба, и в ней не было ничего, кроме кровати, стола и русской печи, на которую мы, в поисках экзотики, тут же забрались. Можно себе представить наше смущение, когда утром бабушка-хозяйка сказала: «А! Я-то забыла вам сказать, чтобы к печке не подходили — еле держится, чинить-то некому». Зато стены этой комнаты представляли собой своеобразный музей. Они были сплошь оклеены газетами, наложенных многими слоями, и в них была вся история советской России, от революции и до Хрущёва. Особенно много было, конечно, газет сталинского периода, и на них были развешены фотографии семьи нашей хозяйки, по которым можно было учить другую историю, историю жития советских людей, отторгнутых от близких разными житейскими бедами, убитых, замученных, затравленных и обездоленных всеми мыслимыми и немыслимыми способами уничтожения человека. Мы лежали на тёплой печи в этой заброшенной на берег северной реки избе, а со стен на нас смотрели солдаты Гражданской войны в своих, как водится, остроконечных шлемах, бравые моряки и множество разных женщин, чаще всего крупнолицых и с выражением радостного испуга в глазах.

Мне хотелось приготовить что-нибудь вкусненькое для своего мужа, ведь не даром же я тащила с собой казанок, и я отправилась в единственный магазин — сельпо. Там не было буквально ничего, но зато стояла довольно длинная очередь. Продавщица заверила нас, что охотники обещали привезти оленину, и вот она их ждёт. «Оленина» звучало необычно, я никогда такого не пробовала и в предвкушении чего-то особенного тоже заняла очередь. В этот день я приходила туда пять раз понапрасну, охотники всё не приходили, но зато на шестой стала обладательницей тёмно-красного увесистого ломтя мяса, довольно красивого с виду. Наверно есть люди, которые знают, как надо готовить оленину, чтобы она была не только съедобной, но и вкусной, но это точно была не я, потому что то, что получилось у меня после многих часов готовки и бесконечных моих кулинарных ухищрений, даже съедобным было не назвать.

Я приехала в Вознесение, когда весь посёлок был возбуждён общественным судом, проходящим в клубе. Судили старика лет семидесяти пяти, и обвиняли его в покушении на жизнь жены. Из объяснения жены, старушки лет семидесяти, сморщенной, но живой и вертлявой, выходило, что дело было так: «Захотелось мне, значит, на танцы в клуб пойти, а дед-то и не соглашался. Ну, дождалась я, значит, когда он спать-то пойдёт, и, думаю, сейчас-то и убегу потихонечку. Да не тут-то было! Только я, значит, в окно вылезать-то наладилась, как дед вскочит, как за ружье-то хватится, да и ну пулять-то!» Когда дали слово деду, он, в свою очередь, сказал: «Конечно же я приревновал её, а как же! После всех лет-то нашей жизни в супружестве я её натуру гулливую, ох как знаю! Знаю я, как её к мужикам-то тянет! Вот и решил я в конце-то концов ее-то и проучить!» Тут и я поняла, что жизнь в этом посёлке не такая уж и скучная.

Пока Алик строил электростанцию на Свири, я старалась понять обстановку на кафедре этики и эстетики в университете, где мне предстояло быть три года. Это оказалось не таким уж простым делом, и не быстрым. Большинство профессоров были людьми весьма известными в своей области и принадлежащими к интеллектуальной элите. Да и среди аспирантов только несколько человек были приезжими из провинций, а остальные были своими из тех же элитных кругов. Это обстоятельство создавало на кафедре не слишком ярко выраженную, но чувствительную атмосферу некоторого высокомерия. Это выражалось в мелочах — в ответах на вопрос, в том, как выслушивалось наше суждение, в советах, которые адресовались непосвящённым. Как приехавшая из Сибири я ощущала это особенно остро, ведь многим эта часть страны казалась диким краем и только местом ссылок. Прошло время, пока нормальные отношения и с руководителями и товарищами всё же наладились, а я это время не торопила, затеяв немного нечестную, но злорадную игру. Так и получилось, как я и предполагала: как только я в конце концов сказала, что вообще-то я рижанка, там родилась и выросла, обстановка немедленно изменилась. Репутация моей балтийской столицы сыграла свою роль. Позже, когда всё уже забылось и сгладилось и у меня появились новые местные знакомые и даже друзья, я поняла, что прежнее поведение, эта псевдо-столичная кичливость для многих было доступным средством самозащиты и самосохранения, потому что редко у кого из них не было за спиной травмы, нанесённой годами советского режима. Теперь я тепло вспоминаю многих из них, оказавшихся готовыми к объяснениям и консультациям, проявлявших терпение к моим промахам, не жалевших своего времени для нас.

Аспиранту не давали большой свободы в выборе темы диссертации, давление было довольно сильным и приходилось соглашаться с предложенным, а кафедры, в свою очередь, зависели от руководства университета, которое строго следило за их идеологической направленностью их планов. На нашей кафедре было несколько тем-»висяков», за которые или никто не брался, или не получалось найти нужного соискателя. И вот я со своим филологическим и искусствоведческим образованиями оказалась, как они посчитали, как раз подходящим человеком для одной из них– «Эстетическая теория Зигмунда Фрейда», отца психоанализа. Узнав о своей участи, я сильно расстроилась, и у меня были для этого веские основания. Во-первых, по Фрейду и его последователям практически не было доступной литературы, сам он не издавался в сталинские годы, да и после тоже. Во-вторых, та современная фрейдистская и пост-фрейдистская зарубежная литература, которая доходила до нас, были на английском языке, но тогда я его не знала. В-третьих, было совершенно ясно, что такая работа должна быть написана в заведомо критическом, антифрейдистском тоне, и посему быть конформистской, а проще говоря, лживой. Никакие мои просьбы и возражения не были услышаны, и мне дали понять, что, отказываясь, я ставлю под угрозу своё пребывание в программе. На это у меня духу не хватило, и я стала прилежно отправляться каждый день в библиотеку.

Начала, конечно, с самого Фрейда и его взглядов на искусство. Но и это оказалось не так-то просто. Такие неблагонадёжные авторы, как Фрейд, хранились в небольшом помещении библиотеки Салтыкова-Щедрина, называвшимся «основной фонд». Фонд этот был небольшой комнатой, непохожей на остальные просторные залы с их большими столами и удобными креслами, и вмещал он всего несколько человек, и чтобы попасть в их число, надо было прийти, не опаздывая, к открытию библиотеки. Если во время работы там надо было по какой-то причине выйти, даже на очень короткое время, то книгу приходилось обязательно сдать дежурному библиотекарю. Работа продвигалась медленно и вяло, не доставляя мне ни малейшего удовлетворения. Не знаю, чем бы всё это кончилось, но к моему невероятному везению, вопрос решился сам собой, но до этого были и другие события, о которых не могу не рассказать.

Так получилось, что выселение наше от Риты совпало с концом работы Алика в Вознесении, и его благодетель, восхищённый его успехом, построенной электростанцией, дал ему другое место, на Лесообрабатывающем заводике в Любани, в часе с лишним езды от города на электричке. Любань, как известно, вошла в русскую историю через литературу, через Радищевское «Путешествие из Петербурга в Москву». Наше жильё там, если и могло запомниться, то только своей убогостью. Это была обычная крестьянская изба, разделённая на две половины, одну из которых хозяйка сдавала, и снимал её для нас завод-работодатель. Нам принадлежала крохотная комнатка с кухней и «сенями». Обогревалось всё это кухонной плитой, которую топили дровами. Воду мы носили из колодца, а туалет был во дворе, и добираться до него приходилось по двум узким доскам. Мы въехали в этот дом где-то в феврале, и всякий поход к этим «удобствам» превращался в настоящее путешествие с предшествующими приготовлениями. Прежде всего и независимо от погоды надо было надевать резиновые сапоги. Голову тоже следовало утеплить, а вот среднюю часть туловища лучше всего было оставить налегке — так было легче маневрировать в узком и далеко не стерильном пространстве уборной.

Мы были совершенно счастливы, потому что хозяйка была доброй и непритязательной женщиной, нас не трогавшей, и после Риты она казалась нам просто святой. По вечерам, когда мы уже лежали в постели, я слышала странный шум на чердаке. Казалось, будто какая-то стая стремительно проносилась в одну сторону, а потом, через очень короткое время с такой же стремительностью неслась в другую. «Может быть, это крысы?» — спросила я со страхом у Алика. Он посмотрел на меня насмешливо и понимающе: всем был известен мой панический страх перед крысами. Через день или два он радостно сообщил мне, что наверху бегают куры, так, якобы, сказала ему хозяйка. Я, привыкшая во всём безоговорочно верить своему мужу, сразу же успокоилась. Только много позже он признался мне, что на самом деле это были крысы, которых в этом доме была тьма, но он попросил хозяйку успокоить меня, подтвердив «куриную» версию.

Прошло время. Наша жизнь в этом доме протекала, если и без удобств, то вполне мирно и тихо. В пять утра мы вставали, согревали на плите воду для мытья, пили кофе, завтракали и к шести Алик провожал меня на электричку. Сам он отправлялся на работу, а я через час и сорок пять минут приезжала на Московский вокзал на Площади Восстания, и у меня оставалось ровно столько времени, сколько надо было, чтобы доехать до Университета и не опоздать к началу лекций в девять. После лекций я шла в библиотеку, и только потом, часов в пять вечера, отправлялась домой в Любань, проделывая тот же путь, но в обратную сторону.

Довольно часто, и это кажется невероятным теперь, Алик приезжал после работы в город, и мы ещё довольно долго гуляли там, а порою даже ходили в гости. Встречаясь в городе, мы шли куда-нибудь поесть, чаще всего в «Пирожковую» или «Сосисочную», которые были обе на Невском. В «Пирожковой» буквально за копейки давали чашку бульона, в котором раньше варилось мясо для пирожков. К нему давали хлеб, бесплатно, что было просто роскошью, но иногда можно было себе позволить и пирожок с зелёным луком, например. «Сосисочная» была не забегаловкой, а вполне пристойным местом. Там собиралось много интеллигентной, но малоимущей публики. Нам, с нашим доходом это место казалось просто рестораном. Сосиски с гречневой кашей были там вкусные и дешёвые, но лучше всего были пышные, тающие во рту омлеты.

Когда денег было совсем мало, что случалось довольно часто, мы заказывали просто гречневую кашу с молоком. Туда приходили одни и те же люди, и, глядя на них, можно было довольно легко догадаться, что, помимо всего, многих сюда приводило одиночество. Истории некоторых прочитывались по их лицам со следами былой значительности, красоты или страданий, по манере держаться и по деталям одежды. На чрезвычайно исхудалых или, наоборот, раздувшихся пальцах и запястьях женщин мелькали иногда кольцо старинной работы или экзотического вида браслет, а со сморщенных мочек ушей свисали дивной красоты серьги. Всё это были следы былого мира, каким-то чудом не утерянные, не отнятые и не проеденные за долгие годы.

Много среди публики было молодых и начинающих, тех, кого принято объединять словом «богема». Они тоже пытались придать пристойный вид своей бедности, украшая себя то ли вещами из бабушкиного сундука, то ли дикими изобретениями сегодняшнего дня, модными, якобы, достижениями современности. И только изредка в этом полуподвале можно было увидеть случайно оказавшихся там командированных или туристов.

Жизнь в Любани продолжалась до весны и, возможно, тянулась бы и дольше, если бы не случившееся там происшествие. Перед самой православной Пасхой мы решили доставить себе удовольствие. Ранним воскресным утром мы вышли из нашей избушки на шоссе, пытаясь остановить попутный трак. Ждать пришлось не слишком долго, и приятный молодой шофёр взялся довезти нас. Древний Новгород был местом, где нам давно хотелось побывать, посмотреть соборы, погулять и просто побыть вдвоём. Так оно и получилось. Мы радовались всему, и золотым куполам церквей, и стенам старого Кремля, и тому виду, который открывался через синеву реки на противоположный лесной берег. Сам по себе город был запущенным и грязноватым, как большинство российских провинциальных городов. Казалось диким проходить мимо прекрасных и совершенных по форме заколоченных храмов, на дверях которых были прибиты таблички «Продуктовая база», «Книжный склад» или

«Овощехранилище». Нам очень хотелось купить ярко-жёлтые керамические чашки с двумя ручками — для бульона, наивные и радостные, выставленные в витрине магазина «Сувениры», но мы не сделали этого, потому что не было у нас в то время ни дома, ни бульона и, главное, денег. Да и магазин был закрыт. Я не буду подробно описывать достопримечательности, потому что свежесть моих впечатлений уже потускнела со временем, и описания мои окажутся ниже уровнем, чем в хороших книгах и даже в сегодняшних путеводителях по этим местам. Да и моё восприятие этих мест и отношение к ним сильно изменилось с тех пор.

Возвращались мы домой снова на попутной машине, усталые, но очень довольные. И всё же энергии было так много, что решили всё после дороги перестирать. Развесили свои одёжки на кухонной верёвке и мирно улеглись спать. Я проснулась от того, что Алик, толкая меня в бок, говорил: «Вставай, вставай! Пожар!» Его слова казалось мне настолько абсурдным, что я начала смеяться: «Да ну тебя! Что за шутки такие! Не мешай мне спать, я очень устала». Но он не отставал, и к тому же я почувствовала какой-то странный запах, который с каждой минутой становился всё сильнее. Понимая, что тут не до шуток, я вскочила. К этому моменту в комнате уже было много дыма, становилось всё тяжелее дышать. Алик был уже одет, а я всё ещё стояла посреди комнаты в халате и резиновых сапогах на босу ногу, одетая так, как мы обычно прогуливались к своим «удобствам». «Собери скорей всё, что можешь!» — крикнул он и выбежал на улицу. Где-то плакал в доме ребёнок, и Алик, слыша это и заподозрив неладное, побежал помогать хозяйке и её гостям. Как выяснилось потом, в эту ночь семья отмечала православную Пасху, и, как водится, все были сильно пьяны, и когда кто-то, отправившись на чердак за соленьями, закурил небрежно на чердаке, разлетелись искры, и вспыхнул огонь.

Я же схватила большую сумку и стала дрожащими руками бросать в неё вещи, которые, как мне казалось, имели особую ценность. Прежде всего в сумку полетели томики Зигмунда Фрейда. Они оказались у меня после того, как мой близкий друг в Риге, Стасик Рубинчик, отчаянный библиофил, узнав о правилах библиотеки, пожалел меня и одолжил нужные мне книги из своего редкого собрания Фрейда. Вот их-то я схватила в первую очередь. Когда я рассказывала ему на следующий день о пожаре, то первые мои слова были о том, что книги целы. За Фрейдом полетели малозначительные вещи, схваченные бессознательно. Мне тогда казалось, что я совершенно спокойна и поступки мои разумны.

В тот момент, когда я, наконец-то, сообразила схватить черновики наработанных по теме материалов, в комнату вбежали незнакомые молодые люди. Их было довольно много, и я поняла, что это местные поселковые жители. Они громко кричали и что-то хватали. Увидев у меня в руках пачки бумаги, они решили, что я ничего не соображаю. Один из них подошёл ко мне и со словами «что ты, дура, держишь эти бумаги», выбил их из моих рук. Листы разлетелись, и каждый, плавно покружив в воздухе, медленно ложился на пол, вспыхивая красивыми рыженькими искорками. Я, как зачарованная, смотрела на них, и, помню, была совершенно поражена этим странным несоответствием суетящихся людей и неторопливо кружащихся бумаг. Жар от огня доходил уже из сеней, а красный отсвет его падал в окно. Меня как будто пригвоздило к месту, я не могла пошевелить ни ногой, ни рукой. Видимо, я была в каком-то шоке. Было страшно сделать хотя бы шаг в уже горящие сени. Крики становились всё громче, все бросились к выходу, а я стояла, не двигаясь, посреди комнаты и простояла бы ещё неизвестно сколько, если бы не вбежавший Алик. Я слышала его голос, но плохо понимала, что он говорит. Он стал довольно сильно подталкивать меня к двери, и не помню как, но я оказалась на улице. Там, на свежем воздухе, я сразу же очнулась. Была тёплая и довольно светлая ночь. На небе было много звёзд, и на этом сине-сверкающем фоне оранжевое пламя было похоже на великаний рот, поглощавший куски дома. Картина была космически-величественная.

Множество людей бегали с вёдрами, поливая соседние дома, боясь, что огонь может на них перекинуться. На улице я сразу попала в кольцо женщин-соседок. Они передавали меня из рук в руки, и каждая громко причитала надо мной, обнимали меня и прижимали мою голову к своей груди. Я задыхалась, утыкаясь лицом в тугую пухлость их ватников, мне не хватало воздуха и хотелось убежать. В это время вновь прибывающие сочувствующие со смехом сообщили, что, узнав о случившемся, пожарная команда пыталась выехать к месту происшествия, но все были настолько пьяны по поводу Пасхи, что, едва отъехав, машина свалилась в кювет, где все спасатели и уснули.

Дом сгорел очень быстро, за какие-то двадцать минут. Даже не верилось, что так может быть. Стало тихо, все разбрелись по домам. Нас увела с собой хозяйкина невестка, жившая неподалёку, а сын остался разбивать печную трубу. По советскому закону тех лет страховая кампания не выплачивала страховки, если труба уцелевала после пожара.

Наутро мне надо было ехать, как обычно, в университет, но оказалось, что ехать-то не в чем. Ни свет ни заря мы отправились на пепелище, надеясь хоть что-нибудь найти, и надежды наши не были обмануты. Дело в том, что по русскому народному поверью забрать что-либо с погоревшего места значило навлечь на себя всяческие несчастья. По этой ли или по другой какой причине, но всё найденное было не только не тронуто, а ещё и аккуратно развешено и разложено на сухих и чистых местах. С возгласами радости хватая отыскавшиеся детали своей одежды, мы чувствовали себя счастливцами пещеры Али Бабы. Несметной роскошью казались нам найденные трусы, а мой бюстгалтер и пояс для чулок (эра была «доколготная» для обычных граждан) были просто роскошью.

Я должна сказать, что в моих словах нет никакой игривости, никакого желания шутить на такую щекотливую тему. Дело в том, что купить приличные детали женского туалета было в то время в России невероятно трудно. Я просто не представляю себе, что бы я делала и в чём бы вышла на улицу, если бы всё это не нашлось. Нашей энергии поиска и ликования при каждой удаче вполне могло бы хватить на сорок и даже больше разбойников. Искать вещи в этот утренний час нам помогали старушки и подростки. Самой удивительной находкой было моё колечко, то самое, что подарил мне мой любимый погибший дядя, когда мне исполнилось пять лет. В тот вечер, когда случился пожар, я, сама не зная почему и вопреки обычному, сняла колечко и положила его на тумбочку рядом с кроватью. Когда начались паника и беготня, я, к своему большому стыду, о нём забыла. Только острый глаз девчушки, которая мне его принесла, мог разглядеть его неяркое сверкание в апрельском месиве грязи и пепла. До пожара был другой случай, когда я сняла его, но об этом следует рассказать особо. И в том, и в другом случае оно чудом возвращалось ко мне, что стало для меня неким знаком свыше.

А в первый раз случилось вот что. Было это в Германии, в той её части, которая тогда называлась ГДР. Шёл 1961 год, и ещё не была построена Берлинская стена. Я оказалась там как член группы молодых лекторов. Те, кто жили в России в те годы, помнят, что это было за время, а тем, кто не знает, я скажу, что мы все чувствовали себя, как только что выздоровевшие после тяжёлой болезни. Это были годы, которые вошли в историю как время «оттепели». Казалось, что впереди нас ждёт жизнь, полная радости и удовольствия. ГДР представлялась заграницей, неведомой и таинственной, даже после ещё вполне по-европейски цивилизованной Риги, приезжая в которую жители Сибири и Урала искренне спрашивали: «А деньги у вас тоже советские, как у нас?»

Мне всегда стыдно вспоминать эту поездку. Стыдно своей глупости и легкомыслия, стыдно той радости, с которой я смотрела на всё вокруг. Мне стыдно от того, что я ничем в те дни не отличалась от всех тех, в ком легко можно было заглушить память. Сама мысль, что меня выпустили за границу, показали кусочек другой и тогда показавшейся мне «красивой» жизни, так подействовали, что я ослабла. К счастью, ненадолго, и моё колечко мне в этом помогло.

Нашим гидом была очень милая молодая женщина по имени Марта. Меня она почему-то выделила сразу и всё время старалась вести со мной доверительные разговоры. Несмотря на мою жизнь в несоветской атмосфере нашего дома и всего семейного окружения, советская машина промывания мозгов делала своё дело. Я оказалась настолько глупа, что принимала интерес к себе за чистую монету, не осознавая, что женщина эта, как и всякий гид, работавший с иностранцами, неизбежно состоит на службе в органах. Она всё время просила у меня что-нибудь на память, и я не знала, что же ей подарить. У меня не было ничего ценного, ничего, стоящего её внимания. И тогда, в ответ на мои слова об этом, Марта показала на моё колечко и сказала, что оно ей очень нравится, и она хотела бы его иметь. Я возражала, объясняла, рассказывала, но она была более чем настойчива. То, что произошло дальше, стало самым большим стыдом моей жизни. До сих пор, десятки лет спустя, я не знаю, как и чем свой поступок объяснить, но я сняла колечко с пальца, колечко, которое подарил мне мой дядя, убитый немцами в еврейском гетто, и отдала его в Германии незнакомой и, видимо, малодостойной женщине, которая, несмотря на мои объяснения, не постеснялась его у меня взять. В этом было нечто садистское. Колечко-то было плёвое по своей ценности, детское. Легче всего, наверно, было бы прикрыться гипнозом или другой какой-нибудь подобной чертовщиной, но я не стану этого делать, а возьму этот тяжёлый грех на свою душу и буду нести его на своей совести до конца своих дней.

Через несколько месяцев, вернувшись однажды с работы, я узнала, что меня разыскивает некая Марта, мой бывший гид из ГДР. Услышав это, я, не говоря ни слова, бросилась из дома в ювелирный магазин, где тогда, в 60-е, можно было недорого купить неплохие вещички. Судорожно сжимая деньги в руках, я влетела туда и стала искать нечто, что хотя бы отдалённо было бы похоже на моё колечко. Это оказалось нетрудным делом, потому что моё было маленькое и скромное, и такого типа вещей на прилавке было множество. Купив одно из них, я всё так же быстро, не задерживаясь нигде ни на минуту, помчалась в гостиницу, где остановилась немецкая группа. Я ни о чём не думала, ничего не чувствовала, кроме желания добежать и непременно застать её. Она была на месте. Влетев в номер не поздоровавшись, я только сказала: «Марта, отдай моё колечко! Я принесла тебе другое!» Дальнейшее было так же необъяснимо, как и вся история в целом. Марта, тоже не произнеся ни слова, сняла с пальца моё колечко, отдала его мне, в то же время надев на палец новое. Мы посмотрели друг на друга, я повернулась и тут же ушла. Много раз с тех пор я думала о том, что наши пути могли бы никогда не пересечься, что я никогда не увидела бы моего колечка и никогда не смогла бы хоть в какой-то степени искупить содеянного. И тут Бог мне помог. После пожара я уже никогда его не снимала, и с ним и умру. Не могу не сказать об ещё одном чуде, случившемся на этом пожаре: не сгорел, а ждал свою хозяйку томик её *Евангелия*.

* * *

После пожара началась новая жизнь. Надо было заново обзаводиться всем необходимым. Не из чего было ни есть, ни пить, не на чем было спать. Как потерпевшему стихийное бедствие, Алику выдали какие-то небольшие деньги, и я отправилась в магазин. Напротив Публичной библиотеки, где я занималась каждый день, был антикварный магазин. Что меня туда вдруг потянуло, нелегко объяснить, но совершенно неожиданно для себя, я оказалась там, а войдя была совершенно покорена обилием красивых вещей, стоящих на полках. Меня поразила не столько их красота, сколько тот мир, такой непохожий на наш, который открывался за ними. Душа иных времён и других людей ещё жила в этих хрупких фарфоровых чашечках и расписных тарелочках, в бронзовых фигурах и подсвечниках, но особенно остро она ощущалась в массе мелких и непонятных вещичек, назначения которых никто точно не помнил — щипчики, которыми, кажется, снимали нагар со свечей, палочки, на которые франты, якобы, накручивали усы, прищепки, которыми барышни и дамы пристёгивали букетики к корсажам, бесчисленные коробочки и шпильки, ложечки и лопаточки, изящные, нарядные и так и напрашивающиеся их потрогать и погладить их бархатные, перламутровые, черепаховые и всякие другие поверхности. Из всего, что мне нравилось и что было мне по карману, я выбрала маленькую кофейную чашку с маркой Александра III. Тонкая ленточка зелёного с золотом орнамента вилась по верхнему краю её слегка пузатенького тела. Так же было украшено и блюдце. Было в её неброскости изысканное благородство, выделявшее её среди множества других на той же полке. Стоила она пять рублей, деньги по тем временам немалые, и поэтому мои покупки на этом и закончились.

«Ну! Ты купила нам посуду?» — спросил меня Алик, когда мы встретились вечером. «Конечно!» — радостно ответила я и показала ему чашку. Несколько минут, пока он молчал, я осознавала всю нелепость моего поступка. Я уже готова была покаяться и пообещать, что больше ничего подобного не сделаю, но, посмотрев на него, к своему удивлению поняла, что он не только не осуждает меня, но что он даже доволен моей покупкой. Так началась и длится до сих пор наша любовь к старым вещам, к вещам с историей, к вещам, которые держали в руках другие люди других времён, любовались ими и дорожили ими до нас. Они, как старинный портрет неведомого человека с его никогда неразрешимой загадкой, смотрящего на нас со стены.

Одновременно с поисками жилья и самого необходимого для жизни я отправилась на кафедру с «радостным» сообщением, что мой Фрейд улетучился в огне. Мне с трудом удавалось сдержать своё удовольствие по этому поводу, оно, естественно, вызвало бы удивление — как после такого события как пожар и потери полугода работы, человек может быть в таком хорошем настроении. Но мои руководители приняли всерьёз мою просьбу о новой теме. Профессором, который должен был решить, что мне делать, был Моисей Самойлович Каган, известный всему интеллектуальному Ленинграду учёный, автор новых оригинальных взглядов и идей в эстетике и истории культуры, в то же время сумевший обойти препоны марксистско-ленинской идеологии в этих науках. Среди многих его книг, пожалуй, самой значительной стали два тома «Введение в историю мировой культуры», вышедшие в свет в 2000–2001 годах. До ухода Моисея Самойловича из жизни он был не только моим наставником, но и другом, человеком тонкого понимания жизни, благородства и доброты. Он обладал ещё таким драгоценным качеством как чувство юмора, которое не оставляло его даже при обсуждении серьёзнейших вопросов. Я помню, как однажды перед каким-то праздником, когда мы собирались с Аликом в Ригу к детям, он спросил меня, что у меня на эти дни в планах, и я, вместо того чтобы сказать правду, начала плести что-то про неотложные занятия. Он меня выслушал, посмотрел на меня своими умными с хитринкой глазами и посоветовал лучше поехать к детям. А потом добавил: «Знаешь, когда-то один парикмахер повесился, оставив записку — "всех не перебреешь!"» Мы все были влюблены в него, но такой любовью, которая включала в себя и восхищение его красавицей-женой Юлией Освальдовной и всех остальных членов его семьи.

Когда я пришла к Моисей Самойловичу по поводу моей дальнейшей судьбы, он довольно долго смотрел на меня, а потом сказал, что есть тема, от которой я не смогу отказаться — «Теория *внутренней формы* в работах Александра Афанасьевича Потебни». А. А. Потебня был одним из ведущих русских и украинских лингвистов XIX века. Основываясь на идеях другого крупного учёного, немца Вильгельма фон Гумбольдта о соотношении мышления и языка, он создал свою теорию поэтического языка, которая повлияла на современное понимание художественного образа. Он ввёл понятие *внутренней формы языка*, т. е. трансформацию, «возрождение» этимологического значения слова в символический образ искусства. По А. А. Потебне, внутренняя форма — мотивирующий, избранный признак названия. Именно через внутреннюю форму внешняя форма слова и его значение субъективируются, превращаясь в образ. Как это было с Фрейдом, браться за эту тему желающих до меня не было, а меня она очень привлекла, потому что лингвистика была мне всегда интересна, и потому, что с тех пор, как большевики ещё в 30-е годы осудили Потебню и его взгляды, о нём у нас не говорили и не вспоминали. Но к 60-м оказалось, что его идеи с большим интересом рассматриваются на Западе. Когда мы поговорили, и Моисей Самойлович понял, что меня эта тема всерьёз заинтересовала, он был очень доволен.

Новое жильё тоже вскоре нашлось. Оно было далеко, на Дрезденской улице, за заводом «Светлана» в небольшом и с виду уютном особнячке, когда-то принадлежащем богатому человеку, а теперь разбитом на улья коммунальных квартир. Дом ещё сохранял жалкие остатки былой красоты, и то там, то здесь были разбросаны детали лепнины и следы былых росписей. Но лучше всего была ванная, большая, удобная, рассчитанная на человека, ценившего комфорт. Поблёскивали мраморные стены и ещё сверкали позолоченные краны и ручки. Нам сдала комнату женщина, по виду старуха, Мария Ивановна, пережившая блокаду и с тех пор ослепшая. Она жила в двух, почти пустых комнатах с двумя кошками. Они имели какой-то хищный вид и смотрели неприветливо. Запах их был неистребим. Для Марьи Ивановны они были единственными близкими существами, единственными, кого она любила и кому доверяла. Её крошечная пенсия не могла её прокормить, да и ту умудрялся пропивать изредка навещавший её сын-алкоголик.

Такой голой, неприкрытой и нескрываемой нищеты мне ещё не приходилось видеть после войны. По двум стенам комнаты, где спала Мария Ивановна, стояли две железные кровати, застеленные изношенными солдатскими одеялами. В противоположный угол были втиснуты два стула и стол, покрытый клеёнкой, о цвете которой невозможно было догадаться. На многих местах, особенно на углах, проступала серо-грязная тканевая основа. Стол служил одновременно и буфетом. Чайник и две щербатые чашки, одна без блюдца, тарелка с обломанным краем и ещё кое-что на кухне составляли всё имущество нашей новой хозяйки. Так жил человек, всю блокаду работавший, переживший все её ужасы и награждённый за это медалью «За оборону Ленинграда». Грузная, небольшого роста, она почти всегда сидела на кровати в одной и той же позе, и весь её облик, и эта поза выражали настороженность и недоверие. Её слепые глаза смотрели в одну точку, но казалось, что они следят за вами. Особенно она напрягалась, когда мы предлагали чем-нибудь помочь — принести хлеба или молока, например, или помыть пол. Она не верила в добрые и бескорыстные отношения, в чём откровенно признавалась, и во всём видела подвох. Когда мы оказывались дома, то сидели тихо, как мыши, чующие кошку, боясь лишний раз выйти на кухню, но Марья Ивановна всё равно бормотала себе под нос всякие неприятные вещи, доносящиеся до нас через тонкую дверь. Ещё подливала масла в огонь соседка в третьей комнате, которой мы, жильцы почему-то мешали. Самое главное обвинение, выдвинутое против нас, было то, что мы каждый день принимали душ. Обе женщины единодушно считали, что порядочные люди так часто не моются. Ясно дело, что всё завершалось криками «жиды» и «буржуи». Но несмотря на все неприятности, мы не питали к этой женщине недобрых чувств, мы скорее жалели её, понимая всю трагичность и безысходность доставшейся ей судьбы.

Во время жизни у Марьи Ивановны произошли два случая, надолго запомнившиеся нам. Первый случился рано утром, когда Алик уже уехал на работу, а я ещё только собиралась в университет. «Помогите! Помогите!» — кричала хозяйка. Я выскочила к ней и увидела, что она вся трясётся от возбуждения и едва может говорить. «Что же случилось?» — заражённая её состоянием, я тоже закричала. «Спасите птичку!» Оказалось, что одна из её кошек схватила у открытого окна птичку, забилась с ней под кровать и ест её. Теперь уже тряслась и я, потому что Марья Ивановна хотела, чтобы я залезла туда же, под кровать и вырвала птичку из кошачьих зубов. Не помня себя, я опустилась на колени и заглянула в угол, где кошка сидела. Глаза её горели, и она рычала громко и так злобно, будто тигр, загнанный охотниками. Изо рта у неё торчал только птичкин хвостик. Мне стало страшно, и я ретировалась к большому гневу Марьи Ивановны. Она громко проклинала кошку, птичку и заодно и меня, и успокоить её мне так и не удалось.

Второй случай был намного страшней. Среди ночи нас разбудил тот же крик «спасите». Когда мы выскочили в её комнату, то увидели хозяйку, стоящую посреди комнаты, а на одной из кроватей её сына. Он сидел в трусах и тельняшке, держа в руках и размахивая откуда-то взявшимся подсвечником и повторял: «Уходите! Уходите!» Оказалось, что таким способом он отгонял окружавших его в его воображении чертей.

Понимая, что это белая горячка и что нам с ним не справиться, мы спросили у Марьи Ивановны, что же делать. После долгих колебаний, во время которых чертей не становилось меньше, она не только согласилась вызвать скорую помощь, но настаивала на этом. Вот тут-то и наступило самое ужасное. Они приехали довольно быстро. В комнату вошли два огромных и свирепых с виду мужика и молча направились к кричащему. В несколько секунд он как-то весь съёжился и из буйного парня довольно высокого роста превратился в жалкий свёрнутый комок. Быстро и ловко подхватив, они увели его, а мы ещё до утра не могли прийти в себя от случившегося. После этого случая мы прожили у Марьи Ивановны всего ещё несколько дней. Соседка сумела её убедить, что это мы упекли её сына в дурдом, и под крики «жиды поганые» нам пришлось уйти в никуда посреди ночи, когда впору было ложиться спать. В молодости всё принимается иначе и легче, чем в зрелые годы, и, наверно, именно поэтому, стоя в темноте на тротуаре под слегка накрапывающим дождиком, окружённые нашими нехитрыми пожитками и не зная, куда же деваться, мы старались скорее иронизировать по поводу такой ситуации, чем огорчаться. И правда, квартира, уже которая по счёту, опять же нашлась довольно быстро, и с ней тоже были связаны свои истории.

Алик работал уже в городе, на строительстве жилых домов на Охте, напротив Смольного собора, возведённого Растрелли, и таскал без лифта, на себе отопительные батареи, унитазы и раковины на каждый этаж уже готового высотного здания. Сантехнику ставили в последнюю очередь, уже перед самым заселением, боясь, что иначе всё разворуют, и на ночь ставили сторожа. На этом месте мой муж получил, наконец, право жить в Ленинграде, пока я учусь.

Но прежде, чем рассказать об этом последнем нашем пристанище в холодном Ленинграде, я должна вспомнить двух дорогих моему сердцу людей, Веру Сергеевну и Нюру, нашего доброго ангела. Недавно, листая книгу о плакате конца XIX–начала XX веков, я наткнулась на рекламу какао. Губастый мальчик-негр в белом поварском колпаке, изящно изогнувшись, несёт на подносе дымящееся в чашке какао. Под картинкой крупная надпись — Жорж Борман. Имя и репутация этого известнейшего *шоколадного короля*, магната-фабриканта помнили ещё даже в советское время. Сразу вспомнился мне Ленинград 60-х, широкая улица на Петроградской стороне, совсем рядом с особняком балерины Кшесинской. Большой серый дом, о котором, как о женщине, можно было сказать — «со следами былой красоты» — куда в небольшую комнату на пятом этаже мы любили приходить. Здесь жили две женщины, которых связывала странная близость. Вера Сергеевна, старшая и главная, была маленькая, похожая на сухой лист, но, несмотря на свои восемьдесят лет, изящная и живая. В ней легко было узнать элегантную даму с надменным лицом, изображённую на висящем на стене портрете в нарядном платье, шляпе, и, как тогда водилось, в белых перчатках. Нюра была значительно моложе. Её лицо было одним из тех, которые вы можете увидеть в любом городе, выйдя на улицу. Незаметная внешне, она вдруг меняла это впечатление о себе, бросив какое-нибудь короткое замечание и уколов собеседника быстрым и умным взглядом. Тогда оказывалось, что Нюра совсем не проста и что неизвестные глубины скрываются за спокойствием, граничащим с покорностью. Когда-то Нюра была просто одной из прислуг в богатом доме Веры Сергеевны. Но когда нагрянула революция, она не была с теми, кто помогал погубить своих бывших господ. Может быть, этому помешала Нюрина вера в Бога, а может быть, просто жалость человеческая, потому что самое важное в ней была её доброта. Сама вечно неустроенная, по сути, очень одинокая, она была из того типа людей, которые всегда кого-то опекают или ставят на ноги племянников из деревни и всяких других, обойдённых судьбой и убогих. И мы с Аликом тоже навсегда останемся вечными должниками Нюре за её заботу о нас.

Сейчас, через пятьдесят лет после революции, Вера Сергеевна все ещё разговаривала с Нюрой тоном барыни, отдающей приказы. Нюра же, знающая её слишком долго и хорошо с её эгоизмом, скупостью и нержавеющим чванством, только посмеивалась и жалела её, как жалела её всю жизнь с того дня, когда те, кто был никем, стали всем, и наоборот. Она жалела её в годы послереволюционного голода и советского бесправия, когда она овдовела и когда выживали только на проданные за гроши ценнейшие вещи. Жалела её в годы после войны, после потери сына и второго мужа, жалела и теперь, в глубокой и одинокой старости, когда отказывали уже не только ноги, но и память. Уже многие годы эти женщины жили на грошовые заработки Нюры на фабрике, а потом на её скудную пенсию и на то, что ещё уцелело на продажу и доставалось из ящиков комодов, сундуков и запылённых старых чемоданов. Во время войны, когда Вера Сергеевна была в Ташкенте в эвакуации, Нюра чудом пережила блокаду, сумела сохранить, спасти от огня «буржуйки», воровства и соблазна то, что ещё оставалось. Она была из той же породы, что и тот человек из ленинградских легенд, умерший с голоду, но не продавший часы, подаренные ему Шаляпиным. Эти «чудаки», наконец-то перевелись при Советах, но потребовались десятки лет, чтобы искоренить это «порождение прошлого», этот тугой сплав стойкости и верности своим убеждениям и чувствам.

Центром комнаты Веры Сергеевны был круглый стол под низко свисающей лампой с шёлковым оранжевым абажуром. Механическое устройство «вверх-вниз», позволяющее абажур то поднимать, то опускать, было одним из модных достижений начала века, и здесь, в этой комнате оно как бы напоминало о прошлом. Всякий разговор неизменно начинался с чаепития. В этой церемонии у каждого была своя роль. Чай из коммунальной кухни приносила Нюра, но разливала его Вера Сергеевна. Чашки и блюдца, которые она брала осторожно и медленно, тоненько и дробно позвякивали в её маленьких и чуть дрожащих руках. Этот звон был одновременно просящий и предостерегающий, и казалось, что тонкий фарфор может вдруг рассыпаться и разбежаться в разные стороны мелкими блестящими осколками. Разговоры велись довольно однообразные и были чаще всего воспоминаниями о прошлом.

Нельзя сказать, что в рассказах Веры Сергеевны о жизни было много наблюдательности. Человеком она была неглубоким, но лоск и сущность светской дамы в ней поразительно сохранились, несмотря на невзгоды жизни. Она была из богатой семьи петербургского крещёного еврея, но своим еврейством она явно тяготилась. Тем не менее, и она и две её сестры вышли замуж за молодых и преуспевающих евреев. Правда, всем им пришлось хотя бы формально креститься. Муж Веры Сергеевны был крупной фигурой в одном из петербургских банков. Ценя его опыт и знания, большевики до поры до времени его не расстреливали, а потом он и сам умер. Вторая сестра-то и вышла замуж за упомянутого *шоколадного* Бормана. Судьба этой пары была типична для времени и печальна: пытаясь, как и многие другие, выбраться из России через юг в годы революции, жена по дороге, в Ростове-на-Дону, заболела и умерла в чьём-то доме, ставшим её последним прибежищем. По некоторым сведениям, сам Борман добрался до Парижа и даже открыл там магазин по адресу 26 Avenue de l'Opera. Мужем третьей сестры был довольно известный музыкант и композитор Лев Пульвер, один из немногих, кто уцелел после разгрома Еврейского театра в Москве, и до смерти дирижировавший в цирке. Он писал музыку к михоэлским спектаклям, и на его музыку было положено много еврейских песен. Вот он-то, случайно оказавшийся нашим родственником, и свёл нас с Верой Сергеевной и Нюрой.

Нюра приходила нам на помощь в разных ситуациях. Перед тем как что-то для себя решить, она несколько минут молчала, а потом, между первой и второй чашками чая, тихо, но решительно говорила: «Ну что ж! Давайте помолимся и примемся за дело!» И все её начинания как-то тихо, спокойно решались успешно. Так было и в тот раз, когда она помогла нам, снова оказавшимся без крыши над головой, устроиться в последнем нашем ленинградском жилье. Комнату нам сдали рядом с Кировским тракторным заводом, где его продукция каждую ночь с невероятным грохотом проносилась под нашими окнами.

Так, перебираясь из одного конца в другой, мы изучали географию города. Самой интересной особенностью этой квартиры были её обитатели. Она находилась в ведомстве МВД, бывшего КГБ, которое после смерти Сталина комнаты в этом доме раздавало бывшим работникам системы или их вдовам, вертухаям и иже с ними, и одновременно семьям реабилитированных. Люди, чьи судьбы переплетались в трагических и фантастических видах, оказались в одном месте и, к нашему большому удивлению, все обитатели шести комнат жили в полном ладу и достаточно дружно. По крайней мере, мы не были свидетелями каких-то особых склок, и никакого озлобления по отношению друг к другу мы ни разу не почувствовали. Главной заботой всех было уплатить вовремя по счетам, не пользоваться чужим счётчиком и мыть в свою очередь коридор и кухню. Но покоя всё же не было, хотя на сей раз все неприятные события никакого отношения к дому не имели. Сначала у моего мужа, сантехника с Охты, от таскания тяжестей серьёзно повредилась спина, потом я сломала ногу, свалившись с подножки автобуса. Но самым серьёзным испытанием было то, что случается с молодыми людьми — я была беременна. Как бы мы ни хотели, но о том, чтобы иметь другого ребёнка в этих походно-полевых условиях, не могло быть и речи. И тут я беру на себя смелость рассказать о ситуации, в которой мы оказались. Тем, кто сам в ней побывал, это напомнит былые наши дни в родном краю, а молодым — поможет понять, насколько наша жизнь отличалась от той, что сейчас.

Аборты тогда были как бы разрешены. Официальное направление в больницу можно было получить из районной поликлиники, но для этого надо было пройти «сквозь строй» утомительных и унизительных формальных процедур, где на каждом этапе предстояло долго объяснять, почему ты не хочешь или не можешь рожать. При входе в кабинет очередного «лица», от которого зависела твоя судьба, неважно был ли это врач или администратор, можно было применять любую тактику: робко стучать в очередную дверь и втиснуться бочком, как бедная родственница, понимающая «постыдность» своего поведения, или прикинуться беззащитной просительницей, ждущей особой милости от этого «лица», а можно было вести себя резко и вызывающе, но исход дела не сильно менялся.

Всё это не имело ни малейшего значения, потому что ты заранее была обречена на роль существа неполноценного. Повод, по которому ты пришла, низводил тебя до уровня существа низшего и безусловно в чем-то постыдном провинившегося. Поступок, в данном случае беременность и желание сделать аборт, в сознании «лица» приравнивался чуть ли не к криминальному. Незаметно, как бы невзначай, врач или чиновник начинали говорить тебе «ты» вместо «Вы». Исключения бывали очень редко. Затем начинались вопросы. Они касались самых интимных сторон жизни с мужем. Не было ничего запретного. Каждая деталь выворачивалась наизнанку и смаковалась. За расспросами следовала лекция о том, как надо вести себя в браке, если ты себя уважаешь. Вся эта процедура протекала на фоне того, что спрашивающий, так же, как и ты сам, знал, что, кроме жуткого качества презервативов, которые и приводили женщин в эти кабинеты, не было никаких других противозачаточных средств. Всё время, пока продолжалась эта экзекуция, невероятного усилия стоило не заплакать по-настоящему, и главным чувством было ощущение будто ты стоишь напоказ, голый и оплёванный.

Но это было ещё далеко не всё. После этих изматывающих походов надо было долго, несколько недель, как правило, ждать своей очереди, чтобы в результате попасть на конвейер какой-нибудь второразрядной больницы. Приехать надо было туда рано и ждать вместе с другими в приёмном покое. Обычно набиралось человек десять-пятнадцать женщин, очень разных по возрасту и виду, принадлежащих к разным кругам, но объединённых сейчас какой-то более значительной общностью — женской судьбой. Странная это была очередь. Больше молчали, чем говорили. Серый свет раннего северного утра, пробивавшийся через окно, смешивался с тусклым светом от высоко подвешенной к потолку лампочки и падал на стены, выкрашенные синей или зелёной масляной блестящей краской, и на бледные и испуганные лица женщин. Небрежно причёсанные, не накрашенные, одетые в самое своё худшее, эти женщины походили на приговорённых к наказанию и ждущих его неминуемого исполнения. Сначала всех по очереди вызывали в совершенно холодную ванную с каменным полом, где из закрытого крана с большими перерывами, но всё время, шлёпались капли ржавой воды. Там, на клеёнчатой кушетке, едва прикрытой малюсенькой, впору новорождённому, простынкой, санитарка проводила необходимую гигиеническую процедуру — бритьё. Поведение её при этом могло варьироваться от откровенной грубости до доброжелательного хамства, конечно же, основанного на постельном юморе. Тут же выдавалась и больничная одежда — застиранная до глубокой серости коротенькая, едва прикрывающая живот и ягодицы рубашка и серо-сизый байковый халат, видавший виды. Обе вещи неистребимо пахли дешёвым хозяйственным мылом, о котором говорили, что его делают из собачьего жира. Подготовленные таким образом и ещё более униженные, женщины снова собирались в «предбаннике». Некоторых мелко трясло, некоторые, более нервные, начинали поносить своих мужей, называя их не иначе как «кобелями». Конечно же, не обходилось без «хорошего» мата.

В те «славные» 60-е, аборты делались без какого-то ни было обезболивающего, если не было «блата», под которым подразумевались знакомства и существенная сумма денег. Но даже связи сводили всё к уколу новокаина, не более, но и это было вожделенным освобождением от средневековых мук. О других обезболивающих средствах последующих лет или о том, что делали на Западе, мы не то что мечтать не могли — мы просто не знали об их существовании. Поэтому даже бедные аспирантки с радостью выделяли деньги на частника из своей нищенской стипендии.

Частная докторша, Анна Михайловна, которая должна была ждать меня в метро, казалась мне спасительницей. Я должна была уйти с ней, а он — вернуться домой и ждать меня, не имея ни малейшего представления, где я и когда приду. Ехали мы молча, и ленинградские эскалаторы казались нам особенно длинными в тот день. Говорить мешал страх перед предстоящим. Ему было, пожалуй, ещё хуже, чем мне. Неизвестность и беспокойство как-то согнули его и приглушили. Я знала слишком хорошо, что меня ждёт, и знание, как ни странно, придавало некоторую уверенность, хотя и смешанную с холодным и липким ожиданием неотвратимого. Я знала, что деться мне некуда, что через «это» необходимо пройти и нельзя расслабляться. Мы стояли на условленном месте, держась за руки и нервно оглядываясь по сторонам, чувствуя себя какими-то заговорщиками, которых вот-вот кто-то должен разоблачить и покарать. Она появилась внезапно, где-то сбоку, так, чтобы при малейшей опасности успеть вскочить на эскалатор и затеряться в толпе. У меня было ощущение, что, прежде чем подойти, она издали наблюдала за нами и решала внушаем ли мы доверие. Рисковала она многим: за нелегальный аборт она могла получить изрядный тюремный срок.

Мой ужас от предстоящего наделял её в моих мыслях демоническими чертами, но к нам подошла совершенно заурядного вида тётка в заношенном пальто, невысокого роста, толстая. Как я поняла, это был профессиональный камуфляж. Выделялись только глаза-буравчики. Поздоровалась она быстрым кивком головы, не отвечая ни на один вопрос моего мужа и, взяв меня за руку, решительно потащила к поездам. Он ещё долго стоял там, где мы расстались, а я, сколько могла, оглядывалась, и было мне по-настоящему страшно.

Мы ехали долго. Сначала на метро, потом на автобусе. Отвлекая меня разговорами, Анна Михайловна, так её звали, старалась, чтобы я как можно меньше смотрела по сторонам и не запоминала дорогу. Наконец мы приехали в район каких-то новостроек, которые, как известно, похожи друг на друга, как две капли воды. Я понятия не имела, где я нахожусь. Мы пошли к одной «хрущобе», как именовались в народе хрущёвские квартиры-новостройки. В этом странном для непосвящённого слове сочеталась благодарность за возможность переехать из коммуналок в крохотные, но зато свои квартирки, а с другой была и горьковатая насмешка над их неказистостью. Анна Михайловна жила в одной из этих «коробочек», где нас уже ждала её помощница. Всё было приготовлено заранее. Белая простыня на обычном столе и две подушки, чтобы поддерживать ноги. Это и было местом экзекуции. Дальше всё пошло по хорошо продуманному сценарию. Без улыбки, очень строгим голосом они предупредили меня, чтобы я ни в коем случае не кричала, и потребовали моего клятвенного заверения, что не буду. Затем приступили к самой процедуре, во время которой они периодически ободряли меня, уверяя, что осталось совсем недолго терпеть, и опять убеждали меня помалкивать. Обе женщины работали слаженно и быстро. Когда всё кончилось, меня попросили перейти на диван и дали горячего чаю. Час мне дали спокойно полежать, а после этого Анна Михайловна ласково, но настойчиво предложила мне одеться и идти домой. Слегка поддерживая меня под руку, она вывела меня сначала во двор, а потом на большую улицу, где мы долго стояли, пытаясь поймать такси. Стоять было холодно, была очень ранняя весна, к тому же меня сильно знобило от пережитого. Анна Михайловна сунула мне в карман номер телефона, по которому в случае необходимости я могла бы найти её через кого-то. Такая необходимость появилась на следующий день, потому что у меня поднялась температура. Она оказалась на высоте, тут же отозвавшись на звонок, и туда же, в метро, принесла пенициллин. А в тот день, вернувшись, наконец, домой, я застала своего мужа, не знавшего где и как меня искать, в состоянии близкому к нервному срыву. Мы молча обнялись и долго так стояли в тёмной и чужой комнате, которая была в эти дни нашим домом.

К этому моменту мы уже чувствовали себя настолько усталыми и соскучившимися по детям, что считали дни до возвращения домой. Но когда мы думали о доме, то думали не о нашей родной Риге, а о далёкой Сибири, где мы могли бы снова быть вместе в собственной квартире и заниматься каждый делом, которое любили.

Надежды не обманули нас и, вернувшись, мы, как я уже говорила, жили уютно и комфортабельно, но где-то в глубине души чувствовали, что это ненадолго. С одной стороны, за время нашего отсутствия обстановка достаточно резко изменилась, хотя это долгое время нас не касалось непосредственно. Она лишилась сибирского внимания к человеку, толерантности и добродушия, что всегда были столь привлекательны и отличали этот край от европейской части страны. Но когда мы вернулись, то уже с каждым днём всё сильнее ощущалась сгущающаяся реакционность. Во-вторых, в больших городах, особенно в Прибалтике, возможность эмиграции в Израиль становилась всё реальнее. Надоевшее состояние людей второго сорта, духовный голод и стремление к свободе и действительному равенству толкали людей к отъезду из давящего брежневского застоя и советской реальности.

Может быть, мы колебались бы дольше, но наша старшая дочь, бывшая к этому времени уже замужем, решила всё за нас своим примером. Сделав этот шаг, мы стали частью большой массы людей, отказников, т. е. тех, чьему выезду из страны власти активно сопротивлялись. Нам в выезде отказали, и нам пришлось пережить разлуку с дочерью. Как уверяли меня чиновники, мы расставались навсегда. Мы стали теми, кого лишили всего, чего мы добились в жизни — прав, работы, ясного понимания своего будущего. Мы вступили в полосу жизни, полной трудностей, потерь, обмана и душевной боли, но разговор об этом может стать темой совсем другого рассказа.

www.ingramcontent.com/pod-product-compliance
Lightning Source LLC
Chambersburg PA
CBHW071657160426
43195CB00012B/1492